世界は広島をどう理解しているか

原爆七五年の五五か国・地域の報道

井上泰浩 編著

中央公論新社

目次

対象55か国・地域一覧

（カッコ内は新聞の数／** = 核兵器禁止条約批准国／* = 同署名国）

欧米（15か国）

アメリカ(30)	ドイツ(7)	ポーランド(1)
イギリス(5)	イタリア(2)	スウェーデン(2)
カナダ(3)	スペイン(5)	ノルウェー(2)
オーストラリア(3)	スイス(1)	フィンランド(1)
フランス(6)	オーストリア**(2)	ロシア(6)

アジア（11か国・地域）

中国(9)	インド(3)	マレーシア**(4)
台湾(3)	タイ**(2)	インドネシア*(1)
香港(2)	シンガポール(2)	ヴェトナム**(1)
韓国(7)	フィリピン**(4)	

ラテンアメリカ（16か国・地域）

メキシコ**(9)	エクアドル**(4)	プエルトリコ(2)
ブラジル*(5)	エルサルバドル**(1)	ドミニカ共和国**(3)
アルゼンチン(6)	ホンジュラス**(2)	ウルグアイ**(2)
コスタリカ**(2)	パナマ**(3)	グアテマラ*(1)
チリ*(4)	パラグアイ**(1)	
コロンビア*(6)	ペルー*(2)	

中東アラブ（10か国・地域）

汎アラブ(2)	トルコ(4)	オマーン(1)
イラン(3)	パレスチナ**(1)	イスラエル(1)
エジプト(2)	ヨルダン(1)	
サウジアラビア(3)	UAE（アラブ首長国連邦）(2)	

アフリカ（3か国）

ナイジェリア**(3)	南アフリカ**(3)	ケニア(1)

計194新聞

世界は広島をどう理解しているか——原爆七五年の五五か国・地域の報道

はじめに

井上泰浩

毎年夏、被爆地はもちろん日本では原爆記念日（広島八月六日、長崎八月九日）に向けて、テレビや新聞で特集が組まれ様々な平和祈念行事が伝えられる。

「この世の地獄は決して繰り返してはならない」

原爆は非人道的な行為として伝えられ、是非が議論されることはない。原爆が一瞬にして数えきれない市民を殺戮し都市の完全破壊をもたらしたこと、今も放射能の影響が続く被爆者の苦悩が報じられる。日本の公式の場や新聞やテレビのマスメディアで伝えられる原爆は「絶対悪」である。そこに議論の余地はない。[*1]

世界に目を向けてみたらどうなのだろう。

「軍事施設を破壊し日本人を跪かせた」「日本人の命さえ救った救世主」「アジア諸国の侵略と虐殺行為を行った日本に対する当然の報い、神による懲罰」、そして、「神による救い」。

これらは、原爆に対する評価、理解、そして、実際の報道や歴史書で伝えられる表現だ。つまり、「世界の広島の理解」である。

もちろん、こうした日本のマスメディア空間では一切語られない原爆観とは対極のことも同時に世界のメディアと言論空間を飛び交う――。

「市民を標的に無差別殺戮を行った戦争犯罪」、「ジェノサイド」、そして、原爆はユダヤ人大虐殺「ホロコースト」、広島はその強制収容所「アウシュヴイッツ」と同一視されることもある。
これらも「世界の広島の理解」なのである。

広島と長崎への原爆攻撃から二〇二〇年で四分の三世紀、七五年が過ぎた。世界各国では、アメリカでは、ドイツでは、中東では、いったい原爆はどのように理解されているのだろうか。

二〇二一年一月、国連で核兵器禁止条約が発効した。核兵器の使用はおろか、開発から所有、そして威嚇までが違法となった。この条約採択への貢献などで核兵器廃絶国際キャンペーン（ICAN）はノーベル平和賞を受賞（二〇一七年）した。「核兵器のない世界を目指す」とプラハ演説（二〇〇九年）で訴えたオバマ元米大統領をはじめ、核廃絶の活動に贈られたノーベル賞はいくつもある。こうしたことは、原爆、核兵器に対する世界の人々の考えに影響しているのだろうか。

世論形成の大きな要因であり、同時に世論（読者層の世論）を多かれ少なかれ映し出すマスメディア、その中の新聞は原爆をどのように報じているのかをその手掛かりとして「世界の広島理解」を分析検証した。それが本書『世界は広島をどう理解しているか――原爆七五年の五五か国・地域の報道』である。

広島市立大学国際学部の研究者の専門知見を集めた叢書として取り組み、アメリカ、イギリス、フランス、ドイツ、スペイン、中国、韓国、それに、欧州、アジア、中東アラブ、ラテンアメリカなど五大陸の五五か国・地域の主要新聞の原爆七五周年報道を分析した。各国の安全保障政策、核に対する世論、平和意識、対日世論や対日歴史観、そして、核兵器禁止条約をめぐる動きと照らし合わせながら、原爆理解の多様性と変化を検証した。

調査対象としたのは、㈠各国主要新聞（日刊紙の一般紙と高級紙。タブロイド紙除く）に、㈡二〇二〇年八月一日付から一六日付（終戦記念日の翌日）までに掲載された、㈢「広島・長崎」「原爆」を記事の主題にしている、もしくは重要な事案として取り上げるか論じている記事、論評、投書などとした。[*2]

一部例外はあるが、同じ条件での比較検証のため実際の紙面に掲載された記事のみを調査対象とし、ネット版限定の記事は基本的には調査に含めていない。巻末に掲載の「世界の原爆報道一覧」の通り、五五か国・地域から主要新聞を中心に一九四紙、記事の総数は五〇三に上った。紙面にして二二〇頁となる。

新聞記事は、世界の数多くの新聞を全文検索できる実際の紙面も閲覧できるデータベース、プレスリーダーを主として用いた。ただし、アメリカなど国により主要新聞はデータベースに含まれておらず（例えば、ニューヨーク・タイムズ）、新聞（紙版もしくは電子紙面版）を購読するか大学図書館や国会図書館で閲覧と複写を行った。[*3]

国によって主要紙の数は大きく異なり、収集できた新聞の数にはばらつきがある。アメリカは原爆実戦使用の当事国であり、またデータベースや購読で入手できる新聞が多かったことから、地方紙を含めた主要紙計三〇紙を対象にした。また、地域や大陸

別では、ヨーロッパやラテンアメリカからの新聞収集は国も新聞の数も広範に収集できた。核保有国や先進主要国についてはアメリカを除けば五紙前後の主要紙を対象とした。ただし、核保有国のうちイスラエルは一紙のみ（広島の報道はなかった）、パキスタンと北朝鮮については新聞の入手ができなかった。核兵器禁止条約については、署名した六か国、批准した一六か国の主要紙を対象に含めている。

繰り返すが、メディアの報道は、その国の世論に影響を与えると同時に世論やその新聞の読者層の政治的志向を一定程度反映している。さらに、特に国際報道（広島と原爆は基本的には外国の話題である）は、対象国との外交関係（対日外交）や歴史観（対日意識）、地政学的な要因、さらにはイデオロギーに影響されることは、これまで数多くのメディア研究から明らかにされている。[*4] さらに、記事の中で語られる表現や内容は、人々の物事の捉え方（認知）に大きな影響を与える。

これらの要因や状況は国によって時には大きく異

なることを踏まえたうえで、以下の視点で各章分析をしていく。

(1) 原爆から七五年が経過し、世界では原爆がどのような枠組み（フレーミング＝1章で解説）にはめ込まれ、たとえられて報じられているか（例　救世主、戦争犯罪、ホロコースト）。

(2) 原爆の実態（民間人の犠牲、凄惨な人的被害や放射能による今も続く被害など）がどの程度伝えられているのか、さらに、原爆使用の道徳性や犯罪性が論じられているかどうか。

(3) 各国・地域の文化や歴史、政治制度や核政策（例　核兵器禁止条約を署名・批准しているかどうか）などが原爆報道にどう影響しているか。

(4) 伝え続けなければならない重要な人類の教訓として報じられているか、あるいは無関心（ゼロ報道）なのか。

本書の構成など——五大陸の国と地域、そして禁止条約

「世界は広島をどう理解しているか」という一つのテーマを探求した本書であるが、国や地域はもちろん、これまで述べてきたように切り口・視点は多岐にわたる。広島市立大学国際学部の世界各国や地域、そして安全保障や国際法の専門家が集まり可能になった研究プロジェクトである。[*5]

まず、1章では世界の原爆報道の全体像について、「戦争終結・人命救済」、あるいは「市民の無差別殺戮、戦争犯罪」などの枠づけを通して報道の類別を行い、対極な原爆史観について説明をする。2章は原爆の使用国アメリカについて、ニューヨーク・タイムズの報道を通して投下直後にまでさかのぼり、七五年間の変遷と転換、そして他のアメリカの主要紙の論調を検証する。3章は原爆開発に参加したイギリスとカナダ、そして、オーストラリアのいずれも第二次世界大戦で日本と戦った三か国を取り上げ、

共通点や違いを調べる。4章のフランスでは、無関心から政府の軍事戦略の批判まで実に様々な報道がなされたが、その論調の多様性は世論と政府との核政策に対する乖離を象徴的に表していることを解説する。

5章は原爆と原発による個人の犠牲の類似性とともに、原爆を現在に続く「核の時代」の始まりと捉えるドイツ、オーストリア、ドイツ語圏スイスという一つの「文化・言語空間」の議論を分析解説する。6章ではスペインとイタリアの報道を比較しながら歴史的背景などから劇的に異なる両国の報道を検証する。7章の中国、台湾、香港では、対日外交と世論、そして国内事情が報道に影響していることを解説する。8章も対日関係が大きく影響している韓国の多元的な原爆史観について、原爆ドームの世界遺産登録（一九九六年）にまでさかのぼって分析解説する。一六か国・地域を対象とした9章のラテンアメリカでは、軍事的非核化構想などを背景にこの地域で共通する広島に対する高い関心と批判的な論調をあぶりだす。10章の中東アラブ地域は、七五周年報道を直接分析すること、また、広島を視座に置いたレバノン、パレスチナなどの悲惨な現状認識を検証する二つの視点で構成される。11章ではロシア、北欧、アジア、アフリカの報道を概説した。

12章はあまりに強力で非人道的な核兵器の使用を忌避する規範「核のタブー」について、この規範がどのような状況にあるのかを報道分析から検証する。最終の13章は、核抑止論を支える「功利主義に基づく核兵器使用」という考え方を、核廃絶のための「絶対主義に基づく核兵器禁止」へと変えていく「人道的アプローチ」と「段階的アプローチ」について、核兵器禁止条約の成立経緯を踏まえ検討する。

原爆報道を収集する過程で（不勉強からではあるが）予想外の突出した報道量と原爆を激しく非難する論調に驚いた国があった。スペインだ。一面トップや一〇頁を超える大特集を組んだ新聞もあった。スペインの専門家が不在だったため、当初は報道内容を紹介するだけにとどめる方針だった。幸い、スペイン人ジャーナリストでコロンビア大学博士課程のハヴィエル・サウラス（Javier Sauras）氏が引き受けてくれた。水爆落下事故や長く続いた独裁政権などスペインの歴史的背景を縦軸に平和志向の国民性と原爆理解について分析してもらった。

本書で行った分析検証は、学術的な研究にとどまらないことを切望している。原爆によって何がもたらされたか、そして、二度と繰り返してはならない核戦争という、広島と長崎が世界に伝え続けている平和メッセージを、さらに効果的かつ広範に発信できるための一助となれば幸いである。

●資料収集保存費用の一部に公益財団法人ヒロシマ平和創造基金のヒロシマピースグラント助成金を使用させていただいた。また、本書は広島市立大学の助成金を受けた。

●「はじめに」、また1章から3章の参考文献は、1章にまとめて掲載している。

注

＊1 「原爆しょうがない」と語った長崎選出の衆議院議員は防衛大臣辞任に追い込まれ、次の選挙で落選した。

＊2 ただし、「今日は歴史のどんな日」的な告知程度のものは調査対象に含めていない。八月四日にベイルートで起きた大爆発は、「広島の原爆の爆発」にたとえて報じた記事が多くあったが、単純に爆発の比喩として言及されただけの場合は除外した。

＊3 すべての記事は、元の言語でテキストを取得している。英語以外の言語のテキストは機械翻訳（データベース付属機能やグーグル翻訳）で英語テキスト化した。記事の分量を英単語数で比較するなどの目的のためだ。なお、英訳の精度は高い。

＊4 国際報道の偏向については、Inoue & Patterson（2007）。

＊5 英語、フランス語、ドイツ語、スペイン語、中国語、韓国語、アラビア語の新聞については、それぞれの言語を母国語とするか、もしくは公用語となっている国の専門家や大学院を修了した研究者が担当している。

1章　救いなのか、大虐殺なのか
――世界の原爆史観

井上泰浩

1　原爆とはいったい？

「毎年夏になると議論となる」「なぜ原爆は投下されたのか？」「正当な戦争行為、それとも犯罪なのか？」

　世界各国の新聞が原爆七五年を報じる記事を調査する中で、いく度となく目に飛び込んできた言葉だ。[*1]

「はじめに」でも触れたが、議論の一つは、戦争を終結させてアメリカ兵ばかりか日本人の命を救ったのか、それとも、日本は降伏をしようとしていたことをアメリカは知っていたにもかかわらず人種差別にも駆られて実験として使ったのか、である。

　こうした議論は世界的には今も結論に至っておらず、原爆の日が近づくと賛否や善悪という二元論にとどまらず、様々な意見、主張が繰り広げられるのが世界の広島報道の大きな傾向だ。もちろん、国や新聞によっては、原爆を全面的に賛辞する、あるいは原爆に対する非難の論調に染まる。

　賛美か非難かにかかわらず、原爆がもたらした人的被害、特に放射能による深刻な障害とともに、人類の教訓として報じられているかどうかも大切な視点だ。その理由は、「広島で七五周年の式典があった」「七五年前に原爆が投下され、第二次世界大戦は終わった」と簡潔に伝えただけの、いわゆる「べた記事」「穴埋め記事」のみの新聞は少なくなかったからだ。その国の言論と報道を代表する最大手紙でありながら、一行たりとも報じていないこともあった(「世界の原爆報道一覧」参照)。

原爆の是非や意義はすでに結論の出ていることなのでいまさらニュースにすることではないのか、それとも、単に無関心だけなのかは定かではない。これの、報道されない「ゼロ報道」と「穴埋め報道」の意味は、原爆という歴史的事実と意義に対する無関

2　核兵器による「平和」——戦争抑止論

広島と長崎に原爆が使用されたからこそ、世界に平和がもたらされた、戦争のない世界平和が維持されている——核による戦争抑止論(核抑止論)、つまり核による平和論である。この「核による平和」の典型的な論説を紹介しよう。

心、そして、人類の教訓としての無価値さを示唆しているため、ある意味、非常に重要な指標だ。

それでは、広島の原爆によって世界は平和を維持しているのか、それとも、広島の原爆が核兵器の脅威にさらされ続ける世界を招いたのか——対極的な記事を例に挙げることから「世界は広島をどう理解しているか」の分析解釈を始めたい。なお、二〇二〇年八月の記事については、日にちのみの表示としている。また、引用文の丸カッコ内は、執筆者による挿入である。

アメリカの主要紙ワシントン・ポストは広島原爆記念日の六日にオピニオン記事「歴史はいまだ繰り返されていない　トルーマン(原爆当時の米大統領)の決定は道徳的であり暴力を節減することになった成功した賭けである」(A二五頁。カッコ内は著者挿

入。以下同）を掲載した。見出しから原爆を称えていることを読者に伝えている。記事はこう始まっている。

七五年前、最初の核兵器が使用されてから三日後、二度目が起きた。その日から二万七三九四日、三度目は起きていない。人類の偉業の一つは、この起きなかったことだ……トルーマンは日本への侵攻を避けようと二発の原爆を使用した。彼の決定というのは道徳的だった……。

広島と長崎への原爆攻撃がもたらしたことを「道徳的」だと表現することは、「慈悲深い行為」とまで形容されることもあるアメリカの原爆論評では珍しいことではない。このオピニオン記事はジョージ・ウィルというテレビの政治討論番組でも有名な同紙のコラムニストによるものだ。

全体を通して読むと、必ずしも原爆を手放しで称賛するものではない。世界に広島原爆の実態を伝え

たジョン・ハーシーによるルポ『ヒロシマ』がどうやって実現したかを究明した書籍『フォールアウト』[*2]を紹介することで、間接的ではあるが米メディアは避ける傾向のある放射能被害を伝えている。ハーシーによってはじめて原爆の被害がアメリカに伝えられたからこそ、「これまでのところうまくいっている、戦争抑止が実現したのだ」と記している。

この論評の締めくくりは「二万七三九四日によって人類が、運にも助けられ手にした技術を絶えずつぎ込んでいかなくては（偉業は続かない）」と警鐘を鳴らしてはいる。しかし、このように、原爆が実際に使われたからこそ戦争が抑止されていることを「人類の偉業」とするのは、原爆使用を正当化する核抑止論の典型的な主張だ。

この「原爆による平和。人類の偉業」のポスト紙論評は、今回の調査対象とした米紙三〇のうち六紙が転載、また、調べた限りこの六紙を含めて全米の二八紙が転載していた。米国内ばかりか、カナダの保守系、ナショナル・ポスト（九日）、そして、フ

イリピンのマニラ・タイムズ（七日）も大きく掲載していた。全米のみならず世界に「拡散」した。

3　国連総長「核の脅威」――アメリカの新聞は掲載せず

原爆の日に合わせて国連はアントニオ・グテーレス事務総長による論評を配信している。おそらく、世界にニュースを発信する国際通信社（AP通信など）を通じて、全世界に配信されたものだろう。題名は「核兵器のない世界を実現しなければならない」。

ポスト紙の論評は長崎原爆の後、一度も使われることのなかったことを称えていたが、事務総長は核抑止論とは正反対の主張をしている。「被爆者に今も続く苦しみは、すべての核兵器を廃絶するための日々の励みとなる。被爆者が証言をしてくれるおかげで、広島と長崎にもたらされた恐怖は決して忘れ去られることはない」と冒頭で述べたのち、こう続けている。

> しかし、核の脅威はまた増大している……意図的、偶発的、もしくは間違った判断により核兵器が使用される可能性は危険なほど大きい。高まり続ける国際緊張と信頼関係の崩壊により、核兵器を所有する国家間の関係は危険で不安定な対決状態へと悪化している。政府が安全保障を核兵器に大きく頼ることで、政治家はそれ（核兵器）を使う可能性を過熱した言葉を使ってやりあっている。

この事務総長による論評は、調べた限りアメリカの新聞は一紙も掲載していない。

2章で紹介するが、核抑止論を批判する記事を掲載したアメリカの新聞はないわけではない。しかし、前の節で紹介したオピニオン記事がいい例だが、「核による平和」のほうは拡散力が強い。記事の転載ができるのは、ポスト紙と契約を結んだ新聞に限られるにもかかわらずだ。一方で、おそらく全米の新聞に送られたはずの国連事務総長の論評を掲載したところがないという事実は、アメリカのメディアと国民世論の核に対する姿勢、国連嫌いの国民性を少なからず反映している。

　なお、世界の新聞では、イギリスのインディペンデント（六日）、ロシアのニェザヴィーシマヤ・ガゼータ（六日）、インドネシアのジャカルタ・ポスト（六日）、そして、香港のチャイナ・デイリー（七日）の計四紙が事務総長論評を掲載していた。

4　原爆理解のフレーミングと「神話」

　このように、原爆をめぐる報道は意見主張が大きく異なる。必ずしも二項対立ではなく、時には複雑に分かれる。2章以降からアメリカなど個別の国と地域ごとに原爆七五年の多種多様な報道を分析解説していく。その理解を助けるためにも、そもそも原爆はどのような枠組み（フレーミング）にはめ込まれて報道される傾向があるかについて説明しておきたい。

　フレーミング（framing：枠組み・枠づけ）とは、ある事象（政治社会問題や事件など出来事）についての定義・意味を「選択して」付与するもので、何が問題であり、また、何が要因になって起きたことであるかを示唆するものだ。[*3] フレーミングの中で影響力のあるものは、⑴比喩（たとえ）、⑵歴史的出来事などの事例、⑶キャッチフレーズ、そして、⑷写真や映像などの視覚イメージ、以上の四種類だ。原爆を例に挙げると、「戦争を終結させた（war ender）」「生命を救った（life saver）」、あるいは「市民の無差別殺戮」「戦争犯罪」が典型的なフレーミングの表現・言葉の例だ（後述）。

このフレーミングが人間の認知（物事の認識や理解）に与える影響は、時に絶大なものとなる。そして、認知の積み重ねは世界観となり、人間の思考と行動を一定方向に誘導する。それが集合体として社会の世論形成、さらには自治体や国家の政策決定へとつながる。

さて、直接観察や体験できないこと、また、外国のことについては、人間の理解はメディアのニュースや情報に頼らざるを得ず、影響を受けやすいことがわかっている（メディア依存理論、国際・社会問題設定理論）。原爆というものは、直接体験できるものではない。日本人以外の人にとれば、「外国の話題」だ。そのため、どのようなフレーミングで報じられ伝えられるかによって、「世界の原爆理解」は影響を受けやすいと推測できる。

フレーミングが影響を与えるのは、事象そのものの認知形成だけではない。何が問題を起こしているのか、どうして起きたのか、誰が悪いのか、どうすれば解決できるか――つまり、問題認識、因果関係、

責任追及、問題解決の観点の認識も同時に与えることがある。また、多面性のある複雑な事象や出来事に対し、ある一面（伝えられたフレーミング）しか関心が向けられないよう誘導する影響力を持つ。

原爆や広島を定義づける複数のフレーミングやその表現が含まれた記事は多い。しかし、記事の冒頭や全体的に優勢なフレーミングに読者はより影響を受ける。つまり、原爆の解釈について両論併記されていたとしても（例えば、「原爆は戦争を終結させ人命を救った……他方、多くの人が亡くなった」）、最初に主張や提示されたもの、また、全体的に分量が多いほう、さらには心地のよいほう（自分や自国が褒められる、批判されない）に認知は誘導される（認知バイアス＝偏り）。

新聞記事は、少なくとも建て前上は公平性を保つために「両論併記」が原則ではある。そのため、この原則を守る方便として申し訳程度に反対意見が記事の途中や末尾に付け加えられていることが多々ある。しかし、認知バイアスのために、こうした「間

に合わせ両論併記」の記事が、読者の偏りのない理解につながることは例外的だろう。[*4]

5　四つのフレーミング

原爆を定義づける主なフレーミングとは何だろうか。原爆六〇周年時の世界一三か国・地域の原爆報道の分析では、以下の四つがみつかった。[*5]

フレーミング①…戦争をあっという間に終結させ人命を救った（戦争終結・人命救済）。

フレーミング②…市民を標的にした無差別虐殺（戦争犯罪）。

フレーミング③…悲惨なことではあったが戦争終結のための手段だった。

フレーミング④…日本の戦争行為に対する当然の報い。


これらの複数が組み合わさった原爆の定義や描写が記事に表出することは珍しくない。今回、調査対象すべての原爆七五年新聞報道に目を通したが、四つのフレーミングのほかに、以下のフレーミングが加えられる。


フレーミング⑤…日本はすでに戦いには敗れ降伏寸前で原爆は不要だった。ソヴィエトの参戦が日本を降伏させた（原爆は日本の降伏に不要・無関係、ソヴィエト参戦が決定打）。

フレーミング⑥…原爆の教訓と被爆体験継承の重要性、広島で起きたことは自分たちにも起こりうる（広島は人類の教訓）。

フレーミング⑦…他の戦争惨事と比べれば、原爆はたいしたことではない、犠牲者の数はわずか（矮小化）。

以上のフレーミングは、原爆とある特定の定義・理解を認知的に「結びつける」ものであり、積極的フレーミングと呼びたい。これに対して、消極的フレーミング、つまり報じないことによって（意図するしないにかかわらず）、原爆と何かを「結びつけない」、あるいは「断ち切る」影響も重要だろう。「ゼロ報道」は、八番目として「消極的フレーミング」とする。

これらの原爆を定義づけるフレーミングが、各国の安全保障政策、核の脅威の違い、エネルギー政策、対日世論、対米世論など様々な要因と重なり合って、実際の原爆報道となって紙面に登場する。

6　アメリカの原爆神話

原爆を開発して実戦使用した当事国であるアメリカの原爆理解には、さらに別の枠組みがある。「原爆神話（Atomic Bomb Myths）」だ。

「神話」と呼ばれるだけに、史実や証拠など事実に基づいていないにもかかわらず、一般に「事実」であると信じられていることだ。政府による情報操作や偏った報道によるフレーミングの産物だと言える。[*6]

2章「アメリカ」でも取り上げるが、「原爆神話」はアメリカだけではなく世界の原爆理解でも重要なことであるので、ここでも五つの神話を列挙して説明しておきたい。

神話①…原爆は民間人の犠牲を避けるために、そして事前の警告をしたうえで軍事目標に投下された。破壊したのは軍事基地と軍事施設、殺傷したのは軍人が中心で、民間人の犠牲を最小限にとどめている。

神話②…原爆のとてつもない破壊力と衝撃（＝キノコ雲）によって日本を降伏させ、戦争をすぐに終結させた。

神話③…その結果、計画されていた日本本土侵攻を回避することができ、五〇万人から一〇〇万人（あるいは数百万人）のアメリカ人の命を救った。それ以上の日本人の命を救った。
神話④…つまり、原爆はアメリカと日本にとっての救世主である。神から選ばれた民であるアメリカ人は、神に託され原爆を使用した。
神話⑤…原爆の熱と爆破が日本人を殺したのであり、放射能障害はほとんどない。原爆の放射性物質（ウランやプルトニウム）は桁外れの爆発と熱に変わり、放射能をほとんど残していない。つまり、通常兵器の延長である。残留放射能は（ほとんど）なく、爆発の瞬間に犠牲者のほとんどは死亡している。

この「原爆神話フレーミング」は、特に日本人からすれば、詭弁やご都合的な解釈にしか感じられないだろう。実際、多くは証拠もなく史実とは異なり、また、神話⑤の「放射能はない」については完全な虚構であることは説明するまでもない。だが、「放射能はない」については原爆直後からニューヨーク・タイムズが先導してゼロ報道と放射能否定報道を行ってきたことだ。原爆と放射能が認知的に結びつかないことにつながっている（2章で詳述）。

「原爆神話」であるが、信じている当事者にとれば「真実」なのである。アメリカのトランプ元大統領時代に限らないが、彼の支持者の多くはフェイクニュースであっても、都合のいいこと、信じたいことであれば何も疑うことなく「真実」として捉えていた。いや、彼らに限らず、このことは人間に内在する認知バイアスである。

それでは、原爆フレーミングが報道でどのように読者に伝えられているか、世界の新聞を俯瞰しながら検証していきたい。

7 フレーミング① 戦争終結・人命救済

社説でも伝えられる原爆による救い

二〇〇五年の原爆六〇周年の時と同様に一貫した原爆の人命救済（フレーミング①）論を張ったのはアメリカのみならず世界的な高級紙ウォールストリート・ジャーナルだ（2章でも詳述）。

同紙の「原爆は何百万人もの命を救った――日本人も含めて」（六日A一七頁）と題する原子物理学者によるオピニオン記事は「原爆は恐怖と後悔をもってみられる。しかし、原爆が使われなかったら、はるかに悪いことになっていた」と主張し原爆正当化を展開している。アメリカの保守系新聞によくみられる主張だ。

アメリカのシカゴ・トリビューンは社説に特大の見出し「原爆が第二次世界大戦を終結させた――記憶に残り続ける記念日」をつけた（七日二三頁）。紙面の大半を割いて社説文章とともに、キノコ雲、そして原爆を報じた同紙の一九四五年八月七日付一面の写真を掲載した。社説としては異例だろう。原爆開発にシカゴ大学が果たした重要な役割にも触れ、次のように結んでいる。

日本が降伏宣言するのは八月一五日になりはしたが、広島と長崎の直後、アメリカはわかっていた。戦争はすぐに終わること、日本本土侵攻と悲惨な戦闘はしなくてもいいこと、そして、若者の命がさらに失われることはついに終わることを……（原爆によって）戦争が終わったからこそ、何千もの計り知れない若いアメリカ人は残酷な運命を避けることができた。これこそ、広島と長崎に対する冷静な正当化理由である。

なお、社説というのは新聞社としての主張や考えを公式に表明するものだ。社説の意見＝新聞社の公式な論調＝社論、である。そのため、社説には執筆者の署名がないことが一般的だ。社説で広島や原爆が取り上げられているかどうかは、ニュースとしての重要度の指標となる。[*7] トリビューン紙の社説は、シカゴにとっての原爆の重要性とニュース価値の高さを映し出している。

さて、別の米紙の社説も原爆による人命救済とともに核抑止論を称えていた。ニューメキシコ州のアルバカーキ・ジャーナルだ（一三日A一〇頁）。原爆を批判する州内の二人の聖職者は現実を理解していないと、このように批判している。

（聖職者二人は）核兵器による抑止の恩恵、パキスタンと北朝鮮が核兵器を開発したにもかかわらず、広島と長崎の恐怖によって一九四五年以来の核の平和を維持し続けていることを認めたくないようだ。さらに彼らは、トルーマン大統領による原爆の使用が日本を降伏に追いやったことで、何十万もの連合軍兵士、水兵、海兵隊員、そして何百万もの日本人を救ったことを認めない。恐ろしいことか？　そうだ。広島と長崎への原爆投下による死者の推定数は一二万から二三万だ。しかし、戦争は恐ろしい。第二次世界大戦は六〇〇〇万もの犠牲を出した。

この社説は、原爆被害の矮小化もしている（フレーミング⑦）。2章で、この新聞の原爆報道について解説するが、ニューメキシコ州は一九四五年七月一六日に史上初めて原爆実験（トリニティー）が行われた場所だ。広島と長崎の原爆も、同州のロスアラモスで製造されている。「原爆によって戦争が終わった」と、自分たちの州で開発された兵器を褒め称える記事が連日掲載された。

保守右派のワシントン・タイムズの「長崎　教訓が忘れられている」（六日B三頁）も次のように論じている。

六〇〇〇万人もの犠牲を出した史上最も破壊的な戦争は、広島と長崎の原爆攻撃が終わらせた……原爆攻撃は本土攻撃で失われたであろう一〇〇万人のアメリカ人、何百万人もの日本人の死傷者を出さずにすませた……史上最も温和で人道的な合衆国は、勝利を勝ち取るために日本を核攻撃することをいとわなかったのだ。

また、この論評は核の抑止論を称え、アメリカのさらなる核兵器開発と配備を強く主張している。

アメリカ以外での戦争終結・人命救済フレーミングの記事は、第二次世界大戦時のアメリカの同盟国、つまり当時の日本の対戦国で散見できた。

オーストラリアの主要紙オーストレイリアンは前述のウォールストリート・ジャーナルのオピニオン記事を転載したばかりか、特大のイラスト（3章4節参照）をつけた。また、見出しは「原爆はものすごく多くの日本人の命を救った」と変更して、初出のジャーナル紙より大きく報じている。

読者投稿に現れる「戦争終結・人命救済」論

アメリカだけではなく、大戦時の連合国だったイギリスやオーストラリアの（特に保守系）新聞には、原爆使用の決定に疑問を投げかけたり批判したりする記事が出ると、決まって何日か後に反論の読者投稿が掲載された（3章参照）。投稿文面に多くみられたのは、原爆が戦争を終結させたからこそ命が救われた、今の自分がここにいる、という内容で、原爆の矮小化や日本に対する報いだという主張もあった。

そして、原爆を称賛する記事に対しては賛同の投稿がより掲載される傾向があった。これらの投稿のほとんどは大戦に従軍した元兵士や日本軍の捕虜、もしくはこうした父や祖父を持つ子供や孫世代からのものだった。主な投稿については、2章と3章で紹介している。

一方で、原爆を批判する記事に対する賛同の投稿掲載は非常に少なかった。

8　戦争終結も人命救済もしていない

原爆による戦争終結・人命救済フレーミングはアメリカをはじめ連合国の（特に保守系）新聞に傾向としては偏っていた。しかし、このフレーミング①を否定する論調の記事は世界各国の新聞に掲載された。数は少ないながらアメリカも例外ではない（2章参照）。

カナダの最大手紙トロント・スターはオピニオン記事「オタワ（カナダ政府）は間違いを認め、核兵器禁止条約に署名を」（五日A一五頁）で、人命救済フレーミングを否定している。この記事は、「フレーミング」という言葉（学術用語）を使っている。

原爆を人間の集団に対して使ったことを正当化する人たちは、日本との戦争を素早く終結させることでアメリカ人の命を救ったとフレーミングし続けている。このことは事実を無視している。東京はすでにほとんど破壊されており、（ソヴィエトを介した）降伏協定の嘆願を送り続けていた。戦争歴史学者は、原爆攻撃は第二次世界大戦の戦後処理について（ソヴィエトと）交渉中のアメリカが、ソヴィエトに対して軍事力で警告する役目を果たしたとしている。

スイスのノイエ・チュルヒャー・ツァイトゥングは「核の時代が七五年前に始まった」（四日六頁）と題する全面を使った研究者によるオピニオン記事で、アメリカで一般に信じられている神話について指摘している。

原爆を投下したことで、太平洋戦争は〈やっと〉終結した――時間的な偶然であるのに、原因と結果のように解釈されている。広島の死者は必要な犠牲だったというのは、少なくとも西側諸国ではもっともなじみのある物語だ。いい話だ……その物語の一つは、日本本土侵攻で殺されていたであろう何十万ものアメリカ人兵士の命を原爆が救ったというものだ。ここで言っておくべきことがある。戦争中、アメリカ軍将校の誰もこの（予想される犠牲者の）数はおろか、原爆を使用する動機さえ示していない。

ブラジルのフォーリャ・ジサンパウロも全面特集記事「文明の破壊のリスクがありながら、世界は原爆の影を追いかけている」（二日Ａ一六頁）で、広島と長崎の原爆の犠牲者のうち「わずか一割が軍人だ」と指摘したうえで、こう続けている。

よく知られた主張がある、一〇〇万人近くのアメリカ人兵士、おそらく一〇〇〇万もの日本人の命が救われた……計算することは可能ではないので、虚偽だと思われる。むしろ原爆の心理

的な衝撃を最大化しようとしていたことを示すアメリカの文書史料が数多くある。

インドネシアのジャカルタ・ポストに掲載されたアメリカ人ジャーナリストによるオピニオン記事「広島と長崎の欺瞞の二元論」（六日七頁）は、アメリカの教育とメディアの批判をしている。

何百万ものアメリカ人が疑うことなく真実だと信じていること、それは、原爆による広島と長崎の破壊がアメリカ人と日本人の生命を救った、である。アメリカ人が学校に入ると教えられ、そして一生を通して概して無批判なメディアによって伝えられることは、核戦争、あるいは、それより残忍で長引く日本の本土侵攻のどちらがよかったのか、という選択肢だ……事実は、原爆が投下される何か月も前から日本は名誉ある降伏を模索していたし、アメリカの指導者もそのことを知っていた。

非常に興味深いことは、人命救済フレーミングを否定する記事の多くは、研究成果に依拠して主張していることが目立ったことだ。ただ、学術論文ではないので、ほとんどの記事は出典を明記していない。その中で、スペインのラソンの「原爆は必要なかった」（九日二〇頁）は、歴史学者の名前を挙げ、その研究成果を以下のように引用紹介している。

> 日本の降伏は原爆によるものではなく、ソヴィエトに対する恐怖によるものだ……一般に信じられていることとは異なり、八月六日に「エノラ・ゲイ」が広島に原爆を投下したが、驚くべきことに日本政府は事の重大さをまったく認識していなかった……ソヴィエトが満州に侵攻したとたん、日本政府は深刻になり即座に動いた。

その歴史学者とは長谷川毅カリフォルニア大学教授だ。ソヴィエトの宣戦布告と満州侵攻が日本の戦争指導者に与えた影響を日米露三か国の公文書から検証した英語版書籍を二〇〇五年に発表している。翌年、日本語版『暗闘――スターリン、トルーマンと日本降伏』（中央公論新社）が出版された。[*8]

歴史学者自ら記したオピニオン記事を掲載したのが、ワシントン・ポストだ。同紙は原爆が核戦争の抑止をもたらした「偉業」を称えるコラムニストによる記事（本章2節参照）を掲載しているが、これとは対極とも言える歴史学者による「いや、長崎を攻撃する必要はなかった」（九日B一―二頁）を掲載している。この記事も含めたワシントン・ポストの報道については2章で詳しく書くが、一部を紹介しておこう。

> ソヴィエトの対日参戦が、本土侵攻前におそらく戦争を終結させた……スティムソン（当時のアメリカ戦争長官）は、アメリカ人の記憶と認識を形作った一つの原爆物語を――原爆攻撃が戦争を終結させ一〇〇万人以上のアメリカ人の

命を救った——でっち上げたのだ。

なお、原爆はソヴィエトを手なずけようとしたアメリカによる威嚇であり、日本降伏の最大要因をソヴィエトの参戦によるものだとする主張は、原爆の威力の矮小化とともに、ロシアでは終戦直後から大々的に喧伝され続けた（11章1節参照）。

9　フレーミング②「原爆は市民の無差別虐殺」

「ジェノサイド」「戦争犯罪」「ホロコースト」「アウシュヴィッツ」

それでは、フレーミング②（「原爆は市民の無差別虐殺、戦争犯罪」）の検証に移りたい。原爆が枠づけられるこのフレーミングの表現・言葉は、「ジェノサイド」、「戦争犯罪（人道に対する罪）」、「ホロコースト」、「アウシュヴィッツ」の主として四つに絞った（以下、意味について解説）。原爆攻撃が、これら四つの言葉でどのように表現や比喩、あるいは同一化されフレーミングされているかを分析した。

原爆攻撃を非難する表現は数多くある。辛辣な形容詞や痛烈な動詞で原爆そのものや原爆攻撃をしたアメリカを糾弾する記事は（国や地域に偏りがあるものの）少なくない。そのため、この四つの言葉に焦点を合わせたフレーミング分析が、「原爆非難」をしているすべての記事ではないし、非難の度合いを正しく測れるわけでもない。しかし、これら四つは世界共通語的な言葉（ジェノサイド、戦争犯罪）、固有名詞（ホロコースト、アウシュヴィッツ）であり、言語が異なっても横断的に検索収集できることから国際比較分析には適している。

また、これら四つの言葉は、核兵器廃絶国際キャンペーンによる核兵器禁止条約の成立のためにとられた戦略である、核兵器に「悪の烙印を押し

(stigmatization)」、「非合法化（delegitimization）」することにも関連すると考えられる。この「悪の烙印と非合法化」戦略とは、核兵器は忌むべきことで社会規範からも到底受け入れられず、さらに非人道的なもので非合法であるため、廃絶しか選択肢はないというものだ[*9]（13章1節参照）。

なお、国連の定義によれば[*10]、ジェノサイド（genocide）とは「国民、民族、人種、宗教の集団をすべて、あるいは一部を破壊する意図を持って行われる行為」であり、集団の構成員の殺害から肉体的または精神的な危害、出生を妨げることまで含まれている。第二次世界大戦のユダヤ人大虐殺（ホロコースト）などによって定められたジェノサイド条約（一九四八年。日本は批准していない）が認定したものが、公式なジェノサイドの事例だ[*11]。一般的には、「特定の集団の意図的な（無差別の）大虐殺」と理解していいだろう。戦争犯罪は戦争法違反の行為で多岐にわたるが、民間人や民間施設への意図的攻撃が含まれる。ジェノサイド、戦争犯罪、そして、人道に対する罪が国際法上の犯罪とされている。

ホロコーストの意味は、固有名詞（The Holocaust）では「ユダヤ人大虐殺」を示し、一般名詞（holocaust）としては「完全破壊による大量殺戮」を意味するため、正確には両者の定義は異なる。英語圏の新聞では区別されて使われているようだが、それ以外の国では厳密な区別なく用いられているように思われた。そのため、分析では「ホロコースト」という言葉をそのまま使う。

以上をまとめると、「ジェノサイド」、「戦争犯罪」、「ホロコースト」、また、ホロコーストの最大の収容所だったポーランドの「アウシュヴィッツ」は、厳密な国際法上の定義は別にして関連した言葉であり、かつ、人道的に絶対に許されないことを意味するフレーミングの言葉と言える。まさに「悪の烙印を押された非合法」なことでもある。また、ジェノサイドと関連した「民間人（civilian）無差別の（indiscriminate）大量殺戮（mass killing）大虐殺（massacre）」の言葉も補助的に使用して記事の検索収集と分析を行った[*12]。

ジェノサイド

原爆攻撃を「ジェノサイド」の表現でフレーミングしたアメリカの新聞は皆無だった。この言葉を原爆に重ね合わせることは、読者の猛反発が予想される新聞社としては難しいのかもしれない。[*13]

記事の題名に使ったスペインのエルムンドの「アトミック・ジェノサイド」(三日二頁)は、原爆後の占領軍アメリカによる原爆の壊滅的効果の隠蔽と言論統制について非難し、「もし日本の一九三一年から一九四五年までの領土拡大がジェノサイド的であるのなら、アメリカによる日本人の撲滅も同じである。(原爆は)命を救うために使ったとは、皮肉屋ぐらいしか言えない」と述べている。

ブラジルのフォーリャ・ジサンパウロは、原爆の特集記事(二日。次項参照)に対して寄せられた賛同する投稿、「(原爆は)人道に対する罪でありニュルンベルク裁判にかけられるべきだ。なぜなら、アメリカは民間人を標的にした。日本軍に対してではない。このジェノサイドにおいて、アメリカはナチと同じである」(四日A三頁)を掲載した。

「ジェノサイド」ではないが、フランスのルテレグラムは社説で原爆を「虐殺(massacre)」と表現した唯一の新聞だった(六日六頁、4章4節参照)。

戦争犯罪、人道に対する犯罪

次に、「戦争犯罪」のフレーミング表現をみてみよう。やはり、原爆を「戦争犯罪」と枠づけたアメリカの新聞は皆無だった。

ブラジルの主要二紙はそろって原爆攻撃を「戦争犯罪だ」と伝えた。そのうちラテンアメリカで最も報道量が多かった最大手紙フォーリャ・ジサンパウロは、二日の全面特集「文明を破壊するリスクがあるにもかかわらず、世界は原爆の影を追っている」(A一六頁)の中で、二発の原爆で二〇万人が死亡したことに続けて「現在の基準、一九四九年のジュネーブ諸条約と一九七七年の追加議定書、に当てはめれば、原爆は戦争犯罪だ」と断じている。

この記事はさらに戦争犯罪の根拠として三つの原

理――民間人を攻撃しないよう軍事目標と区別する、民間人が副次的に犠牲になる場合の比率、民間人犠牲者を避けるための事前警告――を列挙したうえで、原爆はいずれにも反していると指摘。「トルーマンが攻撃を発表した時には広島を『軍事基地』と言って、アメリカ人は隠蔽さえしようとした。事実はこうだ。軍需工場や部隊は広島の郊外にあった」と指弾している。また、同じ日の日系ブラジル人の被爆者らによる原爆体験を語り継ぐ舞台について紹介する記事（A一四―一五頁）中で、被爆者を「ホロコースト生存者」と表現していた。

なお、同紙が発行されているサンパウロには日系人が多く、相当数の被爆者も居住している。この二日付の一面最上部は、日系人被爆者三人の写真で、中面の見開き特集で被爆者が特集されている（1章コラム参照）。

世界中の新聞で最も報道量の多かったスペインのエルムンドの二日付は、一面トップから社説、続けて全一〇頁の原爆特集を組んだ。そのうち、見開き

全面の「原子の黙示録と一〇〇万の死とのはざまで」（二―八頁）では、記事の冒頭から「原爆は戦争犯罪である……（原爆の）破壊的な威力は民間人も軍も区別しない。それが広島と長崎で起きた。圧倒的多くの被害者は女性、子供、そして、年配者だ。ほとんどの人は、何も残っていない」と原爆の非人道性を糾弾している（6章3節参照）。

この記事の見開き右側の全面に掲載された写真は、被爆後の廃墟にたたずむ困窮した表情の女性と足元に横たわる焼け焦げ骸骨になった死体の写真だ。調査したすべての新聞の中で、おそらく最も過酷で残虐な原爆の事実を伝える写真だった。

なお、エルムンドはこの日の原爆特集で「ホロコースト」という表現を三度繰り返して使っている。次項でも簡潔に取り上げる。

このほか、原爆を戦争犯罪のフレーミングで報じたのは、以下の三紙だった。

アラブ首長国連邦のアルバヤーンの「核の惨劇から七五年、広島は問う」（一五日一六頁）は、カトリ

ックのローマ教皇の「現在での核兵器の使用は犯罪である」という主張を紹介し、広島の原爆攻撃について戦時法の世界的な専門家が再考をしているとし、「核兵器を民間人に投下することは戦争犯罪であることに疑いはない」という法学者の見解を紹介している。

インドのヒンデューは、ガンジーの広島に対して行ったことを振り返る記事（八日八頁）の中で、広島と長崎への原爆攻撃を「怪物的な人道に対する犯罪」「戦争犯罪」と表現している。

投稿ではドイツのノイエス・ドイチュラントが「私は原爆が投下された時一一歳だった……戦争を終結させ人命を救うためだと言われているが、無防備な民間人に大量破壊兵器を使用したアメリカは重大な戦争犯罪を行った」（一一日八頁）を掲載した。

ホロコースト、アウシュヴィッツ

もはや言うまでもないが、アメリカでは原爆と広島を「ホロコースト」、「アウシュヴィッツ」にたと

えた新聞はなかった。

「ある意味、広島とアウシュヴィッツは切り離せない」と述べたのはアルゼンチンのラナシオンだ。「広島、傷はまだ癒えていない」（八日Ⅰ－一八頁）では、広島とアウシュヴィッツの共通性について「目的のための合理性、技術の進化、そして、人間性を引き裂き、すべての人間を単なるものに変える怒りを組み合わせたものだ」と説明。そして、「平和と民主主義のためという良き名の下で広島では悪魔の行為が行われた」という一節を引用している。

アウシュヴィッツを引き合いに戦争犯罪であることを主張したオピニオン記事「核の時代が七五年前に始まった」を、スイスのノイエ・チュルヒャー・ツァイトゥングが掲載している（四日六頁）。その部分を引用しよう。

アウシュヴィッツに道義的な正当性はない。広島に対しても同じだ……広島がこれまでの最悪の戦争犯罪の一つであることを否定することは

できない。莫大な数のほとんどが民間人の犠牲者であることは、副次的な損害（注　軍事行動で巻き添えになった損害を意味する軍事用語）ではなく、それこそが（原爆の）目的だった……民間人を標的にすることは、いかなる条文の解釈からも戦争犯罪だ。このことは一九四五年当時も事実だった。

そして、「こうした視点で広島と長崎の原爆による破壊を語ることは、アメリカでは嫌われる。高校の教科書で、このような（原爆の）解釈を探しても無駄だ」とアメリカの原爆に対する世論と教育について皮肉を込めて指摘している。

スペインのラ・ラソンは六日の「広島が『メガ・デス』を生んだ」（二頁）で、「七五年前の今日、原爆が広島に投下された。『メガ・デス（mega death）』が生み出され、何千もの無防備な市民が、将来の死を防ぐために殺された」と伝えた。戦争を終結させてさらなる戦死者を防いだと示唆はされているものの、この記事は、こう締めくくられていた。「防ぐことのできた非人道的な大虐殺。ホロコースト」。

そして、同じ日の特集を紹介する欄（四頁）で、原爆を「一瞬のホロコースト」と表現していた。なお、この日の一面トップを飾り、大特集が組まれたのは広島で原爆被害を受け現在はスペインに住む女性被爆者、タカコ・ゴカンさんだった（1章　コラム参照）。

また、同じスペインのエルムンドは、原爆報道で「原子のホロコースト」「核のホロコースト」を計三回繰り返して使用している。

このほか、「ホロコースト」表現を使った記事は少なからずあった。文脈から判断して、必ずしも広島原爆にたとえたり対比したりするものではなかった。原爆と結びつけられた三例を挙げよう。

コスタリカのラナシオン。一面に告知した社説（九日二三頁）は「広島と長崎の原爆が炸裂しただけではなく、新しい不穏な時代を人類にもたらした。核のホロコーストというダモクレスの剣にさらされ続ける時代だ」。

マレーシアのスター・マレーシア（一三日一三頁）。「約二一万四〇〇〇人が殺され、さらに二三万人の原爆の生存者は五年のうちに核のホロコーストの影響に倒れた」。

フィリピンのフィリピン・スター（一一日五頁）。「アメリカ人は医療団を送ったが、原爆を生き延びた日本人を治療するためではなく、原爆の損害を調査し、核のホロコーストを生き延びた日本の民間人の放射能の影響を調査するためだった」。

10　国、新聞、通信社により異なる原爆史観

アメリカになく、
ラテンアメリカとスペインに顕著

フレーミング②について「ジェノサイド」「戦争犯罪」「ホロコースト」「アウシュヴィッツ」の四つのキーワードに基づいた検証の結果、大きな偏りがあることがわかった。

まず、アメリカの報道で原爆をこれらの言葉で枠づけて報じた新聞記事は皆無だった。2章でアメリカの原爆報道を詳しく解説するが、原爆に対する批判的な記事がなかったわけではない。批判的、疑問を呈する記事は（予想以上に）あった。主要紙の一部は原爆神話に疑問を投げかけたり、否定さえしていた。しかし、これら四つのフレーミングの表現で原爆や広島を報じることは、疑問視や批判の領域をはるかに超えた、「悪の烙印の押された非合法行為」としての激しい糾弾である。

つまり、こうした言葉を使って原爆を表現すれば、右派だけではなく保守層、おそらく、一部のリベラル層からも、反論や攻撃がくることは想像に難くない。原爆五〇周年の一九九五年、スミソニアン国立航空宇宙博物館での原爆投下爆撃機エノラ・ゲイ展示をめぐる政治的大紛争は決して過去のことではな

い。アメリカのメディアはなんとしても忌避するフレーミングであると結論づけてもいいだろう。

　こうした指弾を行ったのが、スペイン、ラテンアメリカを中心とした新聞報道だ。詳しくは、それぞれ6章と9章を読んでいただきたい。

通信社の記事

　これまで紹介したもの、そして、2章以降で取り上げる記事のほとんどは、意見主張が鮮明に表出する傾向のある新聞社独自の特集、社説、もしくはオピニオン記事だ。実際の報道は、世界中の報道機関と政府や企業にニュースを配信する通信社の記事が多い。代表的なアメリカのAP、イギリスのロイター（Reuters）、フランスのAFP、スペインのEFE《エフェ》は四大通信社とも呼ばれる。

　一般的に、通信社の記事は事実関係が淡々と報じられ、主張や意見は最小限にとどめてある。配信先のニュース機関で使いやすいからだ。では、通信社の記事はどれも大きな違いはないかと言うと、そうではない。本部を置く国や通信社の「文化」が記事に（微妙に）にじみ出ることは珍しくない。

　例えば、APの記事は被爆体験の重要性については多くを伝えていたが、放射能被害は控えめだった。また、原爆が日本を降伏させたという直接表現はないものの、「原爆の後、日本は降伏した」という表現が目立った。わずかではあるがアメリカの原爆観が表出していると言える。

　一方、フランスのAFPの記事は、放射能の被害実相を多く伝えるとともに、原爆の歴史的評価について、議論が続いていること、またアメリカは原爆攻撃を謝罪していないことを記している。

　日本の共同通信の記事は、「地元」だけに掘り下げた記事が多く、また、原爆当事国のアメリカと日本の両政府に対して批判的な内容だった。しかし、（残念ながら）共同配信の記事を使ったのは、調査した世界の新聞の中でわずかだった。世界のニュースは、米英のAPとロイター、かろうじてフランスのAFPによる寡占状態にあり、世界に流通する報道は欧米の視点となる。*14 このことは原爆報道分析でも表出していた。

　各国の主要紙といえども、国際ニュースは通信社配信記事に頼ることが多い。しかし、ニューヨーク・タイムズ、ワシントン・ポストなどの世界的に有名な新聞社は、通信社配信記事に頼る比率は非常に低いかまったく使用していなかった。取材力の格差は原爆報道にも露呈していた。

注

*1　例えば、ワシントン・ポスト九日B一―二頁、エルムンド二日二八頁、フィナンシャル・タイムズ一〇日一四頁、グローブ・アンド・メイル六日A二頁。

*2　ハーシーの『ヒロシマ』は一九四六年に雑誌『ニューヨーカー』の九月号すべてを使って特集されたもので、すぐに書籍化され世界的なベストセラーとなった。ジャーナリズムの金字塔として読み継がれている。二〇二〇年に出版されたレスリー・ブルーム著『フォールアウト　広島の隠蔽とそれを世界に伝えた記者』（英書）は、ハーシーがどうやって広島に入ることができたのか、なぜ政府が情報統制をしていた原爆の実態を発表することができたのかについて掘り起こしたノンフィクション。世界のいくつかの新聞が書評を掲載した。

*3　この節のフレーミングと認知、原爆報道については、Inoue & Rinnert (2007)。

*4　日本以外の新聞（特にヨーロッパ）の多くはそもそも中立を掲げてはおらず、党派性やイデオロギーを全面的に論調に打ち出すことが多い。

*5　Inoue & Rinnert (2007).

*6　アメリカにおける神話形成については井上（二〇一八）。

*7　社説で表明された論調に合わせて記者は記事を書かなければならないわけではないが、新聞社によっては「社論」に合わない記事は修正するよう有形無形の圧力がかかったり、没にされたりする。

*8　英語版の題名は *Racing the Enemy: Stalin, Truman, and the Surrender of Japan*。長谷川教授はロシア史と日露関係の専門家であり、アメリカの大学で博士号を取得した英露日の三言語で歴史文書を掘り起こすことのできる稀有な研究者だ。戦後、原爆の使用目的は日本に無条件降伏させるためだと喧伝され一般に信じ続けられてき

たが、機密文書が公開され始めた一九六〇年代から原爆の使用目的に疑問を呈する書籍や論文が出始めた。代表的なものが一九六五年初版のガー・アルペロヴィッツ（Gar Alperovitz）による*Atomic Diplomacy*。そして戦後五〇年が過ぎ、さらに機密文書が公開されるようになってからは公文書を検証した研究が多数発表されるようになり、徐々にメディアにも浸透していったのだと推測できる。その中で、長谷川教授の『暗闘』の影響は大きいと考えられる。研究事例は井上（二〇一八）参照。

＊9　黒澤（二〇一九）。

＊10　www.un.org/en/genocideprevention/

＊11　一九九四年のルワンダで起きたツチ族虐殺、一九九五年のボスニアヘルツェゴビナでの虐殺。

＊12　ホロコーストや大虐殺など激しい言葉による原爆糾弾については、6章のスペイン紙の分析でも詳しく論じられている。

＊13　類似した大量殺戮（mass killing）は前節で紹介したワシントン・ポストの歴史学者による「いや、長崎を攻撃する必要はなかった」の中で、「原爆の『必要性』を主張することは、民間人を意図的に大量殺戮したり負傷させたりする不道徳を認めないことになる」という一節で使われた。関連した言葉も含めて、この記事が米紙で唯一のものだった。

＊14　伊藤（二〇〇五）。

参考文献（1章、2章、3章をまとめて掲載）

伊藤陽一編著（二〇〇五）『ニュースの国際流通と市民意識』慶應義塾大学出版会。

井上泰浩（二〇〇六）「世界は「広島」をどう報じたか――原爆投下60周年報道の国際比較検証」、『広島国際研究』一二巻、一〇三―一二七頁。

井上泰浩（二〇一八）『アメリカの原爆神話と情報操作――「広島」を歪めたNYタイムズ記者とハーヴァード学長』朝日新聞出版。

黒澤満（二〇一九）「核兵器のない世界に向けて――Stigmatization とDelegitimization」、山口響監修『核兵器禁止条約の時代』（六〇―八二頁）法律文化社。

袖井林二郎（一九九五）『私たちは敵だったのか――在米被爆者の黙示録』岩波書店。

バゴット、ジム（二〇一五）『原子爆弾一九三八―一九五〇年――いかに物理学者たちは、世界を残虐と恐怖へ導いていったか？』（青柳伸子訳）作品社。

Bernstein, Barton J. (1986). A Postwar Myth: 500,000 U.S. Lives

Saved. *Bulletin of the Atomic Scientists*, v. 42, pp. 38-40.

Bernstein, Barton J. (1999). Reconsidering Truman's Claim of "Half a Million American Lives" Saved by the Atomic Bomb: The Construction and Deconstruction of a Myth. *Journal of Strategic Studies*, v. 22 (1), pp. 54-95.

Boyer, Paul (1985). *By the Bomb's Early Light: American Thought and Culture at the Dawn of the Atomic Age*. NY: Pantheon Books.

Inoue, Yasuhiro & Carol Rinnert (2007). "Editorial Reflections on Historical/Diplomatic Relations with Japan and the U.S.: International Newspaper Coverage of the 60th Anniversary of the Hiroshima Bombing." *Keio Communication Review*, v. 29, pp. 59-83.

Inoue, Yasuhiro & Dennis Patterson (2007). "News Content and American Perceptions of Japan and U.S.-Japanese Relations." *Harvard International Journal of Press/Politics*, 12, pp. 117-121.

Keever, Beverly Deepe (2004). *News Zero: The New York Times and the Bomb*. Monroe, Maine: Common Courage Press.

Lifton, Robert Jay & Greg Mitchell. (1995). *Hiroshima in America: A Half Century of Denial*. NY: Avon Books.

Mitchell, Greg (2013). "68 Years Ago: Truman Opened the Nuclear Era — With a Lie About Hiroshima." *Huffpost*. www.huffpost.com/entry/68-years-ago-truman-opene_b_3713210.

Rhodes, Richard (1988). *The Making of the Atomic Bomb*. NY: Simon & Schuster.

Walker, J. Samuel (2016). *Prompt and Utter Destruction: Truman and the Use of Atomic Bombs against Japan* (3rd edition). Chapel Hill: University of North Carolina Press.

コラム　三人の女性被爆者――世界に届いたメッセージ

女性被爆者の体験と核廃絶の訴えは世界のメディアにこだました。サーロー節子さん、小倉桂子さん、近藤紘子さん――広島で被爆した三人の女性なくしては、原爆七五周年の報道はかなり異なったものになっただろう。

三人は年齢も、爆風で吹き飛ばされ意識を失うか建物の下敷きになったこと以外は、被爆した時の状況も異なる。サーローさんは一三歳、小倉さんは八歳、近藤さんは生後八か月だった。しかし、共通したことや不思議な接点がある。

使命感と情熱が共通していることは言うまでもないが、三人ともに英語で広島メッセージを世界に発信できる。カナダ在住のサーローさんはカナダの大学院修了、近藤さんはアメリカの大学を卒業、小倉さんは夫（広島平和資料館元館長）がアメリカ生まれで「平和のためのヒロシマ通訳者グループ」の創設者で代表を務める。ともに英語によるスピーチや講演、会見の対応のうまさは特筆ものだ。使命感と英語コミュニケーション力は間違いなく世界で報道された理由の一つだ。

サーロー節子さん

核兵器廃絶国際キャンペーン（ICAN）と活動をともにし、受賞したノーベル平和賞の式典で演説を行ったサーローさんは、最も有名な被爆者の一人だろう。筆者が驚いたことは「あのニューヨーク・タイムズが」一面にサーローさんの幼少期の家族写真を掲載し、大特集を組んだことだ（2章4節参照）。なぜ驚いたのかは、これまでのタイムズ紙による原爆報道を振り返っている2章3節を読んでいただきたい。

さて、そのタイムズ紙の記事「地上の地獄。そして、何十年にわたる平和活動」（七日一五頁）の中で、サーローさんはこう使命感を語っている。「私は原爆が引き起こした人間の苦しみを直接体験したことを話せる一人。私にとって、非常に大切な道徳的な責務なのです」。

サーローさんは取材を受けて記事

に取り上げられただけではない。自身がしたためたオピニオン記事「カナダは原爆攻撃に関わったことを認めるべきだ」はカナダの全国紙グローブ・アンド・メイルに掲載された（内容については3章3節参照）。調査した世界の原爆報道で被爆者による唯一のオピニオン記事だった。

小倉桂子さん

世界で最も多くの新聞に被爆体験と核廃絶の訴えが掲載されたのは小倉さんだ。APとAFPの二つの国際通信社の記事で小倉さんは近藤さんらほかの被爆者とともに取り上げられており、まさに世界の津々浦々にまでメッセージは届けられた。新聞社独自の記事でもワシントン・ポスト、フランスのルモンド、スペインのエルパイースなどはかなりの紙幅を使って彼女の言葉を引用している（エルパイースは近藤さんも）。

特筆すべきは、全面、もしくは紙面の大半を使った特集記事だ。いずれも広島原爆の日の掲載で、スペインのエルムンド（二二頁）とABC（二六—二七頁）、フランスのウエスト・フランス（三六頁）、そして、トルコのヒュッリーイェト・デイリー・ニュース&エコノミック・レヴュー（六頁）の計四紙が「桂子特集」を組んだ。

小倉さんが伝えた体験については、6章3節に詳しく解説してあるので、参照してもらいたい。

近藤紘子さんとジャーナリスト

近藤さんは、AP配信の小倉さんを含めた被爆者五人を取り上げた記事中の一人だった。ただし、新聞社によって実際に紙面掲載した人数は異なり、近藤さんを削除していた新聞も見受けられた。また、単独の特集はなく、掲載量についても三人の中では最も少なかった（これは、他の二人が非常に多かったということだ）。しかし、これから説明する黒子役として原爆七五周年報道に大きく寄与している。複雑な話になるが書き記しておきたい。

近藤さんの「影の役割」とも言えるものは、本書で繰り返し登場する、ジョン・ハーシーのルポ『ヒロシマ』、そして、このルポに新しい光を当てたレスリー・ブルーム著『フォールアウト』においてである（1章注*2参照）。アメリカ政府による放射能被害の隠蔽も暴いてみせた『フォールアウト』は、七五周年報道で大きな役割を果たした。なぜなら、同書は書評で取り上げられただけではなく（例えばサウジアラビアのアラブ・ニュース、オーストラリアのデイリー・テレグラフ）、本の内容が記事で引用されることで（例えばワシントン・ポストと転載した数多くの新聞）、原爆の放射能被害とその隠蔽について世界の読者に伝えていたからだ。

何より、この本は近藤さんの協力貢献なくしてはおそらく実現できなかったことだ。著者のブルームさんは巻頭の献辞に「For Koko Tanimoto Kondo」と記していることからもわかる。「Tanimoto（谷本）」というのは近藤さんの旧姓だ。父は広島で被爆した流川教会の谷本清牧師だ。原爆翌年、広島入りしたハーシーによる取材を受け、ほとんどの登場人物をハーシーに引き合わせ、そして、アメリカの大学院修了の英語力で通訳をしたのが谷本牧師だ。

近藤さんは父の日記など膨大な資料をブルームさんに提供するなど広範な取材協力をしている。ブルームさんは巻末の謝辞にも近藤さんのことを「大切な友となった。この本を彼女に捧げる」と記している。

『ヒロシマ』では六人の登場人物に焦点を合わせ綴られているが、中心人物は谷本牧師である。近藤さんは『ヒロシマ』の中で、牧師の「乳児の娘」として紹介されている。ワシントン・ポストはハーシーの特集（八日C一―二頁）で彼の偉業を絶賛し、谷本牧師の惨禍をくぐり抜けた体験を紹介している（2章6節参照）。亡き父を代弁するかのような近藤さんの言葉「ハーシーが書いてくれたことは、まさに（広島で）起きたこと」「あのような（核）兵器を持つことはできないと世界中に訴えなければ」が特集で使われている。ハーシー、谷本牧師、近藤さんの写真も掲載されている。

ハーシーの父は牧師だったこと、ハーシーが（アメリカで教育を受けた）谷本牧師に出会ったことは偶然だったのだろうか。谷本牧師の自伝[*1]、『ヒロシマ』、そして『フォールアウト』を読んだ筆者は、出会いは奇跡であり、『ヒロシマ』が世に出たことも奇跡的だと確信している。

なお、若き日のサーローさんは谷本牧師と出会い、師として慕い、洗礼を受け、原爆孤児の救済など支援活動に加わっている。近藤さんはサーローさんを「姉のように慕って」いる[*2]。小倉さんによると三人は同じ活動を行う「仲間というより、家族のような」関係だという。

ここで紹介した三人の女性被爆者以外にも、多くの被爆者が原爆七五年報道で役割を担っていた。

スペインのララソン一面トップ（六日）を飾り中面で二頁の特集が組まれたのは同国在住で、家族全員を失った広島被爆者タカコ・ゴカンさん（八六歳。記事掲載時。以下同）。一面トップは調査した新聞でゴカンさんが唯一だった。ブラジルのフォーリャ・ジサンパウロはジュンコ・ワタナベさん（七七）、タカシ・モリタさん（九六）、クニヒコ・ボンコハラさん（八〇）の三人の被爆者の写真を一面最上段に掲載し見開き特集を組んだ（二日）。

ワシントン・ポストは日系アメリカ人のハワード・カキタさん（八二）を特集（2章6節参照）。オーストレイリアンはテリ・テラモトさん（八一）を記事（3章4節参照）に取り上げている。小倉さんらを紹介したAP配信記事は、李鐘根さん（九二）が受けた被爆者と在日韓国人としての二重の差別を記事にしている。掲載したほとんどの新聞は李さんの写真を掲載するなど最上位として扱った。いずれの記事もすべてを紹介したい被爆体験だ。

注

＊1 谷本清（一九七六）『広島原爆とアメリカ人：ある牧師の平和行脚』日本放送出版協会。

＊2 自身の反核運動の人生を記したサーロー節子・金崎由美（二〇一九）『光に向かって這っていけ』岩波書店、五三頁。

2章　アメリカ
――ニューヨーク・タイムズと原爆神話の変化、根づいた人命救済

井上泰浩

1　NYタイムズが先導した原爆の理解と神話

アメリカ人の原爆理解の形成と確立に決定的な役割を果たしたのは、世界で最も権威と信頼のある新聞の一つニューヨーク・タイムズだ。[*1]

広島原爆攻撃から一六時間後、原爆というものがこの世に存在すること、そして、広島に投下されたことを世界に初めて告げたのはトルーマン大統領声明（以下、「声明」）だ。アメリカ政府は、この「声明」の内容に沿った報道資料（プレス・リリース）とともに報道機関が自由に使うことのできる模範記事を提供した。

「声明」、報道資料、記事のほとんどを起草、執筆したのがニューヨーク・タイムズのウィリアム・L・ローレンス記者だ。タイムズ紙の社主と編集長も秘密裏に関わった政府軍への全面協力だった。ローレンス記者が起草した原爆の大統領「声明」は、人類のもとに現れた原爆という驚嘆すべき発明とその破壊力について世界の人々に衝撃を与えるとともに、日本に対して使用したことの正当性を心に焼きつけた。そして、三日後の大統領ラジオ演説（以下「演説」）では、「声明」では語られなかった原爆の

大義名分が付け加えられアメリカ中に放送された。

タイムズ紙も含めてすべての報道機関は、原爆に関することのすべてを政府・軍の発表、つまり、ローレンス記者が起草執筆した「声明」と資料に全面的に頼らざるを得なかった。他の情報源は何もなかったからだ。言い換えれば原爆ニュースは、このタイムズ紙記者の枠組み、フレーミングにはめ込まれて報道されたわけだ。[*2]

そもそもなぜアメリカの大半の人が原爆攻撃を正しかったと信じているのか（3章1節参照）。原爆七五年の米紙報道の分析を紹介する前に、大統領「声明」と「演説」、そして、タイムズ紙の報道の影響力とフレーミングについて説明をしておきたい。1章で紹介した「原爆神話」——原爆は民間人の犠牲を避けるため事前に警告をして軍事基地を破壊し（神話①）、あっという間に日本を降伏させた（神話②）。戦争を早期に終結させた結果、予想された一〇〇万人ものアメリカ人の命、さらに多くの日本人の命も救った救世主だ（神話③）。アメリカは神に託されて慈悲深い行いをした（神話④）。原爆の放射性物質は熱と爆発に変わっているので、ほとんど影響はない（神話⑤）——、そして、四つのフレーミングのうちの一番目の「戦争終結・人命救済」と四番目の「当然の報い」を中心に解説していく。

2　原爆を世に告げた大統領の「声明」と「演説」

まず、「声明」による原爆のフレーミングについて解説する。[*3]「声明」は原爆の最大の特徴である放射能について触れることなく、通常兵器の超々巨大な爆弾として原爆をフレーミングしている。爆薬であるTNT火薬にたとえて破壊力だけを強調し、また、当時世界最大の爆発力を持った通常兵器を引き合いに出し（比喩によるフレーミング）、原爆の威力は突出した爆発力という枠にはめ込んでいる。これは、原爆と放射能を認知的に結びつけないことでもある（神話⑤）。

次に、「声明」は「日本は真珠湾の空襲によってこの戦争を始めた。何倍にもなって償うことになった」と述べ、原爆攻撃は正当な行為であり当然の報いであると強調している（フレーミング④）。さらに「演説」では「原爆を手にし……私たちは真珠湾を予告なしに攻撃したものに対して使ったのだ。アメリカの戦争捕虜を飢えさせ、痛めつけ、処刑したものに、戦時国際法を従うふりさえも投げ捨てたものに対し使ったのだ」と強い調子で正当性を主張している。このフレーミング④「原爆は日本の戦争行為に対する当然の報い」は原爆直後の全米の新聞にあふれかえった。

なお「声明」では、「事前に原爆の警告をしたうえで使用したこと、民間人の犠牲を避けるために軍事基地を攻撃した」という神話①について言及されていなかった（言い忘れだと推測される）。三日後の「演説」で、次のようにしっかり加えられた。なお、

アメリカによる原爆の事前警告は一切されていない。[*4]

> 日本の国民に対し、これから起こりうることについて適切な警告を与えた。連合国側は、日本の降伏の基本条件についても示している。その警告は無視された。史上初の原爆は、軍事基地である広島に落とされたと世界史に残るだろう。（軍事基地に投下した）理由は、民間人の死者を可能な限り避けることを願っていたからだ。
> （傍線は引用者。以下同）

戦争を終結させ人命を救ったという神話②と神話③についても「声明」での言及はなかったが、「演説」で以下のように主張された。

> 戦争の苦しみに早く終止符を打つために、何千、何千という若いアメリカ人の命を救うために、私たちは原爆を使ったのだ。日本の戦争遂行能力を完全に破壊するまで、原爆を使い続ける。

日本の降伏以外に、私たちを止めることはできない。

原爆投下直後の「演説」では、このように「何千」ものアメリカ人の命を救うためにとなっていた。しかし、戦後、原爆が救った命の数は「何万人もの」から、「五〇万人」、「一〇〇万人」、果てには「何百万人」もの日本人の命を救ったことになっていく。[*5] 1章でも紹介したウォールストリート・ジャーナルのオピニオン記事「原爆は何百万人もの命を救った」が典型的な例だ（本章8節でも解説）。

神に委ねられたアメリカが日本に対して原爆という天罰を下した（神話④）という文言もある。アメリカ国民の選民意識をくすぐるレトリックだ。「演説」のその部分を紹介しよう。

> （原爆という）重大な責任が私たちに課せられた。その責任が敵の手にではなく、私たちの手にもたらされたことを神に感謝します。神の導きにより神が意図され目指されることに従って私たちが原爆を使えることを祈りましょう。

この宗教的、聖書的表現は、神がアメリカに託したことであると直截的に強調され、原爆攻撃に神性を付与している。アメリカ人の選民意識に突き刺さる言葉は、ローレンス記者が原爆を描写する時の特徴だ。彼の記事の中ではこうした宗教的表現を借りて原爆を「よきもの」とフレーミングする表現が頻繁に登場する。また、「卑劣な真珠湾攻撃で戦争を仕掛けた日本に対して……」も常套句のように彼の記事で（つまり、ニューヨーク・タイムズと記事を転載する多くの新聞で）使われる表現だ。なお、「声明」「演説」には原爆を「慈悲深い行為」とする表現はない。だが、実際の報道では、戦争を終結させて人命を救った「慈悲深い」「道徳的な」行為という表現は当時も、今も続く表現である。

3　徹底した放射能否定報道を続けたNYタイムズ

では、「原爆には放射能はない」という神話⑤に移りたい。「声明」「演説」とも、放射能に触れないことで原爆と認知的に結びつかないようにしていた。言及をしないことによる「消極的フレーミング」である（1章5節参照）。

しかし、ローレンス記者らによるタイムズ紙報道は「積極的フレーミング」で原爆と放射能の認知の結びつきを断ち切っていた。つまり、「原爆の放射能はない」と明記する報道を続けたのだ。タイムズ紙の報道に左右されていた当時の他の新聞が、放射能についてどのように報じたかは想像に難くない。*6それでは例を挙げていこう。

日本の原爆七五年報道では、「原爆が投下された直後は、広島には七五年間草木も生えないと言われた」ことがよく紹介された。事実ではなかったが、このニュースが通信社配信で世界を駆け巡ったのは、広島原爆から二日後、終戦前の一九四五年八月八日のことだ。実際に報道されたのは「七〇年間」だったが、多くの新聞が「原爆の標的は七〇年間、死に満たされる」を掲載した（この報道が日本に伝わるうちに「七五年」になったと推測される）。

ニューヨーク・タイムズは、この重大ニュースを報道しなかった。だが、翌日になって否定する記事「原爆の七〇年間の影響を否定」（八頁）は掲載し、残留放射能を否定するコメントだけを報じた。

> われわれが行ったすべての実験から、また、ニューメキシコでの原爆実験の結果から、広島上空で爆発した原爆によって感知できるほどの放射能が地上に残っていると考えられる理由はまったくない。わずかなものがあったとしても急激に崩壊する（＝無害になる）。

それから八月一五日の終戦を迎え、九月二日の降伏調印が終わって三日後、当時イギリスで最大手紙ロンドン・デイリー・エクスプレスが広島入りしたオーストラリア人記者ウィルフレッド・バーチェットのスクープ「原子の疫病」を一面に掲載した。広島では原爆からひと月経っても人が亡くなり続けていることを報じたのだ。世界中の新聞に無料で転載を認めたこともあり、大騒ぎになった。ただし、タイムズ紙は「黙殺」した。

この事態に動いた軍によるプロパガンダ作戦に応じ、タイムズ紙は九月一二日、「米国の原爆テスト現場が、東京の主張の嘘を暴く」を一面に掲載した。ローレンス記者によるものだ。

> 地球上で初めての原子の爆発の地であり文明の新しい時代を育む地でもあるニューメキシコ州のこの歴史的な場所は、日本のプロパガンダに対する最良の答えとなった。そのプロパガンダとは、八月六日の爆発の日以降も人々が亡くなっているのは放射能のせいだ、広島に入り込んだ者が不可思議な病にかかるのは残留放射能のせいだ、というものだ。

そして、「原爆から一一日後には広島の放射能は許容量をはるかに下回る」、「原爆による死因は爆風、建物の下敷き、飛来物によるもの、また、熱によるものは火傷と火事による焼死」であると繰り返し強調し、広島での現地調査結果によって「証明された」と報じている。また、広島に放射能はないことについて「現地の調査団によると日本側は認めた」と書いている。そして、「広島での現地調査結果に基づく」コメントを記している。

> 「日本人は放射能で人々が死亡したと主張している。仮に本当だとしても、極めて少数だ」……「多くの人間は殺されたが、多くの命、特にアメリカ人の生命は救われた。原爆が戦争を

早期に終結させたのだ。彼らを叩きのめした最後のパンチだった」

タイムズ紙は翌一三日、東京特派員による「廃墟の広島には放射能はない」（四頁）と断定する記事を掲載した。さらに同じ日の社説（二二頁）までもが、次のように放射能否定をした――汚染された土壌や建物からの放射能によって死者が出ているという広島からの報道には何も根拠がないことが原爆実験場の放射能測定で明らかになった。爆撃機から投下され上空で爆発した原爆は、放射能は上空に舞い上がり地上にはほとんど影響がない。原爆の犠牲者は爆発の瞬間の爆風によるものだ。後遺症については原爆投下前から検証されていた。日本の調査が主張する赤血球の減少は作り話だ。白血球の減少の可能性はあるかもしれないが疑わしいと判断せざるを得ない――。

ここで紹介したタイムズ紙による放射能否定報道は、数多くある中のいくつかの例だ。タイムズ紙は原爆だけではなく、その後行われた南太平洋核兵器実験での放射能とその被害のゼロ報道や矮小化を続けた。[*7]

七五年を経て、ニューヨーク・タイムズ、そして、他のアメリカの新聞は原爆をどう報じたのだろう。

4　NYタイムズの転換――矮小化から意義評価

写真付きで被爆者を一面掲載

二〇二〇年八月七日のニューヨーク・タイムズの一面に、被爆者の記事が写真とともに掲載された。

1章のコラム「三人の女性被爆者――世界に届いたメッセージ」で紹介したカナダ在住のサーロー節子さんの特集「地上の地獄。そして、何十年にわたる平和活動」だ。

タイムズ紙による被爆者の一面掲載は、同紙の原爆に向き合う姿勢の変化を示している。さらに、サーローさんの記事とあわせて編集された見開きの原爆特集（一四―一五頁）では、顔面にひどい火傷をした被爆幼児の写真も掲載していた。

タイムズ紙が七五年間、被爆者の写真と記事を同時に一面に出したことは、調べた限りではない。[*8]そして、被爆負傷した幼児の写真を掲載したことも、タイムズ紙の報道姿勢の変化を映し出している。類似した幼児の写真掲載も、調べた限りなかった。

この国では、原爆は軍事施設を破壊し軍人を殺傷したことになっている。目を背けたくなるような女性や子供の被害者の写真は、正義の国であるアメリカにとり非常に都合が悪く信じたくないこと、つまり、一般の報道機関は忌避してしまう題材だ。

矮小化の続いた六〇周年報道

ここで、一五年前のタイムズ紙報道を少し紹介し、

対照的な報道をあぶりだしてみたい。

原爆投下直後からの称賛と放射能否定を続けてきたタイムズ紙は、原爆六〇周年の二〇〇五年には計三本の記事を掲載している。[*9]いずれも原爆は過去のものとして報じている。その中でも七日掲載の「忘れるための記念日」（ＷＫ一二頁）というオピニオン記事は原爆を過去のものとして矮小化している。この記事は日本人起業家によるものだが、記事の選択と掲載を決めるのは編集部だ。

記事の冒頭、「原爆投下というものは、私にとってどうでもいいことだ。これは、私の世代のほとんどの日本人にとって共通している」、そして、「核の恐怖は遠くに感じるし、むしろ、別の世界のことのようだ」と続けている。最後に「広島と長崎の原爆や戦争は文化的な『ゲームオーバー』や『リセットボタン』を意味する。良かれ悪かれ、広島の原爆から六〇年経った今、自分たちは過去よりも未来にこだわっている」と締めくくっている。

タイムズ紙の六〇周年報道に共通していたのは、

原爆使用の議論はされていなかったことだ。また、被爆者のコメントは多く掲載されていたが、原爆の被害実相はほとんど伝えられていなかった。イラクへの自衛隊派遣や憲法九条問題、日本政府の被爆者に対する態度を指摘し、平和主義の路線を外れつつある現代の日本の姿、そして、被爆者の将来に対する嘆きと虚無感を紹介していた。つまり、原爆は実戦使用をしたアメリカのことでも世界のことでもなく日本のこと、そして過去のことであり、平和に果たせる役割も限界があると伝えていた。

原爆教訓の重要視へ転換

しかし、一転したかのように原爆七五年の社説（七日A二六頁）では、広島の教訓の重要性を次のように伝えている。

アメリカは実戦で核兵器を使った唯一の国であり続けている……（その）教訓を学ぶことなくロシアと中国との核兵器競争へと突入しているかのようだ……広島の七五周年記念は核兵器に関する深刻な社会的懸念を甦らせるいい機会だ……かつての広島の地が焼け焦げ廃墟となった胸の痛むイメージは、核兵器が何を引き起こすのか、そして、核兵器には何ができないかを真剣に考え直す動機にしなければならない。

タイムズ紙の報道論調の転換は七五周年に突然起きたのではない。二〇一五年には記事の本数としては一面を含む計一〇本（七五周年は五本）を掲載している。この七〇周年報道で特徴的なことは二つある。まず、二度にわたる原爆の紙上ディベートを掲載したことだ。そのうちの一つ（九日一〇頁）は原爆賛否の二元論ではなく、「大統領決定の是非」、「原爆の代替手段」、「道徳的結果」、「日本侵攻が避けられた」という四議題の投稿意見を掲載していた。タイムズ紙の読者層を映し出すように、投稿者は全米各地はもちろん日本、イギリス、カタールにも及んだ。

また、ワシントン・ポストが二〇二〇年に掲載した原爆非難記事（本章6節参照）を書いた歴史学者によるオピニオン記事を、タイムズ紙は二〇一五年の紙面に載せている。この論評はポスト紙掲載記事と同じく、原爆攻撃そのものと原爆神話を史実に基づき徹底的に指弾し、同時に放射能被害の生々しい実相を伝える内容だ。

明らかにタイムズ紙の原爆報道は七〇周年頃から、賛否両論の提示だけではなく原爆の意義を高く評価し放射能による被爆者の惨状を伝える方向に変化を始めていた。

5　ロサンジェルス・タイムズ——原爆神話批判、寄せられる反論

アメリカ西海岸カリフォルニア州の主要紙、ロサンジェルス・タイムズは原爆神話に対する批判的報道へといち早く流れを変えた、もしくは、両論を併記するようになった米紙の一つだ。

二人の歴史学者[*10]による二〇二〇年のオピニオン記事「われわれ（アメリカ人）は核時代を始める必要はなかった。戦争に勝利するため日本に原爆を使用する必要のないことはアメリカの指導者は知っていた。結局、使ってしまった」（五日A一一頁）では、この章で紹介をした原爆神話の多くを徹底して否定している。小見出しでも「私たちアメリカ人は戦争を終結させるために日本に原爆を投下したと教えられ続けている。歴史はそうではないことを証明している」としており、同紙編集者の原爆に対する姿勢を映し出している。本文を紹介しよう。

一般に信じられていることは……単に戦争を終結させただけではなく、原爆は最も人道的に戦争を終わらせた、である。しかし、圧倒的に多くの日米両国の公文書による史実は、原爆が使

われなくとも日本はあの八月に降伏していたということであり、また、トルーマン大統領と側近たちはそのことを知っていたことを証明している。

続けて、アメリカによる無条件降伏の要求は天皇の処刑につながる可能性から日本が降伏に踏み切れなかったこと、八月八日のソヴィエトの日本に対する宣戦布告が日本の指導者の考えをすべて変えてしまったこと、さらに、ソ連参戦が決定打になることをトルーマンが記録していることなどを紹介し、次のように続けている。

こうした歴史を大半のアメリカ人は知らないが、ワシントンDCにあるアメリカ海軍国立博物館では、原爆資料の説明版にはっきりこう記してある。「広島と長崎の原爆攻撃による巨大な破壊と一三万五〇〇〇人の人命を失ったことは、日本軍にはほとんど衝撃を与えなかった……しかし、ソヴィエトによる満州の侵攻は彼らの考えを転換させた」……一九四五年当時、八人いた五つ星の将軍（アメリカ軍の最高位）のうち七人は、この海軍による容赦ない評価に同意している。

翌六日にもオピニオン記事「広島は世界に影を落とし続ける」（A一一頁）で広島・長崎の教訓の重要性を訴えるとともに核抑止論を非難している。「原爆は二〇万人もの、ほとんどが民間人を焼き殺した」と切り出し、「核時代の夜明けから広島と長崎の危険な遺産は、七五年経った今も残っている」と結んでいる（ホノルル・スター・アドヴァタイザー九日、コリア・タイムズ一二日転載）。

ただ、原爆神話否定の記事が掲載されると、反論や抗議を中心に投稿が多く寄せられるのだろう（原爆称賛記事が掲載されると、賛同の投稿のほうが多く寄せられるようだ）。同紙は八日と一五日の二度にわたって原爆記事に対して寄せられた投稿をまとめて掲載している。掲載投稿計八本のうち、原爆批判記事に賛同もしくは中立的な内容が三本で、残りの五本は反論（原爆称賛）だった。イギリスでも同じ傾向があるが、第二次世界大戦を戦った元兵士や子供・孫からの原爆正当化の投稿が目立つ。そうした投稿の一つ（一五日A一一頁）を紹介する。

> 私は、沖縄沖で神風特攻隊の攻撃を生き延びた弾薬輸送船に乗っていた……原爆が投下された一九四五年八月六日、船は（日本本土）侵攻の装備がされていた。安堵感は計り知れない。われわれは生き残ることを予想できなかった。

さて、ロサンジェルス・タイムズの原爆報道の論調はいつから批判的になったのだろうか、転換点はいつなのだろうか。残念ながら、ニューヨーク・タイムズのように七五年前の報道から継続的かつ包括的な記事の収集はできていない。

示唆する一例はある。二〇一六年五月二七日のオバマ大統領による広島訪問に合わせたオピニオン記事「広島への原爆攻撃は世界を変えたが、第二次世界大戦を終結させていない」[*11]だ。アカデミー賞受賞の映画監督オリバー・ストーンとアメリカン大学のピーター・カズニック教授によるもので、大筋の内容はこの節で取り上げた二〇二〇年のオピニオン記事と同じだ。

変化はオバマ広島訪問の前後？

確証はないが、論調の転換はオバマ大統領が広島訪問をした二〇一六年前後、原爆七〇周年の頃なのかもしれない。現職大統領が被爆地を訪問することが可能になったこと自体、アメリカの原爆に対する向き合い方の変化を表しているのだろう。核兵器に頼る安全保障に対する疑問の高まりなのか、それとも、原爆への国民の関心が薄れ政治問題化しないからなのか、米中関係が悪化し相対的に日米関係が重要になったからなのか、はっきりわからない。

最後に、二〇一六年の記事「大戦を終結させていない」もそうだが、二〇二〇年の「核時代を始める必要はなかった」も、調べた限り転載した米紙は一つもなかった。1章で紹介したワシントン・ポストの原爆使用を道徳的とした「歴史は繰り返されていない」が少なくとも全米二八紙に転載されたことを思い出していただきたい。*12

6　ワシントン・ポスト——突出した報道量と両論併記

連続四日の原爆特集紙面

米紙の中で最も多くの原爆報道を行ったのはワシントン・ポストだった（「世界の原爆報道一覧」参照）。1章2節で核による平和のオピニオン記事「歴史は繰り返されていない」を紹介したが、これとは正反対のオピニオン記事を掲載するなど、賛否双方の原爆理解を伝えている。

六日には一面に告知を出し中面で三頁にわたる「広島原爆七五周年」特集を組んだ。特派員による「縮小された式典で、国家主義に反対する叫び」（A一一頁）は被爆者小倉桂子さん（1章　コラム参照）の訴えとともに、戦争終結論に対する賛否両論の主張を紹介している。次の頁の同紙記者による「広島から何年も後に、核実験で何千人も亡くなった」では、「原爆は前代未聞の破壊と一五万人以上の命を奪った。しかし、原爆によって殺された最後の人々ではない」とし核実験による健康と環境への影響を告発している。そして、アメリカによる核実験の再開は「被爆者に対するとんでもない侮辱だ」という研究者のコメントで締めくくっている。

続く頁の「七五年前の今日、米軍機が広島に初めての原爆を投下した」という同紙記者による原爆の開発から使用までを振り返る記事では、蜂谷道彦著『ヒロシマ日記』*13を引用することによる原爆被害の生々しい描写とともに、顔面に火傷を負ったとみられる弟と背負った兄の二人の被爆者の写真を掲載していた。しかし、全編に原爆で戦争が終われば犠牲者は少なくてすむ、原爆は戦争を終結するために、という言葉がちりばめられていた。記事の結びも「わが国が開発したこの恐ろしい兵器が世界の国々を結束させ、戦争を防いでくれることを望んで」という原爆攻撃に参加し後にノーベル物理学賞を受けた科学者の手紙の一節を紹介していた。

この特集とは切り離されてはいたが、原爆を「道徳的」とした記事「歴史は繰り返されていない」は同じ日に掲載されている（1章2節参照）。

ポスト紙は六日から四日連続で原爆特集記事を掲載している。同紙の報道量、オピニオン記事を除いてすべて自社の記者が書いたものであること、そして、次に紹介するアメリカ人の原爆タブーの一つであるアメリカ人の原爆犠牲者に踏み込んだことは、他の米紙では例のない報道だった。

原爆タブーに踏み込む

七日の「原爆が投下された日に広島にいた彼はアメリカ人の子供だった」（A一二頁）では、日系アメリカ人被爆者のハワード・カキタさんの体験を紹介している。その中で、広島原爆の犠牲になった一二人のアメリカ人兵士捕虜のこと、また、「何百、何千ともいわれるアメリカ人は亡くなるか、被害を受けた」と伝えている。政府はもちろん、アメリカの多くの報道機関が忌避し続けている事実である。アメリカへの日本人移民は、自動的に国籍を与えられるアメリカ生まれの子供に日本で教育を受けさせるため、実家や親せきのもとに「帰国」させていた。このため移民の多かった広島市には少なくとも数千の日系アメリカ人が住んでおり、原爆の犠牲になり被爆者となった。[*14]

八日には二頁にわたるジョン・ハーシーの『ヒロシマ』とレスリー・ブルームの『フォールアウト』（1章注＊2参照）を取り上げた特集を組んでいる。アメリカ政府が隠していた被爆の実態を暴いたハーシーの功績を称え、また、ハーシーのルポを実現させた功績者の娘で被爆者の近藤紘子さんを紹介している（1章　コラム参照）。

翌九日には、さらに三頁にわたり計一一枚の写真（広島長崎だけではなく他の大戦の惨事の写真も含まれている）と約四〇〇〇語の「原爆の影の下で生きていく。核時代はいつも恐怖だが、避けられない。共生することを」の特集を掲載。ここではリアリズムに立脚した核抑止論を展開している。

容赦ないアメリカの原爆神話の指弾

突出した報道量もさることながら、多面的な原爆理解を展開したのがワシントン・ポストだ。この「核との共生」を主張した記事と同じ日、原爆を真っ向から非難する歴史学者スーザン・サザードによるオピニオン記事「いや、長崎を原爆攻撃する必要はなかった　われわれはいかに道義的責任を避けているか」も掲載している（本章4節のニューヨーク・タイムズ参照）。

米紙の原爆七五年報道で最も厳しく、かつ、史実に立脚した記事であるので、長くなることをお許しいただき、主要部分を紹介したい。記事の冒頭から、アメリカ人の原爆に対する典型的な反応と言動が紹介されている。

私の本のテーマ、アメリカによる長崎への原爆攻撃について五年にわたり全米で講演してきたが、このように言われることに、時には怒鳴られることには耐えられるものではない。原爆が戦争を終結させた。それが一〇〇万人――この数字はいろいろあるが――のアメリカ人の命を救ったのは、連合軍の日本侵攻を避けることができたからだ。もしくは、日本は決して降伏しないのだから原爆を投下しなければならなかったと。……真珠湾攻撃を含めた日本の残虐行為を指摘する……さらには、（原爆は）当然の報いだとさえ言う人までいる。

そして、アメリカ政府軍を挙げての情報操作とプロパガンダ[*15]によって原爆神話、特に原爆が戦争を終結させ一〇〇万以上のアメリカ人の生命を救ったとアメリカに根づかせたことを解説。そして、こう続けている。

長崎の原爆攻撃が日本の降伏をもたらしたという歴史的証拠は何もない。この原爆攻撃の一一時間前、日本の指導者たちはソヴィエトによる満洲侵攻でパニック状態だった。すでに、降伏するか、また、条件について指導者たちは激論をしていた。議事録によると、長崎は言及されてはおらず、二番目の原爆のニュースは議論に何も影響を与えていない……。

しかし、本当に問題なことは、原爆の必要性を議論することによって、はるかに重要な問題とわれわれが向き合うことを遠ざけてしまうことだ。たとえ二発の原爆が日本の降伏につながっていたとしても、（問題の本質は）民間人を大量殺戮し放射能を浴びせたことが「正しいのか？」である。

この主張に続けて一般市民の原爆被害を生々しく描写している。以下のような表現は、アメリカの主要メディアではほとんど伝えられない（つまり、多くのアメリカ人は知らない）ことを念頭に置いていただきたい。

例えば、一三歳の少年の顔や体を切り裂くことが許されるのか？　一〇歳代の少女が焼け焦げて見分けのつかない、ぼろぼろになった制服の名札によって身元のわかった九歳の弟をみつけるようなことは？　原爆でけがをしなかった一二歳の子供が、ひと月後に高熱、歯茎からの出血、脱毛、全身に紫色の斑点が出て激痛にもだえ苦しんで死んでいくことは？　これまで誰も受けたことのない量の放射能を浴び、何千もの人がこうして死んでいくことは？　妊娠した女性の胎児が子宮内で被爆し流産、死産、出生後の死亡、生き延びても心身の障害が進んでいくことはどうなのか？

原爆非難の記事には反論投稿

やはり、反論や抗議が押し寄せたのであろう、ポスト紙は一四日に反論の投稿を二本掲載している。一つは、日本語に訳された『日本殲滅――日本本土侵攻作戦の全貌』[*16]の著者からのもので、日本はソヴィエトの軍事増強を知っており原爆なしで日本は降伏しなかった、最高戦争指導者会議の議事録は長崎の原爆が降伏に導いた、と主張している。また、別の投稿は、終戦を告げた天皇による「玉音放送」の原爆のくだり「敵は新たに残虐なる爆弾を使用してしきりに無辜《むこ》を殺傷し、惨害の及ぶところ真《しん》にはかるべからざるに至る。しかもなお交戦を継続せんか、ついにわが民族の滅亡を招来する」を引用し、長崎原爆が降伏させたと主張している。[*17]

ただし、このオピニオン記事の放射能の影響や人的被害の描写についての抗議は掲載されていなかった。なお、賛同する投稿の掲載はなかった。

最後に、ポスト紙の突出した報道量と記事の多様性について推論してみたい。ロサンジェルス・タイムズと同じようにポスト紙の過去の原爆報道は調査できていないが、この近年で大きく変化しているのではと推測できる。理由の一つが、二〇一三年にアマゾンの創業者で世界有数の大富豪、ジェフ・ベゾスが個人の資金（二億五〇〇〇万ドル）で同紙を購入したことだ。公正な報道機関の存続のためだと伝えられている。

資金繰りが厳しくなりかけていたポスト紙だが、買収後の改革で特にネット購読者は大幅に増え記者の数も倍増したと報じられている。[*18]米紙では珍しい東京特派員も常駐し、アメリカの地方紙から全国紙へと、そして、ニューヨーク・タイムズのように世界中で読まれる新聞を目指すという。

独自の取材力の増強、そして、多面的な視点の記事を出せることになったことは、原爆七五年報道における突出した報道量と多様な論調の一因だろう。

バルティモア・サン（メリーランド州）

ワシントンDCにほど近いメリーランド州の大都市バルティモアはリベラルな住民が多い。地方紙バルティモア・サンは六日にオピニオン記事「広島と長崎の七五周年は、核兵器を禁止する必要を思い起こさせる」（一一頁）を掲載した。

この記事は、核問題を地元のことと結びつけている。「メリーランド州は、そこにある核戦争の脅威を作り出していることと解決の両方に関係している」とし、いずれも州内にある核の研究開発と核弾頭の維持保管の機関、核開発競争で利益を得ている大学や企業を俎上に載せている。その中でも最大の軍需産業である核兵器の開発で最も利益を上げている企業の一つ、ロッキード・マーティンがあることを問題視し、「核戦争が起こればメリーランド州は重要な攻撃目標にされる」と指摘している。

核戦争を防ぐために同州が努力を続けていることについて、アメリカの核政策を変えるための「瀬戸際からの脱却決議」[*19]をした最初の大都市がバルティモアであること、そして、核兵器禁止条約を支持している人は多いとも述べている。

コロンバス・ディスパッチ（オハイオ州）

「パールハーバーは軍事目標だった。日本の都市は、民間人が標的だった」と主張するオピニオン記事を掲載したのはアメリカ中西部オハイオ州の中ではリベラルな都市、コロンバスの地方紙コロンバス・ディスパッチだ。「七五年後、広島と長崎を考える」（六日A一〇頁）は、これまで紹介した原爆神話を否定する記事と同様に「ほとんどの歴史学者は、原爆攻撃の最大の動機は、アメリカの資本主義者が恐れていた共産党、ソヴィエトに対しての政治的な警告だったと考えている」と原爆攻撃の理由について説明している。

そして、トルーマン政権が天皇の処刑につながる無条件降伏を要求したため、日本は降伏をためらったとして、次のように論じている。

（七月の原爆実験の後）アメリカはウランとプルトニウムの二発の原爆を持っていた。科学者たちは違いをみたかった。最初のウラン型は六日、広島に投下された。広島は近くに山があり、爆発を都市に跳ね返すから選ばれた。ソヴィエトは八日、日本に宣戦布告した。アメリカは三番目のプルトニウム原爆を九日、長崎に投下した。原爆を使い尽くしたアメリカは態度を変え、天皇を許す条件付き降伏を認めた。トルーマンの後に大統領となったアイゼンハワーを含めてほぼすべての軍の指導者は、原爆は必要なかった、使うべきではなかったと語っている。こうしたことは、当時のトルーマン政権に検閲封印された。

8　ウォールストリート・ジャーナル——救世主として称賛

原爆称賛の最右翼は全米で最も発行部数の多いと言われるウォールストリート・ジャーナルだ。1章で紹介したオピニオン記事「原爆は何百万人もの命を救った」（六日A一七頁）の内容もさることながら、二〇〇五年には新聞社の公式見解を表明する社説で、神によるものを示唆する言葉を使って原爆を称えている。経済紙であることもあり、原爆に関する報道量は非常に少ないが、節目の年には原爆称賛を打ち出すのがジャーナル紙の特徴とも言える。[*20] 二〇二〇年のオピニオン記事、そして、二〇〇五年の社説にさかのぼって原爆報道を検証する。

まず、七五周年の記事であるが、見出しから「原爆は何百万人もの命を救った――日本人も含めて」と原爆の人命救済論を打ち出し、原爆の犠牲者数と原爆が救った命をこのように対比させている。

原爆を使用しなかった場合はさらに悪いことになっていた。二発の原爆によるものと推測されている日本の死者数は一二万九〇〇〇人から二二万六〇〇〇人だ。アメリカ政府の報告書では日本本土の侵攻によって五〇〇万人から一〇〇〇万人の日本人の命が失われると推定していた……。

アメリカ政府は、(太平洋の)島々で繰り広げられた日本軍の猛烈な抵抗から推測して、戦争はさらに一年半、一九四七年の春まで続くと考えていた。四〇万から八〇万人の死者を含む一七〇万から四〇〇〇万人の連合軍の死傷者も予想されていた。

記事が主張している「アメリカ政府の推測」の数

値などに関しては、本書の目的は記事の分析であるため指摘はしたくないのだが、こうした史実は一切みつかっていないことは指摘しておきたい。[*21] イギリスのガーディアンは、原爆を使用しなくてもどんなに遅くとも日本は一九四五年末には降伏していたと結論づけたアメリカ政府の公式調査を引用している(3章2節ガーディアン(オブザーヴァー)の項を参照)。

さて、ソヴィエト参戦による日本の降伏の言及はないが、原爆によって降伏していなければ日本は南の自由地区と北の共産党地区に分断され、東京も「ベルリンの壁」で分割されたはずだとしたうえで、こう締めくくっている。

こうしたことのすべてを(ソヴィエトによる支配)回避できた……日本は一九四五年から四六年の冬に大飢饉に襲われたが、アメリカの人道的な八〇万トンもの食糧提供によって改善された。原爆攻撃による日本人の死亡は悲劇だ。しかし、原爆を使ったことは、さらなる苦難、被害、死を防いだ。アメリカはましなほうを選んだ。

この記事は、原爆を開発したロスアラモス国立研究所の元原子物理学者によるオピニオン記事だ。これからみていくものは二〇〇五年の社説である。[*22] 繰り返すが、社説は新聞社の公式意見表明だ。この社説「広島――核兵器、過去と現在」(五日八頁)は、ジャーナル紙による原爆六〇年唯一の報道だった。

冒頭に「広島に投下された原子爆弾は、即座に約八万人の日本人を殺し、そして第二次世界大戦終結を八月一五日に早めた」とし、原爆による戦争終結がまず提示されている。そして、原爆に異議を唱える人を非難したうえで、「日本本土侵攻の準備をしていた」退役軍人のコメントを載せている。

「原爆を投下しなかった場合、日本への侵攻でおよそ二〇〇万人から一〇〇〇万人の連合軍の兵士が犠牲になるだろうとトルーマン政権は予測していた」。さらに、八月六日、侵攻準備をしていた軍人たちの元

に「日本への原爆投下が成功した」とのニュースが届いた時の状況がコメントとともに紹介されている。「頑丈な体つきで経験を積んだ冷静な私たちですら、その知らせを聞いた時には崩れ落ち安堵感と喜びで涙したものだった。私たちはこれからも生きていけるのだと」。このように原爆投下によってアメリカ側の兵士が助かったことを強調している。原爆による凄惨な被害の実態は一切取り上げられていない。

また、原爆は日本人にとっても「救世主」であったと主張している。原爆が日本人の命を救ったかどうかについて、「沖縄や硫黄島の戦いのように、日本兵は最後の一人になるまで戦うように期待されていた。もし、日本で地上戦が行われていたら一般市民を除いた犠牲者数は数百万人に上っていただろう」と説明されている。

原爆の意義について述べてある部分は、そのまま引用したほうがいいだろう。

核兵器はしばしば人類に対して無類の脅威を与

えると言われる。間違った手にわたると、そうなる。しかし、トルーマン大統領が使用を決断したファットマンとリトルボーイ。これら二つの大きな爆弾は主として「救い」を表している。……すべてのアメリカ兵にとっての救い、侵攻されれば日本人が処刑しようとしていた何万人もの戦争捕虜にとっての救い、ひどい扱いを受けた朝鮮の従軍慰安婦にとっての救い、日本人に奴隷にされていた何百万人ものアジアの人々にとっての救いである。特に、ひどい皮肉ではあるが、原爆投下は日本にとっても救いだった。なぜなら、原爆こそ、戦争終結をめぐり分裂していた政府に昭和天皇を介入させ、そして、アメリカによる慈悲深い占領とその後の日本の繁栄をもたらしたからだ。

ここで繰り返し使われている「救い（Salvation）」という言葉は、アメリカ人の原爆史観を理解するうえで重要だ。なぜなら、この「救い」という言葉は「神による救い」を含意するものだからだ。残虐行為も正当化されるだけではなく、神の御心、慈悲深い行為となる。原爆神話④「アメリカは神に託されて慈悲深い行いをした」である。

以上をまとめると、この社説は原爆をフレーミング①「戦争終結・人命救済」で枠づけ、神話②「あっという間に日本を降伏させ」、神話③「アメリカ人ばかりか日本人の命を救った」、そして、神話④「救いをもたらした」慈悲深い行為としている。神話①と⑤「警告をして軍事施設を破壊」、「放射能はない」については、触れることのない消極的フレーミングだった。

最後に、ストリート紙の原爆七五年に戻りたい。編集部にわずかな変化はみられた。それは、読者投稿特集「原爆投下は正しかったのか?」（二四日一四頁）を組み、六本の投稿を掲載したことだ。ただし、「原爆は何百万人もの命を救った」を否定したものは一本のみで、他は原爆正当論だった。その唯一の原爆神話否定投稿は、ロサンジェルス・タイムズの神話否定のオピニオン記事（本章5節）の著者の一人、歴史学教授マーティン・シャーウィンによるものだった。

両論併記にするための方便なのか、変化の予兆なのだろうか。

9　ワシントン・タイムズ——右派の原爆称賛

ワシントン・タイムズは「史上最も温和で人道的な合衆国は、勝利を勝ち取るために日本を核攻撃することをいとわなかった」とした1章でも紹介した記事「長崎　教訓が忘れられている」（六日B三頁）と同じ日に、別のオピニオン記事「原爆をめぐる毎年八月の議論」（B一頁）を掲載している。保守系右派の同紙は、二〇一六年、二〇二〇年の大統領選ではトランプ候補を公式に支持表明[*23]している。

　この論評は、日本軍を象徴する旭日旗に原爆リトルボーイ（ウランを使用した広島原爆の通称。長崎型はその形状からファットマン）が投下され、キノコ雲が描かれたイラストが添えられている。なお、国や新聞を超えて、原爆を称賛する記事には類似したデザイン（旭日旗にめがけて投下、爆発するリトルボーイやキノコ雲）の挿し絵が添付されることはよくある。「原爆は軍事施設を標的に、軍を破壊し日本を降伏に追い込んだ」というメッセージを伝える意図は明らかだ。

　さて、記事本文に戻ろう。「原爆を使った唯一の国であることが毎年のように議論になる」ことから切り出し、「長崎から一週間を待たずに日本に降伏合意をさせた原爆攻撃の代替とは何だったのか」とし、トルーマン大統領がとりえた五つの選択肢を挙げ、いずれも効果的な選択肢ではないとしたうえで、こう結論づけている。

第二次世界大戦では七〇〇〇万人が犠牲になった。そのうち一〇〇〇万人は日本軍に殺された。日本による——それは何百万もの民間人の熟練工によって支えられた残虐な軍であった——破壊でアジアと中国では何百万人もの人が飢えていた。

七五年前のアメリカ人とほとんどの世界にとり、一九四五年八月は日本の戦争マシンが一日稼働を続けることは何千ものアジアの民間人と連合軍兵士が死ぬことを意味した。残酷な大戦の計算では、こうした悪夢が一日かそこかで終わるということは、意味もなく何十万もの命を奪うのではなく、何百万人もの命を救うものだということだ。

トルーマンが二発の原爆を投下したのは、こうした暗い状況にあった。さらに悪い選択もある中で、一つの恐ろしい選択をしたのだ。


アメリカでは原爆肯定のフレーミング①「戦争終結・人命救済」の記事を掲載した新聞は少なくない。転載され拡散する傾向があるのもこのフレーミングの記事だ。ここで紹介した「原爆をめぐる毎年八月の議論」も、調査対象新聞の中ではカリフォルニア・シリコンヴァレーのマーキュリー・ニュース、ネヴァダ州のラスヴェガス・リヴューの計二紙が転載している。リヴュー紙もワシントン・タイムズと同じく二回連続でトランプを公式に支持表明しているので、驚くことではない。しかし、リベラルな地域シリコンヴァレーの地方紙が、典型的な右派新聞のオピニオン記事を転載したことは、予想できる範囲を超えていた。

10　原爆開発の地の新聞――称賛の傾向

シカゴ・トリビューン――核分裂連鎖反応の地

原子爆弾の起源はどこにあるのか、という問いにはいくつか答えがあるだろう。そのうちの一つがシカゴ大学だ。世界で初めての原子炉が大学フットボール場の観客席の下にひそかに作られ、そして、一九四二年に核分裂の連鎖反応に成功した。[*24]

シカゴ・トリビューンは七日の社説で、しかも、紙面の八割を使い写真イラストをつけて原爆とシカゴ大学を誇らしく称えた。地元の偉業を称えることは、地方紙として当然かもしれない。この社説は1章7節で一部を紹介しているが、シカゴ出身の兵士が犠牲になり続けていたこと、そして、原爆の功績でそれが終わったことを示唆する部分を紹介したい。

原爆を投下する決定が正しかったのか、道徳的だったのかというディベートは、間違った議論になりがちだ。日本軍の指導者は戦争には勝てなかったし、敗北を認めることもできなかった。原爆攻撃があるまでは、アメリカと日本の人々に莫大な損害を与え続ける戦闘は間違いなく続くとされていた。八月七日のシカゴ・トリビューンは報じている――三三人のシカゴ出身の兵士は負傷した。エヴァンストン（シカゴ郊外）の飛行士が日本への空襲任務で死亡した。

アルバカーキ・ジャーナル――原爆開発製造と爆発実験の地

では、原爆が開発製造されたのはどこか。ニューメキシコ州ロスアラモスだ。同州の主要紙アルバカーキ・ジャーナルは米紙の中ではワシントン・ポストに次ぐ報道量だった。一九四五年七月一六日に初めて原爆が実験で爆発したのも同州のアラマゴードだ。そのため、ジャーナル紙は二〇二〇年七月に開発と実験成功を振り返る連載記事や特集など計六頁を超える報道（八五六〇語）を行っている。これを含めると、米紙の中で最大の報道量となる。

さて八月の調査対象期間では、ジャーナル紙は原爆称賛一色ではなく、記事の扱いや分量を考慮に入れなければ賛否両論の記事を掲載していた。核廃絶を訴える地元のカトリック大司祭を取り上げた記事の一面掲載もあった（七日）。しかし、これから説明するように原爆による戦争終結の言葉がちりばめられ、原爆批判のオピニオン記事の掲載はあったが扱いは小さく、さらに、この批判記事と大司祭の反核のコメントに対して社説を使い名指しで辛辣かつ皮肉な反論（というより口撃）をしていた。なお、同紙はワシントン・ポストの原爆を称える記事を転載した新聞の一つだ。二〇二〇年の大統領選ではいずれの候補に対しても支持表明をしていない。

原爆による戦争終結が記事の中に織り込まれた例を挙げよう。ロスアラモスで毎年開かれる広島・長崎の追悼式典や行事についてジャーナル紙は二日（ＪＮ一―四頁）に二本の記事を掲載していた。平和活動の告知記事「平和の祈りはオンラインで」では、「最終的に第二次世界大戦の終結につながった」、また、行政による行事告知「ロスアラモスは七五周年をネットで祝う」は「ロスアラモスが戦争終結に果たした役割を学ぼう」「戦争を終結させた革新的な科学の地であることは誇りだ」と伝えている。

ポスト紙の核による平和記事の転載と同じ九日、毎年原爆の日に広島原爆が製造された場所で平和核廃絶集会を主催している牧師によるオピニオン記事「核兵器を禁止することで広島を思い出そう」（九日ＪＮ四―五頁）が小さく掲載された。ロスアラモスの責任を強く訴えている。

> アメリカが、そして、ニューメキシコが行ったことを思い出そう。七五年前、広島で二〇万人もの人を殺したのだ……サンディア（核兵器技術研究所）と核兵器産業よ、何百万もの兄弟姉

妹を消し去ってしまう兵器を製造することに、あなたの貴重な時間を無駄に使うことはやめよう。辞職し人道的で非暴力的な仕事をみつけよう。ロスアラモス研究所で働くキリスト教徒のみなさん、敵を愛することを教えた非暴力のキリストに改めて従おう。仕事をやめ、キリストの非暴力の運動に加わり、非暴力の平和実現者になろう。

続けてこの記事は同州の議員に核兵器開発に予算をつけることを中止するよう、そして、市民に非核を訴えた。最後に「七五周年を歴史の節目とするのではなく、ニューメキシコが邪悪な遺産を捨て去る転換点としよう」と結んでいる。

四日後、ジャーナル紙は社説（一三日A一〇頁）を使い、別の記事で紹介された大司祭の発言と上記の牧師によるオピニオン記事に対して反論をしている。1章7節で一部を紹介したこの社説は、見出しから「大司祭の核兵器に対する見解には説教と現実性が必要だ」と正面切って主張している。ここで使われている「説教」は「長ったらしい、くどい教会の説教」という婉曲な意味もある言葉（homily）が使われている。米紙の社説では唯一、原爆による戦争終結・人命救済とともに核抑止論を称え、原爆の矮小化をしている。

核兵器のない世界。ついでに言えば、戦争のない世界。「恐怖と不信に根差した世界ではなく、すべての人の生命と尊厳を互いに敬う世界を」。ほのぼのとした目標だ……（大司祭も牧師も）すてきに聞こえる世界で暮らされているようだが、そんな世界が存在したことはない……核兵器には抑止効果という恩恵のあることを受け入れようとはされていないようだ。

この社説は最後に「アーメン、と付け加えたい」と結んでいる。見出しから結びの言葉まで、原爆批判に対して痛烈な批判と皮肉を込めたものだった。

11 原爆史観の分断と無関心――リベラル紙は「神話」を疑問・否定

リベラルと保守――読者層の政治思想の要因

原爆攻撃と、「神話」に対して厳しい批判記事を掲載したのは、ロサンジェルス・タイムズ、バルティモア・サン、コロンバス・ディスパッチ、そして両論掲載ではあるがワシントン・ポストだった。いずれの都市も一般的に民主党支持が強いリベラルもしくは非常にリベラルだと言われる地域の新聞だった。*25

ここで注意しておかなければならないことが二点ある。まず、住民がリベラルか、それとも保守あるいは右翼的というのは、あくまでも相対的に多いか少ないかである。次に、首都ワシントンDCには部数も影響力も大きいワシントン・ポストのほか、右翼系のワシントン・タイムズがあるように、アメリカの大都市には論調のまったく異なる複数の新聞のあることが多いことだ。*26 ニューヨーク市のニューヨーク・タイムズとニューヨーク・ポスト、ボストン市のボストン・グローブとボストン・ヘラルドがいい例だ。いずれも前者が中道かリベラル寄りで発行部数も多く、後者が保守右寄りで規模は小さい。

原爆に対する論調に話を戻すと、リベラルな都市・地域で発行される新聞が原爆を批判する傾向があるのは、その新聞の報道姿勢によるものだろう。読者層の考え方に同じか近い記者や編集者が新聞社に多いなどの理由が挙げられる。

原爆支持・称賛の報道についても類似した傾向がみられた。トランプ支持のワシントン・タイムズが「(原爆が)何百万人もの命を救う」とした「原爆をめぐる毎年八月の議論」を、同じくトランプ支持のラスヴェガス・リヴューも使っている(本章9節参照)。アメリカ南部は保守傾向があり、新聞も保守的なものが多い。ワシントン・ポストの原爆を「道徳的」「偉業」とした核による平和記事を転載したのは、やはり南部の新聞が多かった。

さて、原爆の開発や製造の地では、その地域がリベラルか保守かにかかわらず原爆を称賛する社説が掲載され、記事の端々に地元の誇りである原爆が戦争を終結したと表出した。これは、政治的態度ではない地域性が論調に反映した例だと言える。

無関心、それとも結論が出ているのか

アメリカの主要紙、そして、原爆にはっきりと論調を打ち出した新聞報道を振り返った。全体的にはどうなのだろうか。

アメリカの大半の新聞（地方紙）は、式典があったこと、あるいは被爆者を紹介する程度の通信社記事を掲載しただけに過ぎない。その新聞の論調や読者層の政治的姿勢にかかわらず、全体的には原爆報道にさほど影響していなかった。例えば、大都市の中で全米一リベラルだといわれるデトロイト市のデトロイト・ニュース[*27]や四番目のサンフランシスコ市のサンフランシスコ・クロニクルの原爆報道は、それぞれごくわずか（長崎のみ）で、自社記者による記事がなかった。圧倒的に保守的な地域の新聞であっても大差はなかった。

いくつかの新聞は、明らかに「穴埋め」に使っていた。例えば、ニューヨーク・ポスト、オクラホマン、デトロイト・ニュース、ボストン・ヘラルドは広島の原爆については一行も報じておらず、通信社配信の長崎原爆の記事を紙面の片隅に押し込んだだけだった。

そして、原爆六〇周年からの報道量の激減もあった。有力紙の中で劇的だったのはサンフランシスコ・クロニクルだ。かつてはロサンジェルス・タイムズに並ぶカリフォルニアを代表する新聞だった。二〇〇五年は自社の特派員による広島発の一面トップや地域面トップの記事を掲載した。二〇二〇年は一転し（上記の通り）自社記者による記事はゼロとなり、すべてはAP通信の配信記事だった。自虐か皮肉か不明だが、同紙は八日に投稿「原爆の回想に

対するメディアの報道が少ないことに失望した」（A一〇頁）という日系アメリカ人の嘆きを載せている。原爆に関する唯一の投稿掲載だった。二〇〇五年は投稿四本を集めた原爆投稿特集を掲載した。

主要紙を除けば、多くのアメリカの地方紙にとって、国際報道の余力がない、原爆は重要なニュースではない、あるいは、すでに結論（戦争終結・人命救済）が出ていることなのだろう。二〇一六年のオバマ大統領の広島訪問が一切触れられていないことは、こうしたことの理由の一つかもしれない。

注

＊1　この章のニューヨーク・タイムズについては、井上（二〇一八）、Keever (2004).

＊2　政府・軍の発表がそのまま、しかも紙面の大半を埋め尽くしたことは、アメリカのジャーナリズム史上、例のないことだった。この情報空間を飽和させるプロパガンダ作戦は、史上例のない勝利を収めた。Lifton & Mitchell (1995), c. 1-2.

＊3　この章の「声明」「演説」と原爆報道については井上（二〇一八）一章、Boyer (1985), c. 16, Lifton & Mitchell (1995), c. 1, Mitchell (2013).

＊4　Rhodes (1988) p.737; Walker (2016) p. 76-77. 原爆攻撃後に、「恐ろしい原子爆弾を発明して之を使用」したので「即刻都市より退避せよ」という事後警告ビラはまかれた。

＊5　Bernstein (1986) & (1999).

＊6　タイムズ紙の影響力は、井上（二〇一八）三章。

＊7　Keever (2004).

＊8　原爆直後から一九五〇年までの五年間のすべて、その後は一〇年ごとの節目の年のすべての原爆報道の紙面を確認した。

＊9　井上（二〇〇六）。調査対象期間は八月六日前後四日間。

＊10　ガー・アルペロヴィッツ（Gar Alperovitz）、およびマーティン・J・シャーウィン（Martin J. Sherwin）。アルペロヴィッツについては1章注＊8を参照。共同通信社はシャーウィン個人によるオピニオン記事を配信し、調査対象の中では中国の参考消息（六日）が唯一要旨のみ掲載していた。日本では広島の中国新聞などが掲載した。

＊11　www.latimes.com/opinion/op-ed/la-oe-stone-kuznickhiroshima-obama-20160524-snap-story.html（accessed 2021/3/20)

＊12　ニューヨーク・タイムズとワシントン・ポストは自社の配信部門によって、ロサンジェルス・タイムズはニュース配信会社トリビューン・ニュース・サーヴィスによって全米全世界の契約新聞社に記事が配信される。

＊13　被爆した医師による本書は英訳されており、世界各国の原爆報道で特に放射能による被害実相を伝えるために引用されている。

＊14　日系人被爆者については、袖井（一九九五）。

＊15　これについて詳しくは井上（二〇一八）。

＊16　原題は *Code-Name Downfall : The Secret Plan to Invade Japan-and Why Truman Dropped the Bomb*。

＊17　玉音放送のテキストは https://www.nishinippon.co.jp/item/o/433420/(accessed 2021/2/20)

＊18　www.nytimes.com/2021/02/27/business/marty-baron-jeff-bezos-washington-post.html (accessed 2021/2/27)

＊19　Back from the Brink at https://preventnuclearwar.org/

＊20　一九九五年にもオピニオン記事「トルーマンは正しかった」（八月三日A九頁）を掲載している。

＊21　Bernstein (1986) & (1999)、井上（二〇一八）五章。

＊22　井上（二〇〇六）。

＊23　Endorsementという。アメリカの新聞の多くは社説などで大統領選候補の支持を表明する。なお、トランプ支持を打ち出した新聞は右派新聞だけだった。

＊24　核分裂は一九三九年に発見されている。

＊25　都市別の保守リベラルの傾向については、https://dumitruluinae.ro/wp-content/uploads/2013/07/conservatives-vs-liberal-cities-us.pdf

＊26　なお、日本のように全国津々浦々まで当日配達される全国紙はない。

＊27　ただし、最大手でリベラルなデトロイト・フリー・プレスは調査できなかった。

3章　イギリス、カナダ、オーストラリア
——世論転換と「敵国日本」の記憶

井上泰浩

原爆を開発したマンハッタン計画には、完成後に実戦使用したアメリカだけではなく、イギリスとカナダも参加した。アメリカと同じように両国とも原爆攻撃を大歓迎したことだろう。また、オーストラリアは計画には参加していないが、第二次世界大戦では連合国として日本と戦った。そして、カナダとともに英連邦王国の一つだ。三か国に共通する、大戦中は日本が敵国であったことは報道に表れていた。ただし、その程度は大きく異なった。

この章では、このように関係の深いイギリス、カナダ、オーストラリアの三か国の原爆報道を順に解説していく。

1　イギリス——原爆賛成から否定に転換

世論の世代間ギャップ

イギリスとアメリカの原爆開発の関係は深い。大戦中、イギリスは独自に開発を進めていた。[*1] アメリカのマンハッタン計画が始まってからはイギリスからも多くの科学者が参加した。何よりも原爆を日本に対して使うことを決めたのは、ドイツが降伏する前の一九四四年九月、アメリカのルーズヴェルト大統領とイギリスのチャーチル首相の両者によるハイ

ドパーク協定だ。[*2] イギリス政府はもとより国民も原爆使用を歓迎したことだろう。

しかし、戦争から長年の間にイギリス国民の原爆攻撃に対する意識はアメリカとはかなり異なってきたことを示唆するデータがある。限られたデータを使い、検証してみたい。

まず、原爆五〇周年である一九九五年にNHKが行った原爆使用についての五か国世論調査結果だ。[*3] イギリスでは「アメリカが広島・長崎に原爆を投下したこと」について、半数の五〇・三%が「正しかったと思う」と答えている。なお、アメリカは六二・三%、韓国は六〇・五%、一方、ドイツは四・三%、日本は八・二%だった。「間違っていた」と答えたのはイギリスでは三〇・九%だった。アメリカは二五・七%だった。このことから、イギリスは、原爆肯定がおよそ半数を占めてはいるが、アメリカほどの肯定度ではなかったことがわかる。

残念ながら、この世論調査は継続的には行われていない。そのためイギリス世論の長期的な変化はわからないが、別の調査機関が行った近年の調査結果をみてみよう。

一つ目はイギリスの調査会社（YouGov）が二〇一六年に実施した米英国民を対象にした調査だ。[*4] 当時のオバマ大統領の広島訪問にあわせて実施された。広島と長崎への原爆攻撃について、「アメリカは正しい決定をしたか、あるいは間違った決定をしたか」について、イギリスでは四一%が「間違い」、二八%が「正しい」だった。これをアメリカの結果と比較すると、イギリスの世論の転換がわかる。アメリカの結果はイギリスとほぼ正反対で、「正しい」は四五%、「間違い」は二五%だった。

また、イギリスで特徴的だったことは大戦を体験もしくは身近に感じる世代である六五歳以上は四九%が「正しい」と答え、「間違い」は三一%だった。残念ながら世代別の詳細な数値は公表されていないが、高齢者以外のイギリス人の大半は原爆を「間違い」だったと考えていると推測できる。

このことを示唆することは、筆者自身の体験にもある。毎年、広島市立大学国際学部では世界中から受講生が集まるHIROSHIMA and PEACEという夏季集中講座を実施している。筆者の担当する「原爆の国際報道比較」では、原爆理解の多様性を示すデータとして上述の一九九五年の五か国世論調査結果を提示している。すると、かならずイギリス人の受講生から「このデータは古い。今ではほとんどのイギリス人は原爆を否定している」という発言が飛び出す。フランス人からは「フランスも同じだ」と手が上がる。ヨーロッパの学生の反応もほとんど同じだ。しかし、アメリカ人は、ばつが悪いのか黙ったままの学生が多い。

アメリカでは原爆攻撃の同じ月に実施された米ギャラップ社による世論調査によると八五％もの回答者が原爆攻撃に「賛成」した。[*5] これは国民歓喜が最高潮だった対日戦勝日（Victory over Japan Day）直後に実施されていることから、膨れ上がった数値であることは明らかだ。イギリスでも対日戦勝日の直後は、おそらくアメリカに近い原爆賛成（称賛）だったはずだ。その後、アメリカでは一九九〇年から二〇〇五年に都合五回の世論調査が行われているが、「賛成」は統計誤差程度の五三％から五九％までの間で上下しているだけでほとんど変化がない。

以上の世論調査結果などを総合的に鑑みて推測すると、おそらく一九九五年の原爆五〇周年の前にはイギリスでは原爆肯定の世論は下がり始め、二一世紀に入った頃に逆転したのではないかと思われる。

世論だけではない。後で取り上げるデイリー・テレグラフ掲載のオピニオン記事（八日一七頁）は、原爆七五周年の週は「どのメディアかに関係なく、原爆を『残虐行為』とたとえていた」と書いている。このことからも、現在のイギリスでは新聞に限らずテレビなど他のメディアも原爆を批判的に報じていることがわかる。

残虐な人的被害を伝える映像作品

イギリス世論が（そしてメディアが）原爆批判に転換していった原因は何だろうか。八〇年代に燃え上がった反核運動など、複合的な多くの要因が絡み合った結果であることは間違いない。メディア論を専門にする筆者は、イギリスでは映像作品によって核戦争の悲惨極まる人的被害が伝えられてきたことが、大きな要因の一つであると仮定している。凄惨な被害描写、そして核戦争による放射能被害は防ぎようもなく、人間は完全に無力であることを印象づけた三作品を取り上げたい。

制作されながらも核戦争の描写が赤裸々だったため放送禁止が二〇年間続いた『ウォー・ゲーム（The War Game）』、核戦争の実相が専門家の知見に基づき制作された（さらに直視し難い場面が多い）『スレッズ（Threads）』。いずれもBBC（イギリス公共放送）制作のものだ。そして、『スノーマン』の絵本とアニメで世界的に有名なレイモンド・ブリッグスの『風が吹くとき（When the Wind Blows）』だ。

『ウォー・ゲーム』はイギリスが核攻撃を受けた後を想定したドキュメンタリードラマで、非常に酷な場面をテレビのニュース番組スタイルで描いている。医師、核物理学者、心理学者ら専門家から核兵器が体と精神に与える影響について聴き取りを行い、当時としては最新の知見に基づいて制作された。制作時から政府の反発を危惧するBBC幹部の抵抗にあい、完成後には「放送するにはあまりにも凄惨すぎる」として放送禁止となった。後になって規約に違反して政府の圧力によって放送禁止となったことをBBCは認めている。[*6]

実際にテレビ放送されたのは、次に紹介する『スレッズ』が一九八四年、この作品は一九八五年であるが、限られた映画館上映はされている。一九八五年にはアカデミー賞（ドキュメンタリー部門）を受けている。

『スレッズ』は人間の肉体と精神に及ぼす影響について、直視し難い、しかし、科学的根拠や広島の被爆者の調査に基づいた映像で描いている。そして、爆心地から遠く離れていても逃れることのできない放射能の影響の悲惨さと、それが次世代に続いていくことが見る人に絶望感を与える。その一つは核戦争で被爆した少女が大人になり、出産する場面だ。母親から取り出された新生児は人間とは思えない姿であるなど、目を背けざるを得ない激しい描写が多い。

絵本が原作の『風が吹くとき』は、上記二作品放送の翌年一九八六年に映像版として公開された。原作者自身がブラック・コメディーと表現しているが、核戦争後（はるかかなたで起きた核爆発であるのに）、政府を信じて指示通りの核兵器の爆風と放射能対策をしながら、いつまで待っても援助物資も助けもなく、なすすべもなく放射能の障害によって衰弱していく老夫婦を映像で伝えている。絵の作風はほのぼのとした印象を与えるが、この作品も放射能には人間は無力であること、そして、政府は何もできないという絶望感を印象づける。

これほど衝撃的な核戦争の放射能被害と文明の無力さを描いた映像作品が作られ、テレビ放送され、映画館で上映された国は、日本以外にはおそらくない。なお、アメリカでも一九八三年に『ザ・デイ・アフター』（日本でもテレビ放送された）が、核戦争後に生き残った人々の放射能障害を描いて全米に衝撃を与え、記録的な視聴率をとった。しかし、核兵器の人的被害と放射能障害の写実的な描写は、イギリスBBC制作の二作品と比べると、まったく比較にならない。

2　イギリスの主要五紙の検証

それではイギリスの主要五紙、タイムズ、ガーディアン（オブザーヴァー）、デイリー・テレグラフ、フィナンシャル・タイムズ、インディペンデント（電子版）の原爆報道をみていこう。

タイムズ——報道激減、目立った戦争世代の投稿

イギリスを代表する主要紙で保守寄りのタイムズの原爆報道は少なかった。第二次世界大戦を舞台にした映画制作の舞台裏や日本との戦争に関連した特集記事はあったものの、原爆を中心とした全面特集は皆無だった。原爆の記事としては、広島の式典を伝えるAP通信社記事のわずか六九語のべた記事（七日三〇頁）の一本だけだった。広島が言及、あるいは論じられたのは以下の短いコラムと、戦争映画の舞台裏特集に補助的に添付された第二次世界大戦の説明での一文、そして、これらに続いた賛否の読者投稿だった。

記事の中で原爆が取り上げられたのは「極東の忘れられた部隊に敬意を」（一〇日二四頁）がある。短いコラム記事だ。主題はドイツ降伏によるヨーロッパ戦勝記念日（Victory in Europe Day）と比べて対日戦勝記念日（Victory over Japan Day）は関心が低すぎる、大戦時にビルマなど東南アジアを中心に戦った兵士たちに敬意を表そう、そして、原爆の果たした役割（戦争終結）とイギリス人の原爆理解への疑問を呈している。

（イギリスでは）戦争の最後の数か月間に亡くなった人に謝意を表すことはほとんどない。この間、日本人は狂信的に抵抗していたのに、本国では誰も気にしていなかったようだ。ほとんどのイギリス人は広島と長崎の原爆に対して恐怖感を表すだけにとどまっている。戦った人々、そして、捕虜だった人は、（原爆に）感謝の意を表すというのに。

現在のイギリス人の一般的な原爆理解を、戦争世代が嘆いている表現だ。コラムに添えられた写真から、筆者は年配者であることは間違いない。前節でイギリス人の原爆に対する考えの転換を説明したように、戦争体験世代と一部の右派層を除いて、一般的にはイギリスでは原爆の意味について社会的な共有理解があるようだ。

このコラムの主張に対して、そして、別の特集記事の中で使われた戦争説明の一つの文「戦争は八月一五日に終結した、原爆攻撃の後で」（一二日一七頁）という必ずしも「原爆が戦争を終結させた」とは意味しない表現に対しての投稿が、一五日までの三日間で計六本掲載された。それらを紹介しよう。

私は子供の頃三年間、上海にあった日本の収容所に入れられ、日本への原爆攻撃後、一九四五年に解放された。アメリカ生まれの私の孫は、原爆を投下したことは決して正当化できないと思っていると私に話した……私はこう言った。日本は降伏前に収容所の全員を殺そうとしていた、もしそれが起きていたら、おまえは今ここにいないよと。（一二日二八頁）

毎年八月一五日、私はアメリカの連合軍の原爆に感謝する。原爆がなかったら、私、私の家族、いとこも今日ここにいないからだ。なぜなら私の父と兄弟はシャム（タイ）とマラヤにあった日本の戦争捕虜収容所にいたからだ。そこでは、自分たちの墓を掘らされていた。捕虜をまとめて殺そうとしていたからだ。原爆の結果はひどいものではあるが、原爆は奪われた命よりはるかに多くの命を救ったことに疑いはない。（一五日二六頁）

原爆によって助けられたという正当化意見に続いて、原爆についてではないが、別の視点の投稿も掲載されていた。その内容は、日本がアジアで戦争をしたことによって、意図したことではなかったにせよ、インドは独立を果たし、アジアで白人優越主義を打ち砕き、ヨーロッパによるアジアの支配を不可能にさせた、というものだ。この投稿者の名前から、インド系イギリス人だと思われる。

「戦争は八月一五日に終結した、原爆攻撃の後で」という表現に対しては、ドキュメンタリー映画で『原爆』を制作したという映像作家による意見を掲載している。

私の見方からすれば、単純すぎる。……日本を降伏に追いやったのは、広島と長崎への原爆攻撃と少なくも同じぐらい重要な……ロシアの宣戦布告だ。宣戦布告の日は長崎原爆と偶然重なった。続く日のロシアの満洲侵攻は、スターリンに日米の仲裁に入ってもらおうとした日本の望みを終わらせた。（一三日二六頁）

以上がタイムズの原爆七五年報道のすべてだ。保守的で、また、読者層に高齢者が多いと言われる（事実そうだろう）タイムズを表している。二〇〇五年には別刷りの雑誌で、広島と長崎で二度の原爆にあった三人の被爆者の体験を五頁にわたり特集（五日）、また、七月ではあるが、別刷り雑誌の表紙に被爆者を掲載し、一〇頁もの大特集を組むなど量質とも突出していた。

ガーディアン（オブザーヴァー）

イギリスの主要紙でリベラルなガーディアン（日曜版はオブザーヴァー）は二〇〇〇年代には原爆に対する痛烈な批判報道を打ち出している。まず、七五周年の報道を分析解説し、さかのぼりたい。

原爆報道は六日の全面特集から始まった。ワシントン特派員による「核の亀裂　広島記念日は攻撃をめぐる苦悩の議論を再び始める」（二七頁）は、原爆を投下した爆撃機B二九エノラ・ゲイを縦糸に、被爆者が体験継承に苦労していることを綴っている。「この飛行機は第二次世界大戦を終結させ、何十万人もの命を救ったのか、それとも、核の恐怖時代の到来を告げた民間人の大量殺戮装置なのか」と疑問を投げかけて切り出している。そして、ワシントン郊外に展示された同機の説明には「通常兵器、焼夷弾、機雷、そして、二発の原爆を運んだ」としか記されておらず、道義的、政治的、そして歴史的な議論はないと指摘している。

続けて原爆の賛否両論——戦争終結・人命救済、

それとも市民の無差別大量殺戮であり日本の降伏はソヴィエト参戦によるもの――について論じている。しかし、賛否の取り上げ方には大きな偏りがあった。アメリカ海軍国立博物館の原爆展示物の説明には、原爆の巨大な破壊は「日本軍にほとんど影響しなかった。ソヴィエトの満州侵攻」が日本政府を転換させたと記されていることを紹介している。続けて、当時の海軍元帥や後に大統領となるアイゼンハワー陸軍司令長官らの、日本はすでに打ちのめされており野蛮な兵器（原爆）の使用は実質的な役には立っていない、という見解を紹介している。

全体的には明らかに原爆フレーミング②「民間人の無差別殺戮」とフレーミング⑤「原爆と日本降伏は関係ない」として原爆を枠づけ、原爆神話についても否定する論調だった。

ガーディアン日曜版のオブザーヴァーは二週続けて原爆の教訓の重要性と容赦ない非難を展開していた。まず、アメリカのメディアが最も忌避する一つ、日本が原爆攻撃の標的とされた人種差別の動機や戦争犯罪に言及している九日の全面特集「征服者に道徳を決めさせてはならない。広島は過去より弁解の余地はない」（三五頁）を紹介しよう。

「原爆を使用する七五年前の決定は戦略からではなく、完全な非人道性に駆られたものだ」で始まるこのオピニオン記事は、日本本土空襲の指揮官でさえ「広島と長崎を焼き尽くしたことは、アメリカが戦争に勝利したから戦争犯罪とみなされない」ことを認めていたとまず指摘している。さらに、前の記事でも紹介された元帥や司令長官の原爆批判に触れたのち、アメリカによる「正当化できないことを正当化するため」の情報操作（原爆神話の植えつけ）について解説している（以下、列挙）。

⑴　民間人の犠牲を避けるため、軍事基地を標的にしたとトルーマンは演説（2章2節参照）で訴えたが、広島には三〇万人の市民が暮らし、その四割が最も残虐な方法で殺された。

⑵　トルーマンを含めて原爆がなければ何十万人ものアメリカ兵が殺されていたと主張してい

るが、こうした数値は憶測である。

(3) ほとんどの軍の指導者は原爆を必要であると考えておらず、「戦略爆撃調査[*7]」は原爆が使われなくても日本は降伏していたと結論づけている。

(4) さらに、「一九四三年には原爆を日本に使用することを準備していた証拠がある」とし[*8]、連合軍による人種差別の動機をジョン・ダワー著『容赦なき戦争』を参照し、次のように指摘している。

> ドイツ人は野蛮で残忍でありながらも……ヨーロッパ人で白人であるとみなされていた。日本人は、しかしながら、白人ではないことで非常に見下されていた……太平洋戦争は特に残虐だった。理由は双方とも人種的優越感、傲慢、そして、怒りに駆られた「人種戦争」として戦いをみていたからだ。西側外交官はいつも日本人を「サル」「黄色い小人の奴隷」とたとえていた……米軍は「人を殺していると思っていない。汚れた動物を駆除しているとみなしていた」。

そして、勝者、アメリカによる正義についての問題点を指摘している。

> 日本人も不道徳で、残忍で、人種差別主義者だった。しかし、日本人の態度や残虐性はよく知られたことであるのに、連合軍のほうは忘れ去られている。なぜなら、連合軍は「いいやつら(good guys)」だからだ。そのため、原爆攻撃の道徳性を問い質すことでさえ、今では非国民だとみなされうる。

さらに、二〇二〇年にアメリカで起きた警官による黒人の殺人によって世界に広がった「黒人の命は大切だ（Black Lives Matter）」運動によって奴隷制と帝国主義の歴史が社会問題化したのに、広島と長崎については忘れ去られたままになっていることは驚愕すべきだと対比させて述べている。最後に、「歴史は征服者によって書かれるかもしれないが、道義性については彼らだけに決めさせてはならない」と結んでいる。

翌週、この記事に対する反論の投稿「広島　恐ろしくも必要」（二六日四二頁）が掲載された。前節で紹介したタイムズの投稿もそうだったように、この投稿も大戦時の捕虜としてビルマで鉄道建設の強制労働をさせられたという兵士の息子からだ。原爆なしで日本が降伏したというのは「純粋に憶測」であるとし、「父は話してくれた。日本兵は捕虜に大きな穴を掘らせた。連合軍が侵攻してきた際に使われる予定だった捕虜の墓だ」とし、「私の考えでは、原爆は恐ろしいものだが、日本の支配者たちを理解させるために必要な手段だった」。この投稿も、世代による原爆観の違いを表している。

ガーディアンはこのほか、日英のアーティストによって制作された帝国戦争博物館の広島長崎の映像作品『私は世界の終わりをみた』（次項参照）についてほぼ全面を使った記事（七日二一頁）を掲載している。

体系的な調査によるものではないが、ガーディアンは二〇〇五年には全面特集「広島の悪夢は決して終わらない」で原爆の惨状を赤裸々に伝えている。また、二〇〇八年、著名なジャーナリストによるオピニオン記事「広島の嘘は続く　二〇世紀の戦争犯罪」では、「広島と長崎の原爆攻撃は途方もない規模の犯罪行為だ。存在自体が犯罪の兵器による計画的な大量殺戮だ」と痛烈な批判と、ここで書いたことと同様に原爆神話を完全に否定している。いずれも八月六日掲載の記事で、ガーディアンの原爆に対する姿勢は二〇〇〇年代からはっきり示されていると言える。

フィナンシャル・タイムズ

世界的な経済紙、フィナンシャル・タイムズは一〇日に紙面の八割を使った記事二本の報道にとどまった。一面、そして社説でも原爆を取り上げた二〇〇五年の報道からは大きく減退した。こちらの内容については、この項の最後に触れたい。

七五周年報道の一つは、ガーディアン、デイリー・テレグラフも取り上げた、帝国戦争博物館が英日アーティストに依頼した映像作品『私は世界の終わりをみた』の記事「今日のレンズを通した原爆攻撃」(二四頁)だ。[*9] この記事は、作品のテーマ「原子の分裂、人種の分断、砕けた地球」を焦点に、批判的な原爆理解だけではなく、原爆理解の多様性(原爆がなければ厳しい本土侵攻の戦闘をせざるを得なかった、日本が占領した国で捕虜となっていたイギリス人兵士はどうなっていたか)に触れている。

同じ紙面の別の記事「道徳的な板挟みから爆発へ」は、こちらもデイリー・テレグラフも取り上げているBBC制作のポッドキャスト『原爆』[*10]の紹介だ。これらのポッドキャストと映像作品は、明らかに原爆を批判し問題提起をするものだ。しかし、タイムズ紙独自の調査や論考に基づいた記事はなかった。二〇一五年に日本経済新聞が同紙を含めたグループ企業を買収したことが影響しているのかどうかわからない。すでに書いたが、イギリスの一般的な原爆観はすでに確立したものとして、労力と多くの紙面を費やす必要はないと経済紙らしく判断したのかもしれない。

比較のために、二〇〇五年のタイムズ報道を簡単に振り返ろう。八月六日前後四日間で計五本の記事を掲載している。原爆の記憶が失われている現実とともに教訓を伝えていくことの重要性が一貫して記されていた。六・七日は一面で原爆ドームの特大写真を掲載した。そして社説「核の脅威にさらされて生きる」では、「六〇年前の今日、広島の上空で原子爆弾が炸裂し、八万人を殺した。ほとんどが一般市民だった」と書き出し、原爆を通して現在の核の脅威、核軍縮について論じている。

さらに原爆関連の三冊を紹介した「どのように倫理観が失われたか」(W四頁)では、痛烈な原爆非難をしている。六〇周年の記事であるが、この項の最後に引用したい。

今日、人々は原爆とともに暮らすことに慣れてしまっている。しかし、核攻撃が起こる可能性というものは、今のほうが冷戦時代よりも高いと言える。なぜなら、うす気味悪い論理ではあるが、二国の対立時代には戦争抑止力というものが働いていたからだ。日本の民間人に対して原爆を投下したことは、ほぼ間違いなく人類がこれまで犯した最も卑劣極まりない行為だ。

デイリー・テレグラフ

一般論ではあるが保守系新聞の原爆報道の量は少ない。そして、原爆称賛の傾向がある。デイリー・テレグラフは保守系新聞であるが、社説でも取り上げ、文字数ではガーディアンを超えていた。

フィナンシャル・タイムズはBBCのポッドキャスト自体を取り上げたが、テレグラフ紙は、この作者によるオピニオン記事「祖父と広島を破壊した爆弾」(一日二五頁)を掲載した。祖父が原爆開発の科学者だったアメリカで活動をするアメリカ人のジャーナリストだ。キノコ雲を背景にした祖父の写真が家に飾ってあったことの幼少期の記憶、大量破壊兵器の開発で給料を得て、忠実に秘匿を守り何も声を上げなかった祖父に対する怒り、しかし、晩年は道徳的後悔からか精神障害となったことへの同情——こうしたことによって作者が原爆と生涯にわたって取り組むことになったことが綴られている。

直截的な糾弾表現はないものの、副見出しに「残虐行為における家族の役割を自省する」とあるように、原爆による都市攻撃に反対して声を上げた多くの科学者を引き合いに、アメリカの原爆使用の決定と何もしなかった祖父を批判している。なお、ポッドキャスト『原爆』はアメリカ人作者によるものだが、BBCの制作配信であり、これを取り上げた米紙は調べた限りない。

テレグラフ紙は、ガーディアン、フィナンシャル・タイムズも取り上げた映像作品『私は世界の終わりをみた』を特集記事にしている(七日二三頁)。

この記事には原爆の焼け野原の母子の写真を添えて編集している。原爆の無差別性を訴える写真だ。そもそも、映像作品の制作依頼をして上映公開しているのは、イギリス国家が設立した帝国戦争博物館だ。こうしたところに原爆と向き合う米英の違いが表出している。

この記事の中でイギリス人の原爆観の変化を伝えているのが、四八歳のイギリス人作者のコメントだ。「七〇年代から八〇年代、両親からこう聞いて（原爆が必要だった）育った」と述べられていることから推測して彼女の両親は現在八〇歳前後だろう。ここにも、イギリスにおける原爆史観の世代間ギャップが表れている。

さて、広島原爆記念日の六日は社説「核のフォールアウト」[*11]（一七頁）、そして、全面特集「広島に地獄が舞い降りた日」（二一頁）で原爆投下を時系列に説明し、蜂谷道彦著『ヒロシマ日記』（2章注＊13参照）を引用しキノコ雲の下で起きていた凄惨な原爆の実態、そして被爆者の苦悩と差別を描写している。「キノコ雲は原爆のトレードマークになった。これは戦争によるものではない。メディアによる産物だ」という指摘が、この記事の姿勢を表している。なお、この記事はカナダのナショナル・ポストが転載している。

しかし、原爆と向き合うこうした姿勢は、イギリス国民に共通した考えではないことを、これから紹介する記事と投稿が示している。

オピニオン記事「もし左翼がわれわれの過去を破壊したら、どんな未来になるのだ」（八日一七頁）は、左翼的考え（この記事によると、原爆否定の考え）を非難している。同紙一日掲載の「祖父と広島を破壊した爆弾」や他のメディアの原爆批判報道に対して、「あらかじめ決められた左翼の結論」として、徹底的に指弾している。

では、テレグラフ紙の投稿をみてみよう。「祖父と広島を破壊した爆弾」に対しては、三日には二本の投稿「日本の捕虜だったわれわれは生き延びることは期待できなかった……覚えておくべきことは、われわれが恐怖の歴史を始めたのではないことだ」、「一九四五年以来、核抑止力によって大国間の全面戦争を防いでいる……BBCは広島の原爆攻撃を非難しているようだが、責任があるのは大戦を終結させた人ではなく、始めたほうにある」が掲載された（一七頁）。さらに翌四日にも長文の投稿「なぜ原爆が投下されたのか。原爆が私の命、そしてほかの何千もの命を救ったことに疑いはない」（一七頁）が紙面に出た。

「祖父と広島……」に賛同する投稿の掲載はなかった。三日の二番目の投稿に対する反論「日本が戦争を始めたのは間違っているが、何千もの罪のない民間人を意図的に殺して戦争を終結させようとしたアメリカも間違っている」（六日一七頁）だけだった。

インディペンデント

紙の発行を二〇一六年に中止したインディペンデントは、サイズをタブレットに適した小さな電子画面での「紙面」を提供している。そのため、他の新

聞との比較は難しいが、原爆報道に対する積極さと核廃絶を訴える姿勢は明らかだった。

同紙はリベラルということもあるが、国連事務総長投稿の掲載（六日七五―七五頁）、サーロー節子さん（1章　コラム参照）ら被爆者の訴えを取り上げて核抑止論など典型的な「原爆の物語」を変えていく方途を論じた記事（七日六一―六四頁）、白血病で亡くなり広島の原爆の子の像のモデルとなった佐々木禎子さんの悲劇と放射能障害を伝える二二〇〇語と八枚の写真を使った大特集（九日八四―八九頁）など、電子紙面の利点を生かした報道を行った。

また、ジョン・ハーシーの『ヒロシマ』と『フォールアウト』（1章注＊2参照）のワシントン・ポスト記事の転載（一六日一三八―一四一頁）、そして、掲載された投稿二本は（七日八八―八九頁）、原爆は戦争を終結させてはいないこと、「チャーチル（当時の英首相）も『日本が降伏を決めたのちに原爆は投下された』などと自身の大戦の歴史の中で述べている」という原爆神話否定のものだけだった。

3　カナダ——政府の核政策と市民意識との隔たり

イギリスとともにマンハッタン計画に参加したカナダ。原爆の開発製造には人的にも資源的にも重要な役割を果たした。しかし、製造はしておらず、アメリカの核兵器の配備も一九八四年で終わっている。また、カナダ人の多くは核兵器反対であり、トロントやヴァンクーバーなどは非核都市を宣言している。[*12]原爆七五年の八月六日と九日には首都オタワの議会にあるピース・タワーの鐘が七五回鳴らされた。一方で、NATOの核兵器計画のメンバー国でもあり、核兵器禁止条約の署名・批准はしていない。こうした要因はカナダの新聞の原爆報道に一定程度反映されているようだ。

グローブ・アンド・メイル

北米では珍しい全国紙であるカナダのグローブ・アンド・メイルは一日に全面（〇五頁）を使ってオピニオン記事特集を組んでいる。一つは広島市名誉市民でもあるカナダの元軍縮担当大使による「相互確証断絶」と題したもので、核軍縮の進まない現状を批判するとともに、自身の経験から打開策を提示している。もう一つは、トロント在住のサーロー節子さん（1章　コラム参照）によるものだ。[*13]

サーローさんの「カナダは原爆攻撃に関わったことを認めるべきだ」は、一九四二年にカナダの企業がプルトニウム製造のための重水の製造契約を結び、一九四三年にカナダ・ケベックで結ばれた米英首脳による原爆製造の密約「ケベック合意」では、カナダも共同研究をすることが合意されていたこと、プルトニウム製造のためにモントリオールなどに原子炉が作られたことなどを指摘し、次のように主張している。

カナダが広範に関わったマンハッタン計画、広島と長崎を破壊した原爆開発での役割のことは、カナダの国民的良心と記憶から完全に消し去られている。

原爆が初めて使われたのち、カナダ政府はあざ笑うだけでマンハッタン計画に参加していたことを公式には認めていない。原爆の創造に貢献したカナダのことはほとんど活字になっておらず、学校でも教えられていない。世代を問わずカナダ人は、アメリカの原爆とカナダは無関係だと信じている。

私はトルドー首相への請願で、マンハッタン計画に参加したことをカナダ政府は認めること、そして、広島と長崎の市民にもたらされた死と途方もない苦しみに対して遺憾の意の声明を首相が出すよう求めた。

この記事に対する投稿「相互合意」(七日A一〇頁)では、カナダ政府は原爆開発製造への関わりを認めるべきだと同意したうえで、「香港陥落の後のカナダ人捕虜へのひどい扱い、ジュネーブ条約を無視した残虐な行為に対して、まず日本政府が謝罪と補償をすることを望む」と主張している。戦時中の捕虜の苦難と原爆が結びつけられるのは、この章で取り上げた英加豪の三か国で共通している。

トロント・スター

サーローさんの地元のトロント市は非核宣言をしている。カナダの最大手紙トロント・スターは、核廃絶を訴えるオピニオン記事やニューヨーク・タイムズのサーローさんの特集を転載した。読者層の原爆史観と編集部の考えは呼応しているようだ。

五日のオピニオン面(A一五頁)は二本の記事が紙面のほとんどを占めた。1章8節でも取り上げた「オタワ(カナダ政府)は間違いを認め、核兵器禁止条約に署名を」は、戦争終結・人命救済(原爆フレーミング①や原爆神話)の指弾から切り出し、原爆はソヴィエトに向けられたという歴史学者の研究を紹介した後、カナダの責任についてこう述べている。

原爆の研究に多大な貢献をしたカナダはこの軍事行動の罪のない傍観者ではない。ノースウエスト準州のウランは、原爆に使われた。広島に原爆が投下された時、カナダ軍需供給大臣のC・D・ハウはすぐにこの軍事行動を称賛した。「私にとってこの上ない誇りであることを申し上げたい。カナダの科学者は重要部分で役割を果たし、この偉大な科学的開発に実践的に関わってきたのだ」と、彼は報道機関に話している……。

（原爆目標が日本に決まった後）人種差別を映し出すように、（当時の）首相マッケンジー・キングは〈検閲されていない〉日記にこう書いている。「原爆の使用はヨーロッパの白人に対してではなく、日本に対して使われるべきであることは幸いなことだ」。

そして、カナダ政府が核軍縮を支持しながらも核兵器禁止条約には反対をし、そのほかの国連の核兵器に関する決議案などに反対していることを指摘。サーローさん自身のオピニオン記事でも取り上げているカナダ政府に対する請願――原爆開発を認め遺憾の意を表明し核兵器禁止条約に署名――について紹介している。そして、「トルドー政権は核軍縮に本気であるならば、このことの実行が最低限である」と結んでいる。

このほか、ニューヨーク・タイムズのサーローさんの記事（2章4節と1章コラム参照）を全面特集（九日IN三頁）として転載している。

ナショナル・ポスト

原爆六〇年には「原爆が戦争を終結させた」という見出しで特大イラスト付きの記事を掲載した右派保守のナショナル・ポスト。七五周年の最初の原爆報道として、イギリスのデイリー・テレグラフの「広島に地獄が舞い降りた日」（六日A三頁）を全面特集で転載している（本章2節参照）。記事本文は同じだが、写真は広島原爆資料館に掲げてある顔など全身に負傷した当時一〇歳の少女だ。

翌七日のオピニオン記事「まだ核の恐怖は多くある」（A一二頁）では、「一九四五年八月六日は、第二次世界大戦の最後の日々の一日だ……日本は二週間以内に降伏する……そして世界は七五年間、核攻撃が起きていない」としながら、「核戦争の脅威はこれまで以上に関心を寄せる価値がある」と述べている。八日には「原爆の後七五年、日本は西側諸国へ移動する」（A一九頁）では、原爆によって日本が自由主義諸国に加わることになった、アメリカの占領によって平和憲法が与えられたと述べ、原爆による日本の被害国化について主張している。

> 原爆がカギとなった。帝国日本がどんなに凶暴、さらに残虐であったとしても、リトルボーイとファットマンがもたらした壊滅は日本を犠牲者にした。知っておかなければならないことは、日本政府は意図的に当時も今も、原爆を使って自らを戦争侵略者ではなく被害者として映るようにしていることだ。これは歴史の真実をゆがめることだが、少しは真実もある。日本は核兵器時代の新しい恐怖を最初に被った。

そして、日本の役割について「終末的な戦争の代償を思い起こすことは役に立つことであり、文字通り日本は実際に受けた代償を（世界に）提供できる」と述べている。

一〇日にはワシントン・ポスト配信の「歴史は繰り返されていない」（1章2節参照）を転載している（A八頁）。中道あるいはリベラル寄りの前述のグローブ・アンド・メイルとトロント・スターの二紙は、サーローさんのオピニオン記事掲載や特集面を組み、明らかに原爆と核兵器批判の論調が目立った。しかし、ナショナル・ポストは、二〇〇五年のような原爆絶賛記事はなかったが、批判的な記事もなく、わずかながら肯定的な論調の記事が目立った。

4　オーストラリア――日本との戦争記憶の表出

　第二次世界大戦で日本の東南アジアの侵攻によってオーストラリア人兵士が犠牲になり捕虜になったことは、イギリス同様、戦争観、原爆観の形成に大きな影響を与えているようだ。原爆投下が伝えられた時は、これで戦争が終わると国中が歓喜に包まれた。[*14] 調査対象期間の新聞報道は、対日戦勝が焦点となった記事が目立ち、やせこけたオーストラリア人捕虜の写真と原爆関連の記事が並べて編集された紙面もあった。一方で、オーストラリアでは、イギリスによる核実験やウラン採掘による被爆者の問題があり、ノーベル平和賞を受賞したＩＣＡＮはオーストラリア発祥だ。しかし、これらのことは原爆報道にほとんど反映されていなかった。

　原爆攻撃に対するオーストラリア世論の調査結果はないが、核廃絶には世論の大半が賛同しており、政府は核兵器禁止条約に署名はしていないものの核軍縮には積極的だ。[*15] この国の新聞事情は、発行部数の多い新聞は調査対象外の「タブロイド紙」が多く、また、多数の有力地方紙があるが、調査できたのは右寄りとリベラルの計三紙で、中道的な新聞は入手できなかった。この節では限られた三紙を手掛かりに、オーストラリアの原爆史観を探りたい。

オーストレイリアン

　この国唯一の全国紙であるオーストレイリアンは、保守右寄りの論調だと言われる。所有するのは、傘下にアメリカのフォックス・ニュースなど右派メディアを含めて多数所有する巨大メディア企業ニューズ・コーポレーションだ。なお、次に取り上げる豪州のデイリー・テレグラフ（イギリスの同名の新聞とは無関係）も同じ傘下にあり、やはり保守右寄りと言われる。

同紙の七五年報道は、第二次世界大戦の終結と記憶が中心で、原爆についてはオーストラリア人兵士捕虜の問題と絡めて、正当化する論調がめだった。原爆六〇周年時は、広島原爆を投下したエノラ・ゲイの特集を一面トップに掲載し、社説「正当な理由による恐ろしい行為」、そして別刷り雑誌で原爆を表紙に一二頁の大特集を組むなど、当時調査した世界一三か国地域の主要紙の中で突出した報道量だった。[*16]しかし、報道量が大きく減少している。変わらなかったことは、原爆に対する見解だった。その一例を挙げよう。

「原爆はものすごく多くの日本人の命を救った」という見出し、そして、日章旗を焼き焦がすキノコ雲のイラストのつけられた記事は強烈な印象を与えた（七日一〇頁）。ウォールストリート・ジャーナルのオピニオン記事「原爆は何百万人もの命を救った——日本人も含めて」の転載だ。この記事の内容については1章7節と2章8節で説明をしている。初出のジャーナル紙はイラストをつけてはいないので、

おそらく同紙が独自に手配したのだろう。また、見出しは「日本人の命」を主にして変更され、また、副見出しは「広島と長崎を攻撃した時、アメリカは二つの悪のましなほうを選んだ」となっている。

六日には、シドニー在住で体験を語る活動をしている広島原爆の被爆者（テリ・テラモトさん）を取り上げた「広島はまだ癒えていない、七五年後」（二頁）を掲載している。焼け焦げる人間の臭いが何日も続き、死者が自分の体にまとわりついたように感じたことなど赤裸々な証言を紹介している。一方で、こうした証言の文の合間には、原爆は「何千もの命を消し去り、日本の戦争遂行の能力を破壊した」、そして、初めての原爆の実戦使用の結果「日本は八月一五日に降伏し、大戦は終わった」という「原爆による戦争終結」が織り込まれている。これは、同紙記者による唯一の記事だった。

はじめに触れたように、オーストレイリアンの六〇周年報道は量的に突出していた。報道激減の理由はわからない。関心の低さか、新聞購読者減少や合

理化による記者の削減なのか。こうした「現象」は、他国の有力紙にもみられた（例えば、イギリスのタイムズやアメリカのサンフランシスコ・クロニクル）。

デイリー・テレグラフ

デイリー・テレグラフは、同名のイギリスの新聞とは経営も報道姿勢や新聞形態も異なる。オーストラリアのほうは、オーストレイリアンと同じニューズ・コーポレーション所有で保守右寄りだ。一般紙というよりタブロイド紙的な要素が強い。

六日の広島原爆の日には、「原爆前、広島は日本のヴェニスだった」（五八頁）と、何本もの川の流れる三角州地形の紹介、縄文時代から人間が定住し始めたこと、毛利輝元が集落の集まりを都市に変えたことなどが記事の大部分を使って紹介されている。そして、原爆によって広島は「永遠に変わってしまった」としている。

読者層を象徴すると推測できるのが、この記事に対しての反論投稿（七日三〇頁）だ。

広島は太平洋戦争で被害を受けた唯一の地ではない。日本が戦争をはじめ、中国と多くの東南アジアに大被害と破壊を与えた。一九四五年の半ばには明らかに敗北していたのにやめることはなかった。トルーマンは選択に直面していた。三〇〇万人もの死傷者を出す一年半以上にも及ぶ戦いを続けるか、それとも、原爆を投下し二〇万人の死傷者ですぐに戦争を終結させるか……（原爆投下によって）彼は恐怖の戦争を終結させ多くの命を救った。

この投稿とほとんど同じ原爆観が述べられていたのが終戦の日を記念する特集記事「血、汗、そして歓喜。最後の戦い」（一四日二二―二三頁）だ。副見出しは「日本による狂気の最後の抵抗が、アメリカによる壊滅的手段（原爆）につながり、戦争の大勝利をもたらした」とうたっている。記事の主題は、戦ったオーストラリア人兵士への称賛と戦争終結に歓喜した当時の様子であるが、原爆についてもこのように述べている。

> アメリカの統合参謀本部は、通常兵器による日本の攻撃では少なくとも一〇〇万人の死傷者を予測していた……（広島原爆後）この恐怖の新兵器が莫大な破壊力を持つことを示したにもかかわらず、鈴木首相は会見を開き連合国の降伏の要求を無視して戦い続けることを表明した……長崎に二発目の原爆が投下されてから日本は決定をした。

本書の目的は歴史的事実かどうかを検証することではないが（2章8節のウォールストリート・ジャーナルに続いて二度目である）、「統合参謀本部の一〇〇万人の死傷者予測」については2章でも触れたが記録は一切存在せず、鈴木首相の会見はポツダム宣言（七月二六日）を受けて二日後であるのに、この記事は広島原爆後だと記しているなど、伝聞と事実誤認の多い記事であることは指摘しておきたい。

ガーディアン・オーストレイリア

ガーディアン・オーストレイリアは、イギリスのガーディアンのオーストラリア版として電子版紙面のみの発行（発信）だ。掲載された記事は、いずれもガーディアン日曜版のオブザーヴァーのオピニオン記事二本のみだった。記事については本章2節を参照してほしい。

注

＊1　チューブ・アロイズ計画。1―3章の原爆開発についてはバゴット（二〇一五）。

＊2　協定の側近覚え書 https://www.atomicheritage.org/key-documents/hyde-park-aide-m%C3%A9moire

＊3　NHK放送文化研究所 https://www.nhk.or.jp/bunken/research/oversea/19960130_6.html

＊4　https://yougov.co.uk/topics/politics/articles-reports/2016/05/19/america-was-wrong-drop-bomb-public (accessed 2021/2/25)

＊5　https://news.gallup.com/poll/17677/majority-supports-use-atomic-bomb-japan-wwii.aspx (accessed 2021/2/25)

＊6　https://www.bbc.co.uk/programmes/p02zy7nt; https://www.bbc.com/news/av/entertainment-arts-34726728; http://pwatkins.mnsi.net/warGame.htm#update

＊7　戦後、大統領命令で、軍人だけではなく第三者的立場の経済学者、医師ら民間人も含めた約一〇〇〇人の人材を投入して原爆による破壊と医学的、政治的影響を調査した公式調査。日本本土侵攻をしなくても、原爆を使わなくても、一九四五年秋、遅くとも年末に日本は降伏していたと結論づけている。

＊8　米国軍事政策委員会議事録のこと（R03-T06-F23）。

＊9　博物館ウェブサイトで公開されている。www.iwm.org.uk/history/i-saw-the-world-end

＊10　音声ドキュメンタリー。BBCウェブサイトで公開されている。www.bbc.co.uk/programmes/p08llv8n/episodes/downloads

＊11　放射性降下物、予期せぬ影響という意味がある。

＊12　www.cbc.ca/news/opinion/canada-nuclear-1.5264768 (accessed 2020/3/15)

＊13　同紙は二〇〇五年にはサーローさんの全面特集を組んでいる。

＊14　www.awm.gov.au/articles/blog/the-bomb-what-it-meant-to-australians (accessed 2020/3/10)

＊15　www.dfat.gov.au/international-relations/security/non-proliferation-disarmament-arms-control/nuclear-issues/australia-and-nuclear-weapons (accessed 2020/3/10)

＊16　Inoue & Rinnert (2007).

4章　フランス
――核抑止力と核兵器廃絶のはざまで

大場静枝

1　核の抑止力による世界平和

フランスは一般に文化・芸術・観光の国という印象が強いが、実は核兵器保有国であり、原子力開発を積極的に推進している国の一つである。歴史的にもキュリー夫妻やアンリ・ベクレルを輩出し、核物理研究の分野では最先端をいく国の一つであった。第二次世界大戦中は核兵器の研究開発を強力に推し進め、戦後になると核実験をたびたび実施し、現在では核不拡散条約（NPT）で核兵器保有国の一つに定められている。また、エネルギーの七〇・六％[*1]が原子力エネルギーで賄われている。これらの事実はそれぞれの領域の専門家にとっては自明のことであるが、多くの日本人、とりわけ若者が想起するフランスのイメージ[*2]とはかけ離れた現実をみせている。

ストックホルム国際平和研究所が二〇二〇年六月に発表した同年一月時点での世界の核兵器保有数の調査[*3]では、フランスは二九〇の核兵器を保有している。世界に存在する一万三四〇〇の核兵器の九〇％を保有するアメリカ、ロシアという二大核保有国に比べると、その保有数は圧倒的に少ないが、それでもフランスは世界第四位の核兵器保有国である。

原子力大国であるフランスにおいて、エネルギー政策と外交・軍事政策は極めて密接に関係している。そもそもフランスが核開発の必要性を認識したのは、一九五六年のスエズ動乱だった。アメリカによってその軍事行動を妨げられたフランスは、この動乱を境に中東地域に依存しないエネルギーの確保と他国の影響を受けない外交・軍事の完全な自立性を実現するためには、原子力エネルギーの確立と核兵器の保有が不可欠の条件だと判断したのである。[*4]

一九六〇年二月一三日、アルジェリア南部のサハラ軍実験センターで、フランス初の核実験が実施された。前年に開催された国連の軍縮政策委員会において、フランスはこの核実験によって周辺にいかなる被害も与えないと宣言したうえで、「世界の情勢に鑑みてフランスの核兵器保有は自国の国防のために正当なものであり、他の保有国に対する抑止力になることから世界の平和にもつながる[*5]」と堂々と主張したが、これが現在まで続くフランスの防衛戦略の考え方である。

最初の核実験を成功させて以来、フランスは核実験を繰り返し、一九九六年のムルロア環礁での最後の地下実験まで、その回数は実に二〇〇回を超えた。二〇二一年一月二七日のリベラシオン[*6]には、「一九九六年のこの日、一月二七日にフランス最後の核実験が実施された」と題する記事が掲載されたが、この記事によると当時の国際世論はすでに核兵器の開発や核実験に対して反対の立場をとっており、この決定はその三年前に核実験の中断を決めたフランソワ・ミッテラン前大統領（当時）の意志を覆すものだった。その結果、「この決定は国際社会による激しい非難を引き起こした。フランスは諸外国から除け者にされることになった」のである。そして最後の核実験から二か月後、「南太平洋に非核地帯を作るラロトンガ条約の批准を決定し」、その年の九月に「包括的核実験禁止条約に署名した」ことで、フランスは長い核実験の歴史に幕を下ろした。

ところで、フランスは二〇一九年一月からの一年間で保有数を一〇減らした。一見すると、この事実はフランスが核軍縮の方向へと舵を切ったかのように思わせるが、フランスは本当に保有数の段階的な減少を経て、最終的には完全な廃絶へと到達する道を選択したのだろうか。この点については、残念ながら、現時点ではフランスが核兵器を使用しない安全保障戦略へと転換しているとは言い難い。その証拠に、二〇二〇年二月、エマニュエル・マクロン大統領が士官学校で行った防衛・抑止戦略に関する演説*7において、フランス政府の国防戦略が核の抑止力の理論に基づいていることが明言されていたからである。

　マクロン大統領は「核不拡散条約（NPT）で核兵器保有国と定められ、国連安全保障理事会の常任理事国であるフランスは、これまでつねにそうしてきたように、今後も核軍縮を含めその責務を果たしていくだろう」と前置きし、「平和の追求において、フランスは世界の安全と安定に寄与する軍縮の論理性を尊重する」と述べた。確かにマクロン大統領はここで核軍縮の必要性に一定の理解を示しているが、実際の政府方針は核廃絶にはない。なぜならフランスの核軍縮は、必要最小限の核抑止力を維持することが前提となっているからである。

　したがって、マクロン大統領は続けて、「一方的な核軍縮はわが国のようにそれを保有する国にとって、自国や同盟国を暴力と脅迫にさらしたり、自国の安全保障を他の国々に委ねたりするに等しい」行為であり、核兵器の完全な廃絶は現実世界では取り得ない選択肢だと主張するのである。つまりフランスの防衛戦略は、核兵器を盾にヨーロッパの安全保障を強化し、戦争を回避する目的をもっているがゆえに、基本的に核の抑止力に基づいているのである。そしてその点について、マクロン大統領はなんら躊躇《ためら》うことなく「核兵器は戦争を未然に防ぐための抑止力の道具として存在し続けなければならない」と公言し、「フランスは核兵器禁止条約に参加しないだろう」と締めくくった。

　マクロン大統領の演説をみる限り、核兵器に対するフランスの考え方は、最初の核実験を前に国際社会の批判をかわすために、核の抑止力による世界平和の実現という理論を前面に押し出して自らの立場を擁護して以来、ほとんど変わっていないことがわかる。では、果たしてフランスが主張するように核の抑止力は戦争を回避し、世界に平和をもたらすことができるのだろうか。フランスのメディアは政府の核戦略をどうみているのか、原爆投下七五年目の八月の報道を手掛かりに考えてみたい。

2　分析対象となった日刊紙の概要

本章の調査対象となった新聞は六紙で、ルモンド、リベラシオン、ルフィガロ、ルパリジャン、ウエスト・フランス、ルテレグラムである。このうち最初の三紙が全国紙、残りが地方紙である。全国紙はいずれも論評の質と偏向の少なさで定評のある高級紙で、読者層には知識人、文化人が多い。地方紙については、パリ地域を基盤とするルパリジャンとフランス北西部のブルターニュ地方にある二紙である。

ルモンドは、総発行部数[*8]が約四〇万で、一九四四年の創刊以来、質・量ともにフランス最大手の全国紙である。同紙は長いあいだ中道左派の新聞だと言われてきたが、近年では政治的偏向のない編集方針を採用し、穏健・中道派の新聞として認知されている。リベラシオンは、一九七三年に実存主義者ジャン＝ポール・サルトルらによって創刊された。当初は極左傾向が強かったが、現在はずっと穏健になり社会民主的な新聞として評価されている。ルモンドに比べて、論評が多少過激であることから若い知識人らの支持が大きい。総発行部数は約七万である。一八二六年に創刊されたルフィガロは、現存するフランス最古の日刊新聞である。新聞名は、一八世紀の劇作家ボーマルシェの名作『フィガロの結婚』からとられた。同紙は右派系の新聞で、購買層には右派や中道右派が多いとされている。総発行部数は約三三万である。

パリを中心にイル＝ド＝フランス地域圏の政治、経済、社会のニュースを発信するルパリジャンは、一九四四年に創刊された中道路線の新聞で、発行部数は約一八万である。同紙には姉妹紙オージュルデュイ・アン・フランスがあるが、こちらは全国紙である。ウエスト・フランスの発行地はブルターニュ地方の中心都市レンヌで、総発行部数は約六三万。地方新聞とはいえ、発行部数の点ではルモンドやルフィガロなどの全国紙を上回り、一九七五年以来フランスで最も読まれている日刊紙である。キリスト教民主主義の支持を得て一九四四年に創刊されたが、その前身は一九世紀末に創刊されたウエスト＝エクレールである。ルテレグラムは、ブルターニュ地方西部の小都市モルレーで、レジスタンス派の新聞として一九四四年に創刊された。同紙は左派のイメージが強いが、近年では中道路線の編集方針を採用している。総発行部数は約一八万である。

3　被爆体験の継承と核なき世界の実現へ向けた闘い

全国紙三紙はいずれも「被爆生存者の証言」をもとに、「被爆者の高齢化と継承の問題」および「反核闘争における証言の力の重要性」を主題としている。しかしながら、その記事のありようは三者三様で、ルモンドは被爆体験の継承に焦点を当てて無難な報道をしている。一方、リベラシオンはちょうど同じ時期に広島地裁で判決が下された黒い雨訴訟に言及しつつ、広島・長崎の原爆投下を現在にまで続く問題として捉えている。ルフィガロは、唯一の被爆国を標榜しながらも、アメリカの核の傘に守られて核廃絶に消極的な態度を示す、日本政府の両義性を批判する政治記事に仕立てている。

なお、いずれの新聞においてもフランスの安全保障戦略や核兵器開発、核実験と関連させて報道する記事はなかった。

ルモンド――被爆体験の継承：個人の証言から共同体の記憶の永続化へ

分析対象期間におけるルモンドの原爆関連記事（六日七頁）は一本だけで、国際面に掲載された。記事は自社の特派員による署名記事で、見出しは「広島の記憶のための『継承者たち』の闘い」である。記事の主眼は「原爆の記憶の風化への懸念」、「日本人の若者の無関心」、「証言の継承の重要性と困難さ」、「地元の若い世代の継承者の存在」、「平和と反核のための闘争」である。しかしこれらのテーマはけっして新しいものではない。原爆投下六〇周年の二〇〇五年の記事においても、すでに「被爆者の高齢化」や「原爆の記憶の風化」、「原爆の記憶の継承の問題」、「被爆生存者たちの反核闘争」などが取り上げられていた。[*9]

記事は記憶の風化に対して、「時が経ち、一九四五年に広島と長崎に投下された原子爆弾の記憶は消えつつあり、この痛ましい記憶を伝承する新たな形を考案しなければならない」と警鐘を鳴らす言葉から始まっている。被爆者たちの平均年齢が八五歳を超えた今、彼らの恒久平和と反核に向けた闘いもまた新たな段階を迎えようとしている。その闘いには二つの柱があり、一つは「被爆体験証言の継承」であり、もう一つは「平和と反核のための世界規模の世論の喚起」である。

ここで指摘しておきたいのが、すでに国際的に認知された「hibakusha（被爆者）」に加えて、ルモンドは「hibaku taiken denshosha（被爆体験伝承者）」の語をそのままローマ字表記し、語義をフランス語で説明している点である。ルモンドがあえて原語表記を選んだその裏には、おそらく同紙がこの語のもつ意味の重要性を理解し、それを普及していく必要性を認識していたという二つの点があったと考えられる。

記事は、中学校時代の恩師松島圭次郎さんの被爆体験を伝承する清野久美子さんへの丹念な取材に基づいて書かれている。清野さんの口を通して、「歩くのは大変だった。町の中心部は死の雲で覆われていた。いたるところで、黒焦げになった死体があった」と被爆の実態が語られる。記事は「悲劇の記憶の拠りどころとなるのは、常に被爆生存者の証言の力である」と訴えて、体験者の証言が記憶の継承に不可欠なものであると同時に、「核兵器のない平和な社会を地球規模で実現する」ための闘いにおいて大きな力になることを強調する。

　被爆者たちの世界規模の闘争の最初のきっかけが、一九五四年のビキニ環礁の核実験だった。記事は、世界が広島と長崎の痛ましい経験から学ばず、「核実験の連鎖と核兵器の開発競争」に明け暮れている現実を次のように指摘する。

> そして「冷戦」の最初の時期は、一九五四年のビキニ環礁の核実験のように、核実験の連鎖と核兵器の開発競争によって特徴づけられている。「それまで私たちは、世界は私たちの苦しみから学んだのだと自らに言い聞かせて、己を慰めていました。そのとき、私たちは自分たちの言葉で話すことを決めました」と一九四五年当時八歳だった被爆者の小倉桂子は思い起こす。

ルモンドは、被爆者たちの決意表明とその後の闘争を「アンガジュマン（engagement）」の言葉で表現する。アンガジュマンとは、終戦後、サルトルが提唱した言葉で、その語義は「その時代の社会や世界に自らが属しているという意識をもち、傍観者の立場を拒絶し、その社会問題に自らの思考や芸術を役立てるための知識人や芸術家の行為であり態度のこと」である。記事は、広島と被爆者たちのアンガジュマンを次のように表現する。

> 選挙で選ばれた最初の広島市長濱井信三によってもたらされたアンガジュマンは、建築家丹下健三の建造物のある平和公園の建設という成果に結びついた。その後、このアンガジュマンは積極的な活動によってすぐさま日本の国境を越

えていった。一九五五年には、広島市は原子爆弾と水素爆弾の廃絶のためのシンポジウムの開催地となった。広島市は平和のための首長ネットワークを創設し、今日では世界の七九二一の市町村を集めている。被爆者たちは、彼らの平和の言葉を全世界に刻みつけたのである。

一方、記事は広島のアンガジュマンが「二〇一六年に、国連の核兵器禁止条約の採択に貢献した」にもかかわらず、「アメリカの核の傘を享受している日本もまたこの条約に署名しなかった」ことを指摘する。そして「日本人の三〇%が原爆投下の正確な日付を知ら」ず、「安倍晋三首相が憲法改正、とりわけ日本の戦争放棄を明記した九条を改正しようとする国において」、広島市長がいくら「平和宣言」で核兵器禁止条約の重要性を訴えても、それがどこまで国民に理解されているのかはわからないと懸念を示す。

核の脅威が減少しない世界において、被爆者たちの高齢化と証言の風化を前に、「単純な証言の録音や記録に加えて、被爆者たちの行動の永続化」を模索する時期が到来している。その取り組みの一つが「全世界の核実験の犠牲者とともに、原子力兵器の廃絶のために闘っている」ANT-Hiroshima[*10]の活動であり、また二〇一二年から始まった継承者プログラムである。

二〇一二年に立ち上げられた継承者プログラムは、最も成功した発案のように思われる。三年間の研修のあいだ、候補者は公の場で表現することを学び、被爆者の経験から着想を得た発表のシナリオを書くのである。

「継承者たちは、彼らの仕事の限界を意識している」と、被爆者たちの証言の力には遠く及ばないと考える彼らのジレンマを紹介しつつも、記事はこのプログラムを高く評価し、その重要性を伝えている。ルモンドがこの取り組みを評価するのは、これが被爆体験という個人の証言を風化から守り、それを共同体の記憶として保存し伝承しようとする永続化の試みだからではないだろうか。

リベラシオン――今も続く原爆被害と黒い雨訴訟

六紙の中で報道量が最も多かったのが、リベラシオンである。二本の記事が国際面に全面見開きで掲載されている。見出しはそれぞれ「広島、『被爆者たちはみな鍾乳石のような肌をして、腕を前に突き出している』」（六日八―九頁、以下「被爆者たちは……」）、「『黒い雨』の犠牲者には遅すぎる勝利」（六日九頁、以下「遅すぎる勝利」）で、テーマは「被爆者の証言と平和への願い」および「黒い雨訴訟」である。記事は二本とも日本人特派員によるもので、広島から発信されている。トップに配置されたのは、原爆投下やその犠牲者たちを想起させる三二枚のシリーズ写真で、これは写真家アントワーヌ・ダガタが二〇一七年に広島で撮影したものである。ダガタの写真は言うまでもなく、記事の内容を視覚的に補完する役割を担っている。

「被爆者たちは……」は、被爆生存者の一人である寺本貴司さんのインタヴュー記事である。記事は、一〇歳で被爆し生存者の罪悪感を抱きながら、後に原子力発電所に就職し定年まで勤めあげた寺本さんの数奇な運命を物語っている。前半部は彼の被爆体験、後半部は原子力エネルギーとその危険性、核兵器の廃絶への願いによって構成されている。

「一九四五年の八月六日、日本のその町は原爆によって爆風が吹き、一四万人に死をもたらし、何千人もの人々の間接的な死の原因となった」というリード文に続き、記事の前半部は寺本少年のその日の記憶を細部にわたるまで克明に再現している。少年の視点で語られる証言は、これが市民を犠牲にした無差別殺人であることをはっきりと示している。

「ちょうどそのとき、私は背後に信じられないような光をみました。その後、すべてが真っ黒になりました。私はしゃがみ込み、家が私の上で崩れ落ちました。」その後、これまで嗅いだことのない、あの「異臭」がした。八時一五分にB－二九エノラ・ゲイ機が投下したリトルボーイの落下地点からたった一キロメートルのところだった……別の寺に避難して、彼はそこで朝、一緒に遊んだ子供の一人に気がついた。「彼はボロ切れを着て、焼けた肌は腕から落ちていて、こんなふうに腕を前にして歩いていました。そしてすべての被爆者はこんなふうに腕を前にして、鍾乳石のような肌で、前に進んでいました。私は彼が二、三日後に死んだことを聞きました。」

原爆の被害について、記事は「広島の人口は三五万人だった。一四万人がリトルボーイによって、その場であるいはその後の数日で殺された」、「救助や復興のために現場に戻って来た」人々が「放射性物質の混じった『黒い雨』を浴びた」と記して、市民が原爆投下の標的となったことを示唆している。

寺本少年は「髪の毛は抜け落ち」、「何か月も病床にあったが奇跡的に生き延びた」。しかし原爆を生き延びたことで、「私は他人の人生をとったかのように感じるのです」と言って、罪悪感を抱えた生を生きることになる。その後、中国電力に就職した彼の目には、会社が原子力発電を推進しても、「原子力は危険なものに映らなかった」。しかし、彼は「人間の叡智とは、コントロールできないものを超えていくものではないだろう」と考えるにいたる。寺本さんの今の願いは、「原爆が二度とどこにも落ちない」ことと、原子力兵器の脅威によって「平和が左右されてはならない」ことである。

「遅すぎる勝利」は、「ついに、ついに、正しさが認められました」と述べた七九歳の高東征二さんの言葉から始まる。この記事は四〇年にわたる闘争の末、「七月二九日、広島地裁は『黒い雨』の被害者である原告八四人が正しいことを認め、被爆者と同じ身分を彼らに与えた」ことを報じたものである。記事は、黒い雨訴訟の争点、すなわち原告が「南北一九キロメートル、東西一一キロメートルの地域にいた者たち」で、この地域では「小雨」だったために、これまで政府の救済対象にならなかった点を丁寧に解説したうえで、汚染水が食べ物にも及ぶことを指摘してこの線引きのナンセンスさを強調する。

リベラシオンの記事は、たとえわずかであっても放射能汚染が人体に深刻な影響を与えることと、彼らの四〇年にわたる闘争が日本政府の頑なな姿勢との闘いの歴史だったことを明らかにしている。そして最後に、「今日、日本には一九四五年八月六日と九日の広島と長崎への核攻撃の犠牲者である一三万六〇〇〇人の被爆者がいる」と記事を結んで、今なお原爆の影響が終わっていないことを伝えている。

ルフィガロ――日本政府の両義的な態度

ルフィガロは七日の国際面で、「日本：核兵器に対する七五年に及ぶ両義的な態度」（七頁）を報道した。記事の焦点は、「広島と長崎の記念式典を執り行う日本は、原子力兵器を終わらせるための闘い

を拒否している」というリード文が示しているように、核の抑止力と核兵器廃絶とのはざまで日本が取り続ける両義的な態度に対する批判にある。

記事は、日本被団協の木戸季市事務局長のインタヴューをもとに、原爆がもたらした想像を絶する災禍の描写から始まる。

> 一九四五年八月九日、長崎で五歳の木戸季市が母の後ろを歩いていたところ、彼らの頭上で原子爆弾が炸裂した。二〇メートルも飛ばされ、彼が意識を取り戻したとき、母は顔や胸、腕が焼け爛《ただ》れて、目がみえた彼が防空壕まで母親を引っ張って行った。地中の穴は喉の渇きで死にそうになった負傷者でいっぱいだった。翌日、彼らは横たわった人たちの真ん中を通って街を横切ったが、母は担架の代わりに使われた扉の上にいた。

この描写が伝えようとしているのは、他の多くの

被爆体験者の証言と同様に、原爆被害の実態と核兵器がいかに非人道的な殺戮兵器になるかということである。さらに、続くインタヴューによって、放射能の影響が一世代だけではなく複数世代に及ぶことを恐れる被爆者たちの心境と「人間は原爆によって殺されるべきではない」という強いメッセージが提示される。

記事の後半で登場する長崎の高見三明大司教のインタヴューでは、その非人道性とともに、原爆が人々から最後の拠りどころとなるべき信仰を奪ったことが明かされる。「一万二〇〇〇人の教区民のうち、八五〇〇人が命を落とし」、生き残った人々の多くが「教会に背を向けた」。永井隆[*11]は一九四五年一一月二三日のミサで原爆を神の摂理だと説いたが、多くの人々にとってこの殺戮と破壊が神の摂理だとは思われなかったのだろう。高見大司教は畳みかけるように、原爆が不要だったこと、被爆者の多くが職業軍人ではなく、まともな装備や食糧すら与えられなかった民兵や市民だった事実を語る。

この死者たちは、殉教者ではありません。この原爆は必要のないものでした。兵士たちは竹の槍しか持っていませんでした。そして民間人は餓死寸前でした。

アメリカには「神」を引き合いに出して原爆攻撃に神性を付与し、これを「良きものとする」原爆神話があるが（1章6節参照）、高見大司教の言説はこうした原爆神話とは対極に位置し、暗にそれを否定するものである。

記事は続けて、被爆者やその証言を聞いた人々の思いが反核メッセージとなって広がる様子を伝える。その一例として、テンプル大学の歴史学研究者ジェフ・キングストンの言葉を通して、「原爆の悲劇を二度と繰り返してはいけない」という思想が日本の戦後教育の重要な柱の一つとなり、その思想の実践が広島平和記念資料館への修学旅行によって実現されていることを紹介する。

しかしながら、ルフィガロは反核運動が日本政府の消極的な姿勢という壁にぶつかっていると述べて、日本政府の曖昧な態度を国際情勢に絡めて次のように分析する。

> 終戦後から、日本はアメリカの核の傘に守られてその平和主義を培ってきた。東京「日本政府」は内心では、原爆がアメリカの手の内にあることで隣国、すなわち北朝鮮や中国から自国を守ってくれると考えている。したがって、日本政府は核兵器廃絶の世界的な運動に直面して、不安定な状況に陥っている。「世界で唯一、核の惨状を経験した国として、核兵器のない世界のために国際社会の努力を一歩一歩、着実に前に進めていくことはわれわれの不変の責務です」とまたもや木曜日に安倍晋三は語ったが、これはこの問題に関する日本の外交史と明らかに矛盾するものである。

記事は、核の傘のもとにある安全保障と被爆国の責務とが矛盾することを批判し、日本が「二〇一七年に一二二か国によって採択された核兵器禁止条約に署名をしなかった」と指摘する。そして記事は最後に、中国の攻撃性、北朝鮮の虚勢が反核運動の声をかき消していると極東アジア情勢を分析して、反核闘争の難しさを認めつつも、新しい世代の若者たちが反核運動を継続し、平和な未来を信じていることを伝えて終わっている。

ルフィガロの記事は、被爆者のインタヴューを通して核兵器の非人道性や被爆者らの反核運動の実態を報じるとともに、唯一の被爆国を標榜しながら両義的な態度を崩そうとしない日本政府と活動家たちのあいだの温度差を浮き彫りにしていると言えるだろう。

4　地方紙にみる多様な原爆報道

地方紙の原爆報道はそれぞれ大きく異なり、このテーマに関するフランスの新聞の立場や報道姿勢の多様性を映し出す鏡となっている。まず、ルパリジャンは報道を一切しなかった。ウエスト・フランスの報道は全国紙と同様に、被爆生存者の証言を中心に核軍縮の必要性を示唆する無難なものだった。とはいえ、原爆投下の日の解説や現在の国際情勢を絡めて核軍縮の難しさを考察した点は興味深い。一方のルテレグラムは、核兵器の非人道性を被爆生存者の証言と社説で浮き彫りにした。特に社説では、正面から原爆投下の是非を問い、核保有国であるフランスの軍事戦略を公然と批判している。

ルパリジャン——消極的な報道姿勢

ルパリジャンの六日の国際面は、主にベイルートの爆破事件と新型コロナウイルスの記事で埋められていた。同紙の電子版を検索し、二〇一九年八月六日の新聞をみると、「日本は広島の原爆七四年を記念する」の見出しで平和記念式典の模様を報じたが、記事は朝日新聞の報道を下敷きに書かれ、写真もAFP配信のものを使っていた。これについては、「べた記事」や「穴埋め記事」と判断しても差し支えないだろう（1章1節参照）。なお、二〇一九年はローマ教皇が広島を訪問した年だったが、それを報じる記事もなかった。

ルパリジャンが原爆関連で広島を取り上げたのは、二〇一六年五月二七日のバラク・オバマ元大統領の広島訪問にまでさかのぼらなければならない。原爆を投下した当事国の現職大統領（当時）による初の広島訪問の予定が伝えられると、全世界のメディアはこぞってこのニュースを報道した。このときは、ルパリジャンにおいても二七日までに数本の記事が掲載され、当日はオバマ元大統領の訪問の様子を取材した報道のほかに、「回顧録：一九四五年八月六日、広島は消滅した」と題して、原爆投下がもたらした惨状について写真とともに詳細な記事を掲載した。

ルパリジャンの報道姿勢をみる限り、広島の原爆は同紙にとって単体ではニュースにならない素材ということになるだろうか。

ウエスト・フランス——世界情勢と核兵器廃絶のゆくえ

ウエスト・フランスは、六日の文化面全面（三六頁）に七五周年と核問題に関する記事を掲載した。紙面の構成は、トップに小倉桂子さんの写真とともに、「証言：七五年を経ても小倉桂子の脳裏から広島が離れることはない」と題するインタヴュー記事（1章　コラム参照）、その下に「黒い雨の忘れられた人々がついに認定される」の記事、下部に「核兵器保有にしがみつく世界」と題された解説と世界の

核兵器保有国および保有数のイラスト、さらに上部左右には爆撃機の航路と広島・長崎の場所を示した日本地図と関連情報が掲載されている。

紙面全体のテーマは「被爆生存者の証言による原爆の非人道性の提示」、「反核運動の困難さ」である。インタヴュー記事は、小倉さんの次のような痛切な言葉から始まっている。

> 私たちが死ぬまでに核兵器を廃絶してほしい。七五年前から毎日、そのことを祈っています。この日に死んだ者たちのためにも、そうしなければならないのです。

記事は続けて「七五周年のこの日、平均年齢が八三歳の被爆者一三万六六八二人が今も生きている」と述べて、彼らの多くが被爆体験を語り核兵器廃絶のために闘い続けていることを伝えている。そして「私たちがあんな目にあったのに、日本が核兵器禁止条約を批准していないことに私はとても憤ってい

ます」という小倉さんの言葉から、この問題に対する日本政府の姿勢が問われる。

ウエスト・フランスの報道が他のフランスの新聞と大きく異なる点は、アメリカが核兵器の使用を決定したその理由を戦争終結が目的だったとしている点である。


三月以来、観光客も修学旅行の生徒も誰一人ここを訪れ、日本の降伏と第二次世界大戦を終結させるためアメリカ合衆国が核兵器を使用したその決定の結果を学ぶことはなかった。


こうした記述はアメリカの新聞では頻繁にみられるようだが[*12]、今回対象となった他のフランスの新聞ではまったくみられなかったものである。

また、ウエスト・フランスでは、関連記事「核兵器保有にしがみつく世界」が目を引く。この記事では、核軍縮に関わる三つの疑問（「二〇二〇年、世界は軍備を増強するか」、「軍縮条約は有効か」、「軍縮を阻害する要因は何か」）とその回答が国際情勢と関連づけて解説されている。冷戦終結後、二大核保有国は核軍縮へと踏み切ったが、中国やインド、北朝鮮、パキスタンなど新興の保有国は保有数を伸ばしており、世界は核軍縮の方向へは向かっていない。また、核不拡散条約（ＮＰＴ）には一定の成果を認めるものの、核を保有しない国々によって批准された核兵器禁止条約の実効性には疑問を投げかけている。

ウエスト・フランスの記事は全国紙と同様に総じて無難なものだが、原爆投下に関連した解説や「いかにして原子爆弾という死の兵器が製造されたのか」を解説する漫画の紹介などがあるところは、一般大衆を主たる読者層とする同紙ならではの紙面だと言えるだろう。

ルテレグラム――困難な核兵器廃絶と軍事戦略

ルテレグラムは、六日の国際面トップに「広島と長崎：被爆生存者の記憶」（七頁）と見開きの左側に社説「広島を泣く」（六頁）の二本の記事を掲載した。前者のテーマは、一面の告知の「原爆投下から七五年後、彼らは忘れていない」やリード文の「日本の都市、広島と長崎への原爆投下から七五年後、この二つの悲劇の最後の生存者たちはつねに、彼らの記憶を永続化する努力をしている」、小見出しの「私たちは全員いなくなってしまうでしょう」と「核兵器を廃絶する」からも明らかであるが、「原爆投下の日の証言と継承の問題」および「核兵器の廃絶闘争」である。

記事は、冒頭で被爆生存者に対してローマ字表記の「hibakusha」を使い、「原爆被害を受けた人々」という簡単な説明をした後、広島と長崎の二人の被爆生存者による証言を掲載している。証言ではより生々しい表現を避け、「爆破のときの目をくらませるような光」、「耳をつんざくような音」、「熱さと焼け焦げた肉体の臭い」など比較的あっさりとした記述をしている。その理由は、この記事が被爆者たちの核兵器廃絶を目指した闘争に主眼を置いているからだろう。

人生の大半を核兵器廃絶闘争に捧げた長崎の被爆者田中さんは、「それを繰り返してはならない」という強い言葉で核兵器の廃絶を訴える。一方、広島で胎内被爆した浜住さんにとって、「核の傘」は安全保障などではなく、原爆の「キノコ雲」を連想させるものにほかならない。被爆生存者の高齢化とともに、核兵器廃絶闘争も次世代への継承が必要となっている。しかし、八八歳となった田中さんの「被爆者たちの講演はしばしば、わずか一握りの人々しか引きつけない」という言葉からも、その困難さを窺い知ることができる。田中さんは「ノーモア・ヒバクシャ」プロジェクトのなかで、被爆者たちの証言を含め資料の保存に尽力し、それを次世代の活動家たちに引き継ぎたいと切望している。

幸いなことに、少数であっても、「被爆生存者たちの記憶の中で育った」広島や長崎出身の若き活動家たちも存在する。例えば、長崎の被爆者の孫である二八歳の林田さんは、「被爆生存者たちとともにイベントを開催し、すでに一一〇〇万人以上の署名を集めた核兵器禁止のための国際請願書」の活動に貢献した。しかし、彼が「私たちの言葉の重みはおそらく被爆生存者たちの言葉の重みの半分にも満たないでしょう」と述べているように、記事は被爆者たちの言葉の重みを継承者たちがどこまで伝えられるかが今後の課題であると示唆している。

ルテレグラムの記事の中で最も注目に値するのが、ジャーナリストのステファン・ビュガによる社説「広島を泣く」（1章9節参照）である。この社説の特徴は、広島に投下された原爆の非人道性を訴えることで、核兵器の存在の是非について正面から問いかけるとともに、フランス政府の核戦略を非難している点にある。

このような虐殺を正当化するには、国家的な欺《ぎ》瞞《まん》が必要だった。ところで、アメリカの参謀本部が広島と長崎を壊滅させようと思ったのだとすれば、それは日本の外交団がすでに交渉を開始していた降伏を獲得するためだったというよりも、アメリカの新型爆弾の実験をするためだったということは、今日では知られている。

ビュガは「大量破壊兵器は世界を不条理へと移行させた」と述べて、冷戦を経て核による抑止という戦略のもとに、世界中に大量破壊兵器がばらまかれている現状を指摘する。核兵器は政府の指導者たちの手中にあり、彼らが合理的な判断をするかは誰にもわからない。今や核兵器を生み出した研究者たちのみならず、「アメリカの大統領だったロナルド・レーガンやバラク・オバマを含め、多くの人々がこの常軌を逸した〔核兵器開発〕競争に注意を喚起している」が、この問題についてフランス政府は沈黙したままである。

ビュガは核兵器の「恩恵に浴し、それを放棄するつもりのない」フランスの立場を批判するが、実はフランスにとって核兵器は民主主義の原理に対する挑戦であると同時にタブーでもある。彼は最近、たった一回の国会で「軍事計画に関する新法」が制定され、兵器の予算額が六〇％増加したことを明かす。
この件について意見を求められることのなかったフランス人は、この地球規模の恐怖のバランスにおいて、フランスがその一角に地位を占めることに誇りをもっているのだろうか。もしそうなら、広島について泣くまい。広島は一種の実物大の実験室だったという考えすら受け入れよう。

ビュガは軍事計画について国民に意見を求めることのないフランス政府のやり方を皮肉ったうえで、核の抑止力によって世界の安全保障を構築するという考え方に疑問を呈している。そして、核兵器の脅威を盾に世界平和を実現することが、フランスが求める平和の形であれば、フランス人には広島を泣く資格はないと非難する。ビュガは広島を人類の教訓とし、フランスもまた核兵器廃絶に向けて大きく前進するべきだと主張しているのである。

5　世論との乖離

フランスの新聞六紙の検討を通して浮き彫りになったのは、全国紙の原爆報道がいずれも当たり障りのないものだった反面、ブルターニュの地方紙が国際情勢やフランス国内の軍事戦略と関連させて論評していたことである。しかしながら、残念なことに、今回対象となった新聞各社の原爆に関する報道からは、フランス国民の核兵器に対する考えははっきりとはみえてこなかった。

では、フランス人一般は核兵器についてどのように考えているのだろうか。この疑問に対する答えを与えてくれるものがあるとすれば、それはフランス世論研究所（ＩＦＯＰ）の二つの世論調査だろう。

一つは二〇一五年に実施された「フランス人と核兵器の禁止と廃絶」調査[*13]で、もう一つは二〇一八年の「フランス人と軍事費と原子力兵器の廃絶」調査[*14]である。前者では七六％のフランス人が核兵器の廃絶を肯定し、後者においても同様に七六％のフランス人が、フランスが核兵器廃絶の国際条約の締結プロセスに参加することに賛成している。

これらの調査から、明らかにフランス国民の大多数は核の抑止力を必要だとは考えていない。核兵器廃絶に関して、フランスの世論とフランス政府の方針とのあいだには大きな乖離がある。この乖離こそが、ある意味でフランス・メディアの原爆報道の多様性となって現れているのかもしれない。

注

＊1　https://www.edf.fr/groupe-edf/espaces-dedies/l-energie-de-a-a-z/tout-sur-l-energie/produire-de-l-electricite/le-nucleaire-en-chiffres（アクセス日二〇二一年四月一九日）

＊2　詳しくは姫田麻利子（二〇〇三）「フランスのイメージとフランス語学習」『語学教育研究論叢』二〇巻、二三五―二五四頁、石丸久美子（二〇〇九）「日本とフランスにおける相互ステレオタイプの考察――日仏学生へのアンケート調査の結果から」*Revue Japonaise de didactique du français* 四巻二号、一三三―一四一頁を参照。

＊3　https://www.sipri.org/media/press-release/2020/nuclear-weapon-modernization-continues-outlook-arms-control-bleak-new-sipri-yearbook-out-now?utm_source=phpList&utm_medium=email&utm_campaign=For+immediate+release%3A+SIPRI+Yearbook+2020—new+data+on+world+nuclear+forces&utm_content=text（アクセス日二〇二一年四月七日）

＊4　木村（二〇一三）一四一頁。

＊5　木村（二〇一三）一四二頁。

＊6　https://www.liberation.fr/france/2021/01/27/c-etait-un-27-janvier-le-dernier-essai-nucleaire-francais_1818583/（アクセス日二〇二一年四月七日）

＊7　https://www.elysee.fr/emmanuel-macron/2020/02/07/discours-du-president-emmanuel-macron-sur-la-strategie-de-defense-et-de-dissuasion-devant-les-stagiaires-de-la-

27eme-promotion-de-lecole-de-guerre（アクセス日二〇二一年四月七日）

＊8　調査対象紙の発行部数については、新聞・雑誌等の発行部数を調査する第三者機関であるl'Allience pour les Chiffres de la Presse et des Médias（l'ACPM）の二〇二〇年のデータを利用した。

＊9　井上（二〇〇六）一一七―一一九頁。

＊10　広島を活動の拠点とし、国際協力事業・国際平和事業・教育事業・講演等広報啓発事業などを行うNGO。詳しくは同NGOのサイト（https://ant-hiroshima.org）を参照。

＊11　医学博士。随筆家。原子爆弾投下直後から、自身も重傷を負いながらも救援活動を組織した。敬虔なカトリック教徒で、原爆投下を「神の摂理」、「神が与えた試練」と説いた。

＊12　井上（二〇〇七）三七―四八頁。

＊13　https://www.ifop.com/wp-content/uploads/2018/03/3176-1-study_file.pdf（アクセス日二〇二一年四月二五日）

＊14　https://www.ifop.com/wp-content/uploads/2018/07/115653-Résultats.pdf（アクセス日二〇二一年四月二五日）

参考文献

井上泰浩（二〇〇六）「世界は「広島」をどう報じたか――原爆投下60周年報道の国際比較検証」、『広島国際研究』一二巻、一〇三―一二七頁。

井上泰浩（二〇〇七）「アメリカの新聞報道にみる『広島』解釈――原爆投下60周年報道の検証」、『中・四国アメリカ研究』三巻、七九―九四頁。

小河原正己（二〇一四）『ヒロシマはどう記録されたか』上・下　朝日文庫。

木村謙仁（二〇一三）「フランスにおける原子力政策の形成過程――民生利用と軍事利用の関係性を通して」『日本原子力学会和文論文誌』一二巻二号、一三八―一四八頁。

5章　ドイツ、オーストリア、スイス（ドイツ語圏）
——記憶の政治と原爆・原発の類似性

ウルリケ・ヴェール

一九四五年八月六日と九日に米軍が広島と長崎に投下した原爆は、元々、日本と同盟関係にあったナチス・ドイツが先に開発してしまうことを懸念して製造されたものである。もしドイツが降伏する前にアメリカが原爆を完成していたならば、ドイツの都市に落とされた可能性もある。[*1] 同時に、アメリカの原爆開発計画（マンハッタン計画）に携わった人たちの中には、ドイツと「大ドイツ帝国」に併合された後のオーストリアからの亡命を余儀なくされた優秀な科学者たち（多くはユダヤ系）が少なくなかったという事実もある。第二次世界大戦中に中立を維持することができたスイスもまた、原爆を生み出した経緯と何の関わりもないかと言えば、そうではない。永世中立を建て前に、少なくとも経済と金融において対独協力したことは周知の通りである。一方、スイス出身の科学者たちもまたアメリカのマンハッタン計画に加わり、原爆の開発に手を貸した。

本章では、程度の差こそあれ原爆の開発・製造・投下に絡んだ歴史を持つドイツ、オーストリア、そしてドイツ語圏スイスにおいて、原爆がどのように捉えられ、議論されているか、広島・長崎原爆七五年の新聞報道に基づいて検討する。なお、ドイツ語圏はヨーロッパにおける最大の言語圏（第一言語話者約一億人）であり、ドイツ、オーストリア、ドイツ語圏スイスはその大部分を占めている。メディア研究では、それが一つの「文化・言語空間」とも捉えられている。[*2] しかし、これからみていくように、三つの社会に共通している様相も多くありながら、各国の歴史や制度、外交関係などによって生じている違いは無視できない。

以下、1章5節で提示されたフレーミングの類型に基づき、ドイツ語圏の報道の傾向を概観する。そして、調査した記事から抽出した三つの主要なテーマに沿って分析を進めていく。「原爆の記憶をめぐる政治」、「核抑止と核廃絶に関連する議論」、そして「原子爆弾と原子力発電の関係」の三つである。

1　調査対象紙の概要

本題に入る前に、分析した新聞のサンプルについて簡単に説明する。ドイツの新聞市場は、地方紙の閲読率が（場合によっては全国紙より）高く、質の高い報道を提供しているのが特徴である。したがって、四つの全国紙に加え、地方紙も三つほど調査対象に含めた。全国紙は、販売部数が七万部以上の高級紙五紙の中から、中道左派のズートドイチェ・ツァイトゥング（以下、SZ紙）、中道右派のフランクフルター・アルゲマイネ・ツァイトゥング（以下、FAZ紙）、そして右派のディヴェルトの三紙を選んだ（販売部数の順）。SZ紙とFAZ紙は、多くのジャーナリストの情報源とされ、他のメディアにも頻繁に引用される「主要メディア」としての役割も果たしている。以上の旧西ドイツの系譜である三紙に加え、販売部数は二万部未満だが旧東ドイツを支配していたドイツ社会主義統一党の機関紙が元で、現在でも「社会主義」というスタンスを表明し、主として旧東ドイツの地域で読まれているノイエス・ドイチュラント（以下、ND紙）も対象に入れた。

三つの地方紙は、すべて旧西ドイツの地域で発行されるものである。ハノーファシェ・アルゲマイネ・ツァイトゥング（以下、HAZ紙）は、広島と姉妹都市関係にあるハノーファーで発行される中道左派の新聞である。首都ベルリンで発行される中道派のデアターゲスシュピーゲルは、地方紙と全国紙の境界線にあるとも言われている。そして、デュッセルドルフで発行されるカトリック系中道右派のライニッシェ・ポスト（以下、RP紙）は、販売部数がFAZ紙よりも多く、全国紙や他のメディアでもよく引用されているという特徴がある。

オーストリアは全国紙、スイスは国内のドイツ語圏全域で読まれている新聞のみを分析対象とした。オーストリアとドイツ語圏スイスの新聞市場はドイツのそれより小さく、新聞の数も少ない。オーストリアには全国紙の高級紙は三つ、ドイツ語圏スイス全域で読まれる高級紙は二つある。本章で対象とした新聞は、入手可能だったことが主な基準となった。オーストリアの二紙は、中道左派のデアシュタンダードと中道右派のディプレッセである。スイスのノイエ・チュルヒャー・ツァイトゥング（以下、NZZ紙）は、中道右派と位置づけられ、ドイツやオーストリアでも受容されている。ドイツ語圏スイスで広く読まれているもう一紙は、中道左派のターゲスアンツァイガー（以下、TA紙）だが、本調査ではオンライン版のみを参考として取り上げた。

2　批判的なフレーミングが多数

1章5節で提示されたフレーミングの類型は三分割、つまり（一）「終戦を可能とした救世主」「当然の報い」「他の戦争惨事と比べてたいしたことではない」と原爆投下を正当化・矮小化するもの、（二）「日本の降伏に不要」「戦争犯罪・ジェノサイド」「人類の教訓」と原爆投下を厳しく批判するもの、そして（三）「悲惨だが戦争終結のための手段だった」という両価的なものに分けることができる。

今回分析した三か国・地域の新聞報道において、原爆攻撃を議論の余地なく正当化・矮小化しようとするものは皆無だった。以下詳しくみていくように、原爆から人類、そして国際社会が学ぶべき教訓の内容については、国・地域によって、新聞によって、また同じ新聞の中でも見解が異なったりする。しかし、原爆は後世の教訓となるべき、人道に反する罪であったというコンセンサスがみて取れる。論者の主な着眼点にかかわらず、冒頭においてはまず原爆被害の具体像や犠牲者数を挙げたり、被爆者の証言を引用したりする記事が多い。被爆者に寄り添い、その語りを直接引用して被爆体験や戦後の苦労の実態を、記事全文を通じて詳細に再現する試みもみられる（例えば、NZZ紙二日一四―一六頁、ディプレッセ八日、週末特集一―二頁）。また、下記のように、原爆攻撃を行ったアメリカ側の視点とその標的となった日本の民間人の視点を並列させることで、その非対称性を浮き彫りにする記事も少なくない。

三〇歳の米空軍パイロット、ポール・ティベッツが爆弾倉を開けたのは広島の午前八時一五分だった。「リトルボーイ」という無害そうなコードネームのウラン爆弾は、ほぼ四五秒間落ちたところで……。

松島（圭次郎）さんは「非常に強い閃光、大爆発があり、熱波が私を襲った」と語った。彼は両手で顔を覆い、机の下に飛び込んだ。……爆心地から約二〇〇〇メートルの所なので、建物の中にいたのは幸運だった。もっと爆心地に近く、そして屋外にいた人々は、摂氏六〇〇〇度にいたる熱さで燃え尽きてしまった……。

トルーマン米大統領は昼食時に原爆攻撃の「成功」を知り、喜びを表明した……。

（ディプレッセ、六日二頁）

一方、報道全体の割合はわずかだが、原爆の残虐性を強調しながらも、戦争終結のためには必要であったという両価的な視点もみられ、それを前面に出している記事は三か国の新聞記事の中で二つほどあった。一つは、記事の冒頭で広島原爆の惨状を描いたあと、「当時の日本では、敵が使用した未知の兵器の情報とそれに対する驚きは、急速に広まった。日本政府はまだ祖国の防衛を継続しようとしていたが……」と、日本を降伏させるために原爆が二発必要であったことを暗示するドイツのFAZ紙（六日三頁）の記事である。もう一つは、「重要なポイントは、原爆攻撃がなければ日本はすぐに降伏したのかどうかということだ。答えはノーだ」とし、原爆なしには米軍の死傷者数が途方もないものになったと述べ、しかし原爆投下について「道徳上の疑問は永遠に残る」と結論づけた、オーストリアのデアシュタンダード（七日一頁）のコラムである。

どちらの記事も、原爆の前史としての日本による侵略戦争や戦争犯罪にも言及しているので、原爆攻撃を「当然の報い」として正当化しているとも読み取られるかもしれない。しかし、自国の加害の歴史としての第二次世界大戦史観が国是となっているドイツ、そして一九九〇年代から自国のナチスとの共犯を償う努力をしてきたオーストリアに、アジア戦域における「大ドイツ帝国」と対をなす「大日本帝国」を被害だけでは語れないと考える人がいても不思議ではなかろう。つまり、その視点では日本の戦争犯罪に言及しないわけにはいかないが、しかしそこから、彼らが原爆投下の犯罪性を否定していると推論することはできない。

3　記憶の継承をめぐる政治

惨事の教訓を学ぶには

被害と加害の関係性は、広島と長崎への原爆攻撃から何を学ぶべきかにも関わる問題である。スイスのNZZ紙（四日六頁）でも指摘されているように、現在再び勢いを増している軍拡競争は「過去に何が起きたか、そして私たちがそれをどう記憶したいのかと密接に関連している」と言えよう。ドイツとオーストリアの新聞でも、この「過去の将来（つまり歴史認識のこれから）をめぐる格闘」（SZ紙三日三頁）に大きな関心が寄せられている。「惨事の教訓を学ぶには、その背景を知らなければならない」（SZ紙八・九日四七頁）からである。そして、歴史をめぐる格闘において事実を曲げた物語を強引に広げようとするナショナリズムが注目され、それを克服する必要性こそが、記事で説かれる教訓である。

そのような教訓を、ドイツのSZ紙（三日三頁）とスイスのTA紙（四日、オンライン）に載った記事は、被爆者の言葉を借りて伝えている。被爆建物で、軍都広島の象徴でもある陸軍被服支廠の保存運動に取り組んできた中西巖さんの言葉である。

彼はアメリカにもまだ腹を立てている。原爆は決して投下されてはいけなかった、そして二度と投下されてはいけない、と。しかし、八月六日が来る度に平和について多く語るが、日本の戦争責任については何も語らない、安倍晋三首相を中心とした日本の政治エリートとは異なり、彼は過去の汚点を見失ったことはない。

被服支廠を保全したいだけではない。そこで戦争の歴史が語られるようにしたいという。その歴史のすべてが。彼は椅子が並んだ講義室を思い描いている。そして展示会を。「展示会には、日本の第二次世界大戦への参入は侵略を伴うものだったことを示す資料を含めるべきだ」とかつてインタヴューで述べたことがある。

この記事は、被爆体験継承への取り組みの重要性を認めながら、自国の加害を問題にしない平和主義に対して懐疑的な視点で書かれている。この捉え方こそドイツ語圏の報道によくみられるものだと言えよう。「大日本帝国」の軍国主義や国家神道に裏付けられたナショナリズムや日本軍の犯罪に言及した記事（例えば、ND紙一日二頁、HAZ紙五日二―三頁、SZ紙八・九日四七頁）もあれば、NZZ紙の記事（一五日五頁）のように戦後日本のナショナリズムに主眼を置き、それがアジア諸国の被害への認識を妨げたと論じるものもある。

また、現在に焦点を当てた記事において、よく出てくるのは、安倍首相（当時）をはじめとした日本政府の態度への批判である。例えば、平和式典のあいさつで首相が「各国が相互の関与や対話を通じて不信感を取り除[*3]く必要性を説いたことを取り上げ、「安倍の下で強硬なナショナリストの巣窟と化した自民党」自体がそれを困難にしてきた（SZ紙七日七頁）、また、日本こそ「隣国と本当の対話に乗り出すことができていない」（NZZ紙七日三頁）という批判を加えている。

そして、被爆者に対する戦争責任も日本政府はまだ果たしていない、あるいは果たすのが非常に遅かったという指摘もなされている。HAZ紙（五日三頁）とND紙（一日一九頁）は、高齢の原告による

「黒い雨」訴訟を取り上げ、七月末に出た広島地裁判決によって彼・彼女らが初めて被爆者と認定されたと説明している。また、ディプレッセ（八日週末特集一―二頁）の記事では、ある被爆者の被爆者援護手帳を取得するまでの苦労が描かれている。そして同紙（六日三頁）は、日本の為政者が被爆者に対してみせている同情を「空疎な美辞文句」と批判した研究者の言葉も引用している。

それに対して、「国家主義の台頭もあって、第二次世界大戦へと突入し、原爆投下へと繋がりました[*4]」という一行を含めた広島市長の平和宣言は、SZ紙（七日七頁）などで、日本政府に対抗するものとして評価された。しかしSZ紙の同記事において、「広島と数日後の長崎で起きたこと……は、ナショナリズムと軍国主義によって煽られた戦争の結果でした。そしてそれを勃発させたのはドイツと日本なのです」という、ドイツの外務大臣が広島の平和式典に寄せたメッセージも引用されていることから、主語がわからない市長の宣言は物足りなく感じられ

たことが推測できよう。

「指令はポツダムからなされた」

すでに言及した通り、第二次世界大戦の「加害」に関する記述は、日本とドイツに限ったものではない。原爆を投下したアメリカの責任を追及している記事も少なくない。ND紙の社説（六日一頁）は、原爆投下を決定した人たちが、何十万人もの無名の人々の命と「自分たちの同盟、国、企業、主義、つまり自分自身の利益」とを天秤にかけたとし、それをぶれることなく「犯罪」と呼ぶべきだと主張している。また、同紙（六日一二頁）の別の記事では、アメリカ政府や軍は、原爆を使うかどうかではなく、いつどこで使うかしか問題にしなかったこと、投下の最終決定がなされた時に日本の軍事力はすでに崩壊していたこと、そしてソ連の影響力拡張を防ぐための手段であったことが論じられている。

さらに、ヨーロッパ戦域の戦争が早く終わらなければ、原爆攻撃を受けたのはドイツであることや、原爆攻撃の指令が下された当時、トルーマン大統領は他の連合国首脳とドイツのポツダム市で会談しており、「指令はポツダムからなされた」ことを指摘し、ドイツとの関係にも想像をめぐらせている。ポツダムと原爆との関わりへの言及は、戦争責任の問題に焦点を合わせていないRP紙（四日A五頁）などにもみられる。また、調査対象期間外だが、一九四五年七月一六日にアメリカが行った世界初の原爆実験に関する特集を組んでいるオーストリアのデアシュタンダード（七月一五日二四－二五頁）も、トルーマンの権力政治を取り上げるとともに、オーストリアとドイツから亡命して、原爆の共犯者となった科学者に注目している。

「アメリカの責任」

アメリカの責任を詳しく論じている記事は、ドイツのSZ紙、オーストリアのディプレッセ、そしてスイスのNZZ紙にもある。SZ紙の記事（八・九日四七頁）は、原爆投下は「日本の責任」と「アメリカの責任」という二つの経緯があるとし、「日本の責任」については東條英機の天皇主義や軍国主義を、「アメリカの責任」についてはトルーマンの人種主義を取り上げている。ディプレッセの記事（五日二〇頁）は、ある国際政治学者が投稿したもので、原爆攻撃には軍事的必要はおそらくなく、ソ連を威嚇することが主目的で、冷戦と軍拡競争の始まりだと位置づけている。

NZZ紙の記事（二日一六頁）では、原爆攻撃は日本に無条件降伏の勧告が出される以前に決まっていたことで、新兵器の実験に他ならなかったという説を、「ますます多くの歴史学者」が支持しているとして紹介している。同じNZZ紙が掲載した、あるドイツの日本研究者によるオピニオン記事（四日六頁）も、原爆投下を「人類史上最悪の戦争犯罪の一つ」とし、その必要悪論を厳しく批判している。そして、「正義」と「善」を独占している勝者であるアメリカでは、原爆攻撃の正当性を疑う言説が現在においても反感を買うことを指摘している。

また、広島と長崎を地震や津波に見舞われた都市と並列的に扱う、アメリカの地理経済研究が存在しているのも示唆的だと述べている。しかし、この記事はアメリカの加害に主眼を置いてはいるが、日本の加害も等閑視しているわけではなく、南京大虐殺にも言及している。また、戦争を、避けられない運命として、あるいは勧善懲悪という枠組みで語ることは不要だと主張している。そして被害を語り継ぎながら戦争責任を負うという姿勢の範例として、一九六三年に「広島アウシュヴィッツ行進」を行った若い日本人たちの言葉を紹介している。

戦争の加害者と被害者の立場を、ともに経験してきたわれわれ日本人は、さらに強く、世界に向かって、平和を訴える義務と使命を担っており……。若い世代に属するわれわれは、原爆の惨禍と、占領下の屈辱とを二つながら身をもって体験してまいりました。この体験は同時に、他民族に対して、償い難い惨害を与えた日本人としての罪科を、われわれ自らに反省せしめずには措きません。[*5]

調査した全記事の中で、ホロコーストに言及しているのはこの記事だけである（同記事とホロコースト、ジェノサイドなどについては1章9節を参照）。「広島アウシュヴィッツ行進」とは別の箇所においても、「アウシュヴィッツ」と「広島」の関係を、どちらも「産業的大量虐殺」の地であることが共通しているが、「アウシュヴィッツ」の正当化が不可能であるのに対し、「広島」は「正戦中の正当な暴力」として正当化されようとしてきた経緯があると説明している。「広島」と「アウシュヴィッツ」を関連づけた唯一の記事が、ドイツやオーストリアではなく、スイスの新聞に載ったことは偶然ではないと考える。

「アウシュヴィッツ」との比較を避ける傾向

原爆と戦争にまつわる被害と加害はドイツ語圏における広島報道の重要なテーマである。しかし、戦争とホロコーストに対する立ち位置は各国で異なる。簡潔に言うと、数千万人の死者が出た侵略戦争を行い、六〇〇万人以上のユダヤ人を虐殺したドイツ、ナチス・ドイツとの「合邦」を積極的に受け入れた側面もあり、ナチ体制とホロコーストの共犯者ともなってしまったオーストリア、そしてユダヤ人迫害の事実を知っていながら、ホロコーストの犠牲者から強奪された金をドイツから購入することで大儲けし、ある時点からユダヤ人難民の受け入れも拒否したスイス、という違いがある。

また、各国における自国の責任の捉え方も違う。前述のように、ドイツとオーストリアでは、ナチスの犯罪への責任を負う態度がある程度社会の中で共有されている。しかし、その認識は決して揺るぎないものではない。旧西ドイツでそれが確立されようとしたのは一九八〇年代だが、当初からそれに対抗する動きも台頭した。そして、戦争とホロコーストをどう語るべきかについて繰り広げられた論争の中、それを他国で起きたジェノサイドと比較すべきか否かということが一つの大きな争点となった。[*6]

こうした背景もあって、リベラルな人々の間では、ドイツ人（あるいはオーストリア人）が犯した罪の相対化への懸念から、「広島」を「人道に対する罪」や「ジェノサイド」として捉えることはあっても、それを「アウシュヴィッツ」にたとえるレトリックを避ける傾向が強い。したがって、現在のドイツとオーストリアでは広島と長崎への原爆攻撃を「核ホロコースト」と呼ぶことは、右翼思想を持つとみなされるであろう。[*7]

スイスでも、世界ユダヤ人協会などからの外圧が高まった一九九〇年代半ば以降、自国が第二次世界大戦で果たした役割の再考が促され、それを調査する専門家委員会も設置された。[*8] しかしそれでも、ホロコーストの共犯者という歴史認識が広く共有されることにはならなかったようで、[*9]「広島」と「アウシュヴィッツ」を同列に置くことに対するタブーは存在しないと仮定することができよう。なお、スイスでは右寄りのNZZ紙も左寄りのTA紙も、戦争責任の問題を扱っている記事を載せているが、オーストリアとドイツの報道で散見できるような、自国との関係への言及は見当たらない。

しかし、ドイツの各新聞にみられる戦争責任に関する認識が同一だとも言えない。このテーマに関心を寄せたのは、どちらかと言うと左寄りの新聞である。不思議なことに、オーストリアの二紙では逆の現象がみられる。戦争責任の問題に多くの紙面を割いたのは中道右派とされるディプレッセである。

4　核抑止か核廃絶か

三つのパターン

記憶の政治にあまり注目していない新聞もあるのに対し、「広島」と「長崎」が繰り返される脅威とその予防対策に関心を寄せていない新聞はなかった。

しかし、当時はまだ未発効であった核兵器禁止条約（TPNW）をはじめとして、核戦争防止の手段をめぐり意見が相違している。調査対象記事の傾向を大別すれば、相違は三パターンとなる。

一つ目のパターンは、緊張感が高まりつつある国際社会の現状や核不拡散・核廃絶に向けた動きについての紹介・解説である。米トランプ政権の対外政策や朝鮮民主主義人民共和国（北朝鮮）の核の問題などを取り上げ、核軍縮の停滞や核不拡散条約（NPT）体制の脆弱性を論じながら、日本の状況や政策に注目している記事は少なくない。

例えば、ディヴェルトの記事（二日九頁）は、「自分が死んだら、先祖たちには、彼らにひどい苦しみをもたらした核兵器が廃止されたことを報告してあげたい」という被爆者の切実な想いを伝え、長崎市長の平和宣言も引用している一方で、核廃絶の目標に反する日本の現状、つまり「原爆攻撃の最初の犠牲者」となったにもかかわらず「核がタブーであるどころか」、核保有のオプションを維持するための

核燃料再処理政策をとっていることに主眼を置いている。NZZ紙（六日四頁）も、「一触即発の状態だ」としている東北アジアに着目し、「原爆攻撃を受けた唯一の国でありながら、核のウイルスに対する免疫応答が完璧ではなく……プルトニウム経済を築いている」日本も核武装する可能性は無視できないと警鐘を鳴らしている。この種類の記事は、とるべき対策・方針についての意見表明はなされていないが、「捕食者的時代」（NZZ紙六日四頁）だとされる現在の状況を打破し、「核兵器のない世界」を築く可能性を悲観的にみている傾向が窺える。

もう一つのパターンは、この「捕食者的時代」を生き抜くためには、少なくとも当分の間、核抑止力に頼るしかないという主張である。この見方を一番明確に表明しているのは、人類滅亡をもたらしうる核戦争を防止するために、「効果的に抑止できることを引き続き、そして改めて、ヨーロッパの安全保障対策の最も重要な目標にしなければならない」としているFAZ紙の社説（六日一頁）である。核兵

器が世界から消えることを夢見ることは非現実的なので、トランプ大統領に核の傘の不確実性を突きつけられたドイツは、核武装を検討すべきとまで暗示している。またHAZ紙（六日五頁）には、ドイツの核武装という挑発的な話題は出ていないが、西洋の立場の弱体化を嘆き、軍縮交渉は北大西洋条約機構（以下、NATO）とNPT体制の強化と並行して進めるべきだといった、従来の戦略を支持しているボルトン元国家安全保障問題担当大統領補佐官のインタヴューが掲載されている。

これらの記事の背景には、広島・長崎の記念日を一つのきっかけにドイツの政界で高まった議論が垣間見える。つまり、核兵器禁止条約に署名し、ドイツで備蓄している米軍の核兵器を撤去してもらうか、それとも今後の軍縮交渉にすべてを賭けるかという議論である。この問題に焦点を当てた記事では、核の撤去という最終目標は支持しているが、ドイツの「ソロ・ラン」（デアターゲスシュピーゲル五日四頁）、つまり「同盟国間や隣国との信頼の動揺につながる一方的な行動」（RP紙四日A五頁）を危険とする論調である。また、カトリック系であるRP紙で連載されているケルン大司教のコラムも、核兵器廃絶を訴えたローマ教皇の言葉を引用しながらも、「抑止だけでは、進展は不可能だ」というやや消極的なスタンスで終わっている。

三つ目のパターンは、先ほど引用した記事で危険だとされた「ソロ・ラン」も除外しない核廃絶を強く求め、核兵器禁止条約を支持する言説である。例えば、ND紙が掲載した、核兵器禁止条約の採択に大きな貢献をした核兵器廃絶国際キャンペーン（ICAN）の構成団体でもある核戦争防止国際医師会議（IPPNW）のドイツ支部長へのインタヴュー（六日三頁）で、彼は次のように語っている。

（ドイツの）アイフェル丘陵に核兵器が備蓄されていること、そして毎年、ドイツ空軍のパイロットがロシアの地域を標的にそれを落とす訓練をしている事実に、自ら進んで直面しようとする人はいるのか。それが核不拡散条約上のドイツの義務と両立するのか自ら進んで自問しようとする政治家はいるのか。……国際法に反する大量破壊兵器がドイツに置かれるべきではないことを明らかにする時が来た。

ND紙には、ドイツで備蓄された核兵器の撤去を訴えるハンストを、毎年八月六日前後に一〇年以上前から実施している活動家たちへの取材に基づいた記事（七日四頁）も載っている。また、核廃絶の「ソロ・ラン」に否定的な記事もみられるデアターゲスシュピーゲルは六日（六頁）の社説において、MADと略される「相互確証破壊」戦略がまさに「狂気の沙汰」であると批判し、世界の破壊を警告する今日的な市民運動に向かって、気候変動に加え、核の脅威も中心に据え直すように呼びかけている。そして、八月六日・九日を記念する市民団体やベルリン市などの催しも積極的に取り上げている（六日一一頁）。HAZ紙（六日五頁）もまた、抑止論者であるボルトン氏へのインタヴューと同じ紙面で、国内からの核弾頭撤去を求めている市民運動や政治家の声を紹介している。また、核のない世界や核兵器禁止条約の署名を求めて、地元の市民運動や教会やハノーバー市が広島の原爆記念日に行った様々な活動と行事について報道している（七日一七頁）。

オーストリアの永世中立と核兵器の禁止

調査期間内に、非核化の必要性と可能性を疑う記事が一本も出ていないのはオーストリアの新聞である。核兵器の禁止・廃絶論をはっきり表明した記事の比率も多い。ディプレッセのオピニオン記事（五日二〇頁）では、「恐怖の均衡」の論理が厳しく批判され、世界の破壊を防止できるのは「完全な核武装解除」のみだとしている。また、六日（二―三頁）の記事では、上述したデアターゲスシュピーゲルの記事とも類似しているように、核戦争の脅威が西洋諸国の市民の意識から消え、一九八〇年代のような大規模の反核運動が生まれないことを嘆いている。

デアシュタンダードの記事（四日六頁）では、核廃絶に向けた交渉を義務づけた核不拡散条約（NPT）に違反し続けている核保有国こそ核兵器禁止条約（TPNW）に参加してもらう必要性が強調されている。そして子供向けの欄（六日一〇頁）でも同じことを、わかりやすく説明している。また、広島の原爆式典についての記事（七日六頁）は、「唯一の戦争被爆国である日本」が核兵器禁止条約にまだ署名していないという指摘で始まっている。

各新聞で核戦争防止の手段に関する議論が、各国の政策と世論、また各紙の政治的傾向によって異なることは当然であろう。オーストリアの二紙が、その政治的傾向と関係なく、核廃絶および核兵器禁止条約を支持する姿勢を表明しているのは特筆すべきである。三か国中、核兵器禁止条約の署名・批准をすませているのはオーストリアだけである。その背景には、核に頼らないことが戦後オーストリアの国家体制とナショナル・アイデンティティの主要な要素となった経緯がある。[*10] 核兵器を含む大量破壊兵器の製造・貯蔵の禁止は、永世中立とともに、戦後の「オーストリア国家条約」で定められたことである。そして一九七八年の「原子力禁止法」を経て、九九年に「核のないオーストリアのための連邦憲法法規」が制定された。

しかし、欧州連合加盟もし、NATOとの関係も深めているオーストリアの永世中立を時代遅れとしている論調が高まる中、[*11] 核抑止論の支持が広がっても不思議ではなかろう。調査期間外の記事なので言及しなかったが、デアシュタンダード（二一日二一頁）もディプレッセ（二五日二〇—二一頁）も、そのような意見をまったく排除しているわけではないことは指摘しておきたい。

ドイツにおける核との矛盾した関係

それに対してドイツの報道では、核抑止・軍縮か、それとも核廃絶かの議論が前面に出ている。また、国際社会だけではなく、ドイツ国内の状況にも議論が及んでいるのが特徴である。その背景にはドイツ社会の核との矛盾した関係が垣間見える。オーストリアと同様に、戦後の西ドイツも核放棄を占領体制の廃止と国家承認を獲得するための条件とされた。NATOへの加盟も同じ条件で認められた。

しかしその後、西ドイツはアメリカとの「核共有」に賛成し、NATOの核抑止政策において中心的な役割を担うようになった。この制度下におけるドイツは米国の核兵器を備蓄するとともに、その使用のために必要な核弾頭搭載可能な軍用機や兵員などを提供し、使用についての意思決定に参与する権限さえ持っている。その絡みもあって、ドイツ政府は、核兵器禁止条約に署名しない姿勢を表明している。一方、核兵器の悲惨さと人類滅亡の可能性を表すシンボルとしての「広島」が大きな役割を果たした八〇年代の平和運動以来、反核の感情と思想がドイツの社会に根づいている。[*12] 現在においても、NATOへの支持率は減少する傾向にある。[*13]

また、ドイツ人の八割から九割が核兵器禁止条約の批准を支持しているという調査結果も出ている。[*14]

反核感情が浸透しているといっても、運動の中心的な担い手はどちらかと言えば左派の団体、政党、思想家たちであった。また、新聞界においても徹底的な核廃絶論やNATO批判が左派の領域であることは、上記の三パターンの分布でもわかる。その中で象徴的なのは、中道右派であるFAZ紙の核武装検討推進論と社会主義を掲げているND紙の「核共有」批判との対立図式である。

核との関係が複雑なスイス

スイスもまた、核との関係が複雑である。NZZ紙が被爆者に寄り添い、アメリカの戦争責任も詳しく論じている一方、核兵器禁止条約については、一つの記事（四日六頁）で間接的に言及されているだけで、明確にそれを支持する立場を示さないということは、この状況を反映していると考えられる。スイスの場合、中立国としての第二次世界大戦中の経験が安全欲求を強化し、戦後の核武装論と核兵器開発計画（核不拡散条約の批准などを経て、八八年にようやく全廃）の原動力となった歴史がある。

　そしてスイスは核兵器禁止条約に関して、同じ永世中立国のオーストリアと異なり、条約成立過程の初期には積極的に関わっていたが、核保有国からの圧力[*15]に屈したせいか、二〇二一年五月現在、まだ署名していない状況である。しかし、連邦議会が署名を求める動議を決議したことで政府は再検討を余儀なくされているところである。調査した新聞の政治的傾向からみて、右寄りのNZZ紙と異なり、左寄りのTA紙（五日、オンライン版）が核抑止論に強く反論している記事を掲載しているので、ドイツと似た図式だと言える。しかし、核兵器禁止条約に関するスイス国内の議論はどちらの新聞でも言及されていなかった。

5　「戦争利用・平和利用」区分の問題化

原爆と原発の関係をめぐる議論

　ドイツ語圏での報道の特徴として最後に取り上げるテーマ、つまり原爆と原発の関係をめぐる議論の有無と傾向にも、各国の「核」に関する政治状況の影響がみられる。核の「平和利用」と「戦争利用」の関係性に大きく紙面を割いているのは、オーストリアの二紙とドイツの新聞の一部である。

　原爆と原発の関係について大きく分けると、国内外の政治的経済的利害関係、そして人が被る影響という二点に関心が寄せられている。一点目に関しては、「潜在的核保有」の問題、国内的・国際的な「原子力ムラ」（つまり産官学をまたぐ原子力発電業界の仕組み）、そして日本の原子力関連政策に影を落としている非対称な日米関係が焦点となっている。また、二点目と関連して取り上げられたのは、放射能が人体に及ぼす影響、つまり被曝被害の問題、被害者への差別をはじめとする社会的な影響、そして被害者に対する国家の責任逃れである。他のテーマに関しては、日本以外の状況や出来事についての記述も多いのに対し、このテーマの場合、原爆攻撃と壊滅的な原発事故を経験してもなお、原子力発電に頼り続けている日本への驚きのためか、ほとんどの記事は日本に焦点を合わせている。

前節で述べた通り、日本が核保有の敷居が低い国（潜在的核保有国）であることと政府の原発政策・「核燃料サイクル」政策との関連性が複数の記事で言及されている。原発についてこれらの問題を超えて触れない記事もあれば（ディヴェルト七日八頁とNZZ紙六日四頁）、原発そのものの危険性とそれにまつわる不条理に議論を広げている記事もある。ディヴェルト（二日九頁）では、「核燃料サイクル」を掲げることで最終処分場の問題が回避されながら、青森県六ヶ所村で大量の高レベル放射性廃棄物が貯蔵され、高速増殖原型炉もんじゅや六ヶ所村の再処理工場に大金がつぎ込まれてきたこと、そして原子力産業の圧力もあって、日本政府は福島第一原発事故を顧みず、「脱炭素化」の名目で原子力発電を推

進し続けていることが問題にされている。

ND紙（一日一九頁）にもHAZ紙（五日二一三頁）にも掲載された記事もまた、原爆と原発事故の被害経験と原発推進との矛盾を解き明かそうとしている。現在については日本の「原子力ムラ」の存在と核武装論に言及しているが、重点は戦後史に置いている。科学技術が劣ったために戦争に負けたという劣等感に悩まされた日本人がアメリカ主導の「平和のための原子力」政策を進んで受け入れたとし、開館まもない時期に広島の原爆資料館で開かれた「原子力平和利用展」も取り上げている。

オーストリアのディプレッセ（八日週末特集一―二頁）でも、日本における原子力の勝利への過程が、手塚治虫の鉄腕アトムから「平和のための原子力」のキャンペーンをリードし、アメリカのCIAにも協力した正力松太郎まで詳しくたどられている。また、この記事の主人公とも言える、ある被爆者について、彼が核兵器にも原発にも反対し、原発事故と原爆に共通している「被害者への差別」に着目した

ことが述べられている。

デアシュタンダードの記事（四日六頁）も、原爆攻撃と原発事故が被害者に及ぼした身体的・心理的・社会的影響の共通性に注目し、国家が彼・彼女らを冷酷に扱い、「実験台扱い」してきたとも指摘している。そして原発事故の被害者と同様に原爆の被害者も「被曝者Strahlenopfer」と呼ぶことで、原爆の放射線被害を強調している。また、日本政府が「黒い雨」による健康被害を認めようとしないのは、核実験の放射性降下物による被害を否定してきたアメリカの影響によるという、国家間の力関係に注目した説も引用している。

脱原発に対する三か国の温度差

少数だが、日本に焦点を当てずに核兵器と原発の関係を論じている記事もある。ＮＤ紙に掲載されたＩＰＰＮＷのドイツ支部長へのインタヴュー（六日三頁）では、核兵器と原発を当然のこととして並列し、被害の隠蔽をもたらす、国家の枠を超えた利害関係に注目している。また、同紙の他の記事（七日四頁）では、すでに一九五〇年代から原爆にも原発にも反対した、あるドイツの政治家のことを紹介し、現在の平和・反核運動家たちもそこからインスピレーションを得ているとしている。

すでに述べた通り、原爆と原発を関連づけている記事の分布は一様ではない。オーストリアの二紙での詳細な分析からは、日本における反原爆と反原発の分断と、その構造に垣間見える日米関係による拘束への違和感と批判が読み取れる。一九七〇年代半ばから大きく盛り上がった反原発運動が七八年の「原子力禁止法」を成立させ、そこで形成された運動文化やネットワークが八〇年からの平和運動の土台となり、「核のないオーストリアのための連邦憲法法規」にもつながった中立国オーストリアにおいて、このような捉え方が主流となっていることは不思議ではなかろう。

それに対して、ドイツの新聞で原発に言及している記事を載せているのは七紙中三紙のみで、スイスのＮＺＺ紙は日本が「潜在的核保有国」であることの説明において、「エネルギー安全保障」対策として正当化されてきた「プルトニウム経済」に触れているだけである。オーストリアと違って、自国における核兵器の開発計画や備蓄に直面してきたスイスと西ドイツにおいて、反核兵器の運動は一九五〇年代から存在していたが、環境運動の系譜である反原発運動とは別であった。しかし、八〇年代の国境横断的な平和運動はこの二つの系譜が合流する契機となり、現在でも多くの人が抱く「核」への意識が形作られた。*16

　その意識をよく表すものとして、西ドイツの平和運動が核兵器による放射線被害に注目し、広島と長崎の被爆者の苦しみを伝える時にも放射能障害を強調したことが挙げられる。*17それでも、脱原発が決定されるまでに、ドイツでは二〇年、そしてスイスでは三〇年もかかった。どちらの社会も福島第一原発の事故に大きな衝撃を受けた。ドイツでは、「福島」が脱原発を早める契機となり、二〇二二年までのすべての原発の廃炉が超党派的なコンセンサスで決まり、現在も有権者の大半がそれを支持している。*18スイスは、「福島」を受けて、脱原発を初めて決定した。しかし、原発の新設は禁止されたのだが、国民投票によって採択された二〇五〇年までの脱原発を目指すエネルギー政策には、既存の原発の運転期間を制限する規定は含まれなかった。そして、そのような規定を求める国民発議も一六年の国民投票で否決された。*19

　脱原発に対するドイツとスイスの温度差は、今回の報道にも表れていると言えよう。スイスの場合、右寄りのＮＺＺ紙は以上述べた通りであり、左寄りのＴＡ紙（オンライン版）では原発についてそのような言及さえもみられない。ドイツでも原爆と原発の関係に注目している新聞が少数であることは、「脱炭素化」などを理由に二二年までの脱原発は早すぎると主張する声が増えている*20現状を反映しているのかもしれない。同時に、そのような新聞が左派のＮＤ紙から右派のディヴェルトまで及んでいることは、脱原発提唱者を「左派右派」の図式に当てはめる困難さを示唆している。

むしろ、同じ陣営、いや同じ新聞の中でも「原爆と原発」の語り方に関する意見の相違が起こりうる。それを示すのはND紙論調の微妙なズレである。一日（一九頁）の記事では上記の通り、「広島」から「福島」への道を解明しようとしているが、六日（一頁）の社説では、「原発に反対するのは正しいことだが、この日（原爆の記念日）を日本への、そして日本と原子力の矛盾した関係への批判に……使うのは間違いだ」と主張している。その理由は、「あの日（の悲惨さ）は事故ではなく、犯罪の結果である」からだと言う。つまり、「原爆・原発」の問題もまた、戦争の被害と加害をどう語るかという問題と重なるのである。

6　終わりに

以上、「被爆七五年」に関するドイツ語圏の報道を「記憶の政治」、「核抑止と核廃絶」、「原爆と原発」のトピックに沿って概観してきたが、その結果として、もう二つのテーマ、あるいは「フレーム」とも言えるものが浮かび上がっている。一つは、原爆と原発に象徴される国家権力や政治・経済・軍事的な勢力のグローバルな連合体の犠牲となる個人と、その勢力に対抗している人々への注目である。もう一つは、原爆を現在に続く「核の時代」の始まりとする考え方である。そしてその時代は、原爆とそれと不可分な関係にある核実験と原発によって、人類に脅威をもたらしただけではなく、それは人類が地球の環境に重大な影響を及ぼすようになった「人新世」（デアシュタンダード七月一五日二四―二五頁）でもある。

注

＊1 しかし、ドイツ降伏前に日本への原爆投下が考慮されていた。3章1節と注＊2を参照。

＊2 Voci & Karmasin (2021), p. 482.

＊3 原文の引用元。https://www.kantei.go.jp/jp/98_abe/statement/2020/0806hiroshima.html（アクセス日二〇二一年三月二一日）

＊4 原文の引用元。https://www.city.hiroshima.lg.jp/site/atomicbomb-peace/179784.html（アクセス日二〇二一年三月二一日）

＊5 原文の引用元。ツヴァイゲンバーグ（二〇二〇）一八六—一八七頁。

＊6 ハーバーマス他（一九九五）。

＊7 哲学者S・ニーマン（Neiman 2015, p. 19）の指摘。井上（二〇〇六、一二一頁）が指摘しているように、被爆六〇年時のドイツのFAZ紙では「広島」が「アウシュヴィッツ」と比較されている。しかし、「アウシュヴィッツ」を「言葉に絶する残虐行為もやりかねない堕落した人間のあり方」を、そして「広島」を「人類による人類滅亡の可能性」を示したものとし（FAZ紙二〇〇五年八月六日一頁）、原爆の残虐性を抽象化することで、強制収容所の残虐性を際立たせているともみられる。

＊8 Independent Commission of Experts Switzerland – Second World War (ICE) https://www.uek.ch/en/index.htm (accessed 2021/3/20)

＊9 Tanner & Peter (2017), pp. 89-90.

＊10 Bayer (2014).

＊11 https://www.diepresse.com/4697716/neutralitat-ist-obsolet (accessed 2021/3/21)

＊12 Nehring (2019)、Takemoto (2015)、竹本（二〇一七）一九〇—二〇一頁。

＊13 https://www.pewresearch.org/global/2020/02/09/nato-seen-favorably-across-member-states/(accessed 2021/4/17)

＊14 二〇二〇年七月の調査：https://www.greenpeace.de/presse/publikationen/umfrage-atomwaffen-und-atomwaffenverbotsvertrag (accessed 2021/4/17)；二〇二一年三月の調査：https://www.greenpeace.de/sites/www.greenpeace.de/files/publications/umfrage_atomwaffen_gp_2021.pdf（accessed 2021/4/17）

＊15 https://www.europeanleadershipnetwork.org/commentary/nuclear-prohibition-changing-europes-calculations/ (accessed 2021/4/24)

＊16　Takemoto (2015).

＊17　Nehring (2019), pp. 194-195.

＊18　https://www.welt.de/newsticker/news1/article200099220/Umfragen-60-Prozent-der-Deutschen-befuerworten-schnellen-Ausstieg-aus-Atomkraft.html (accessed 2021/4/25)

＊19　https://www.asahi.com/articles/DA3S12680684.html (accessed 2021/4/17)

＊20　https://www.faz.net/aktuell/politik/inland/warum-zwei-oekoaktivisten-den-atomausstieg-verschieben-wollen-16940183.html (accessed 2021/4/17)

参考文献

井上泰浩（二〇〇六）「世界は「広島」をどう報じたか――原爆投下60周年報道の国際比較検証」、『広島国際研究』一二巻、一〇三―一二七頁。

竹本真希子（二〇一七）『ドイツの平和主義と平和運動――ヴァイマル共和国期から1980年代まで』法律文化社。

ツヴァイゲンバーグ、ラン（二〇二〇）『ヒロシマ――グローバルな記憶文化の形成（Hiroshima: The Origins of Global Memory Culture）』（若尾祐司他訳）名古屋大学出版会。

ハーバーマス、ユルゲン他（一九九五）『過ぎ去ろうとしない過去――ナチズムとドイツ歴史家論争』（徳永恂他訳）人文書院。

Bayer, Florian (2014). “Die Ablehnung der Kernenergie in Österreich: Ein Anti-Atomkonsens als Errungenschaft einer sozialen Bewegung?” *Momentum* 3 (3), pp. 170-187.

Neiman, Susan (2015). “Forgetting Hiroshima, Remembering Auschwitz: Tales of Two Exhibits.” *Thesis Eleven*. 129 (1), pp. 7-26.

Nehring, Holger (2019). “Remembering War, Forgetting Hiroshima: ‘Euroshima’ and the West German Anti-Nuclear Weapons Movements in the Cold War,” in (Michael Gordon & John Ikenberry, eds.) *The Age of Hiroshima* (pp. 179-200). Princeton and Oxford: Princeton University Press.

Takemoto, Makiko (2015). “Nuclear Politics, Past and Present: Comparison of German and Japanese Anti-Nuclear Peace Movements.” *Asian Journal of Peacebuilding* 3 (1), pp. 87-101.

Tanner, Jakob & Peter, Theodora (2017). “Die Überfremdungsangst wurde zu einer Chiffre für Antisemitismus.” *Tangram* 39, pp. 86-91.

Voci, Denise & Karmasin, Matthias (2021). “Globalisierung revisited - zur Struktur grenzüberschreitender Contents,” in (Matthias Wieser & Elena Pilipets, eds.) *Medienkultur als kritische Gesellschaftsanalyse* (pp. 475-491). Köln: Herbert von Halem, 2019.

6章　スペインの回想と糾弾報道、イタリアの忘却

ハヴィエル・サウラス

1　核兵器が落下、汚染されたスペインの村

この世界に一つ、四メガトン（四〇〇万トン）の破壊力の核兵器（水素爆弾）が落下した村がある。その時は、誰も負傷することはなかった。一九六六年一月一七日、アメリカ戦略空軍のB五二戦略爆撃機が給油機と空中衝突、爆発した。南スペインの沿岸の村、人口四〇〇人のパロマレスの上空で起きた。

爆撃機は冷戦時代の警戒任務中だった。クロームドーム作戦といわれる、米軍最新鋭機が二四時間体制で飛行を続け、いつでもソヴィエトを攻撃できるようにしていた。給油機KC一三五の全乗組員四人、爆撃機の三人の計七人が死亡した。

そして、搭載されていた核兵器四発、一つで広島・長崎の原爆の七五倍の威力の弾頭がパロマレスに落下したのだ。本来なら緊急時のパラシュートが開き、ゆっくりと地上に落ち放射能汚染などを防ぐことができるようになっていた。しかし、不測の事態に対する対策は機能しなかった。落下の衝撃により二発は起爆剤が爆発破裂し、極めて毒性の高いプルトニウムをまき散らした。もう一つは、海底深く沈んだ。

一九六六年当時、パロマレスには電話は一台しかなく、水道も通っていなかった。しかし、このニュースは瞬く間に広がった。アメリカ軍が衝突をつかんですぐに、マドリッドの米大使館はスペイン政府に連絡、軍は回収作戦を開始した。西欧で唯一生き残っていたファシスト独裁者（彼の政敵はこう呼んでいた）、フランシスコ・フランコ将軍率いる政権は、核兵器についてメディアが報じることを一切禁止した。米原子力委員会の機密解除された文書によると、[*1]アメリカ政府も報道機関の対処法を発出していた――いかなる質問にも答えることを拒否する、関心を逸らす、記者が持っている情報源の信ぴょう性を問い質す。

当初、スペインとアメリカ当局者は、B五二爆撃機について一切触れず、「長距離ジェット」と表現していた。そして、捜索活動では「軍事機密に関するもの」を探しているとだけ伝えた。フランコが最も心配していたことは、スペインの観光産業を守ることだった。成長著しい観光は政府にとって最大の歳入源であったが、アメリカにとっての関心ごとはソヴィエトに知られないようにすることであり、破滅的になりかねない事故を隠蔽することだった。

まずUPI通信、そしてロイター通信が事故をつかんだ。数日後には、事故の隠蔽が世界中に報じられた。モスクワ・ラジオ、ソヴィエトのプロパガンダ機関の一つではあったが、事故現場は「致死量の放射能」で汚染されていると放送した。その通りだった。フランコ将軍は右派の独裁者ではあったが、露骨にアメリカ支持を打ち出すことは彼にとって政治的なリスクが大きすぎた。なぜなら、政権内の高官の一部はスペインがアメリカと結んだ軍事協定に同意していなかったからだ。そのため、アメリカはスペイン政府と共同で情報操作、メディア対策を実施することができなかった。[*2]四〇日後、アメリカ政府は核兵器の存在を公式に認めた。海底の核兵器の回収は三か月後だった。

ヒットラーとムッソリーニのかつての同志フランコは、第二次世界大戦後の世界で最も反共的な政治家の一人だった。アメリカはフランコをソヴィエトと相対する盟友だとみなし、彼に対して軍事基地との引き換えに財政支援と外交援助を行っていた。B五二爆撃機に衝突したKC一三五空中給油機は、その基地の一つであるパロマレスから三二〇キロ離れたモーロン空軍基地から飛び立っていた。

　フランコは一九五五年に米アイゼンハワー政権と二国間合意を締結していた。それは核の民生利用を望む国に対して技術と指導を援助する「平和のための原子力」プログラムの一つだった。この合意によって、アメリカの協力国に対して原子炉の設計、建設、実験稼働のための機密扱いではない情報とともに、一度に六キロまでの濃縮ウランが提供された。[*3]逆説的ではあるが、「平和のための原子力」は独裁政権に対して独自の核兵器開発に欠かせないものを提供することにもなった。スペインはヨーロッパ第二のウラン生産国だったこともあり、六〇年代には原爆を作ることのできる技術、科学者、そして必要な資金を手にしたのだ。核爆撃機事故の三年前には、核装置建設の可能性を調査した秘密報告書が作成されている。スペインで最も著名な闘牛士の一人を殺した獰猛な雄牛の名前に由来するスペインの核開発「イスレロ計画」は、この報告書から生まれたものだ。パロマレスの事故が起きた時にも計画は推し進められた。それというのも、スペインの科学者は落下し飛散した核兵器の残骸から主要部品を集め調査する機会を得ることができたからだ。この計画は中断され、そして八〇年代初めには廃止されはしたものの、パロマレスの事故はファシズム的な政権に独自の核装備を創り出す機会を与えた。

　衝突墜落事故から数日以内には、パロマレスの海岸は軍の基地となった。八五〇〇人の米兵と科学者、陸空の車両と機体、海軍特別部隊の一四の軍艦が配備された。核兵器を安全に捜索回収する任務だ。作戦の科学主任顧問は、ミスター・プルトニウムとして知られたライト・ランガム博士だった。彼は、放射性物質を患者に注射したロチェスター大学での秘密実験の責任者だった。[*4]「スペインの事故」について一九六七年に米プリンストンで行われた会議で、ランガム博士は「多くの物質が居住地に落下し誰にも当たらないことはまったく信じられないことだが、しかし、誰にも当たらなかった」と述べている。事故は村の守護聖人の祝日と偶然重なり、村の住民は「神の手がパロマレスに差し伸べられ、村をお守りになった」と話していたともランガムは語っている。[*5]

しかし、神の加護は十分ではなかった。二〇一六年、ニューヨーク・タイムズは、村の除染作業に携わったアメリカ退役兵四〇人のうち二一人が癌を患い九人が死亡していたことを報じた。[*6]

現場周辺を事故から数年間にわたり監視した一〇人のスペイン人の民間警備員のうち、九人が同じ運命となった。[*7] 国務長官時代のヒラリー・クリントンは、米政府による事故現場の除染を終えることを二〇一二年に約束しているが、何も行われていない。今なお、五万立方メートル近くの汚染土が南スペインにある。その地域の本格的な疫学調査は行われていない。[*8]

スペイン人が共有するイメージには、こうした核の記憶が生々しく残っている。

2　二つの国、一つの叫び

核に対する憎悪

本章では、スペインの新聞の広島原爆七五周年の報道をイタリアと比較して行う。スペイン紙は原爆七五年を批判的に掘り下げる分析の記事など報道が非常に多かったのに対して、イタリアの新聞はあまり関心を寄せていなかった。両国は類似した歴史と文化的な背景――二〇世紀の後半頃までのファシスト運動、北のヨーロッパ諸国より遅れて民主制度と自由な報道機関を取り入れ、ＮＡＴＯとＥＵに加入し、同じような社会と経済状況で二一世紀を迎えた

——を共有していながら、原爆報道はまったく異なっていたことは比較研究をする価値が高い。

多くの欧州諸国は近代戦の恐怖を体験している。例えばパブロ・ピカソが見事に描写した『ゲルニカ』（一九三七年）における民間人への爆撃だ。しかし、スペインのように何十年も軍事独裁政権下にあった国はほとんどないし、パロマレスに四発もの水爆が落下したような事故を経験した国はない。

本章の筆者として主張したい。パロマレスで起きたことが、スペイン人の核の脅威の認識と理解を形成している。所在不明となった核兵器は、スペインで共有される記憶に刻み込まれ原爆攻撃に対する態度に影響を与えている。それは実際に戦場となり多くの都市が空爆で壊滅したスペイン内戦（一九三六—三九年）や、また、両国が枢機国と連合国の戦場となり都市が壊滅されたことと同じぐらいの影響を持つ。こうした視点が原爆報道に映し出されていた。

イタリアとスペイン両国は核技術に対してことあるごとに不信を表してきた。チェルノブイリ原発事故の後、イタリアは一九八七年の国民投票で核の民生利用を中止した。二〇一一年の国民投票では、福島第一原子力発電所の大惨事に影響され、今後数十年はすべての核関連事業を禁止した。一方、スペインは核に対する嫌悪を表明する国民投票の機会を得ることはできなかった。しかし、スペイン社会調査機関による国民調査によると、核兵器に対する強い憎悪感は三〇年間で変わっていない。

冷戦最後の時期の一九八八年、大半のスペイン人は以下のように考えていた。[*9] 核戦争は完全に避けることができる（七一％）、米ソ間の核戦争が起きたと仮定した場合は両国とも完全破壊されるので勝者はいない（七八％）、核兵器の開発増強は米ソ両国のいずれも敵国に対して優位にはならない（六八％）、両国とも宇宙空間に兵器を配備すべきでない（七五％）、核実験の完全禁止は軍拡競争を終わらせることにつながる（六八％）。

二〇一七年の新しい調査では、[*10]「国の安全保障にとっての非常に重大なリスクとなる」ものとして、

「大量破壊兵器（核、化学、生物兵器）の拡散」（二七・六％）が、戦争（一八％）、サイバー攻撃（二一％）、組織犯罪（二〇・五％）、経済財政の不安定化（二三・七％）を上回っていた。大量破壊兵器以上のリスクはテロリズムだけだった。

イタリアとスペインの国民は二〇二〇年の調査でも再び、核戦争に対する強い抗議の意志を抱いていることがわかった。二〇一七年にノーベル平和賞を受賞した核兵器廃絶国際キャンペーンICANとイギリスの調査会社YouGovによる世論調査では、両国民の圧倒的多数は国連の核兵器禁止条約に参加することを支持していた。[*11] NATO加盟の六か国の中では、八九％が条約参加を肯定したスペインが最も熱心であり、続いて八七％のイタリアだった。また、大半のイタリア人とスペイン人は、アメリカからの圧力が予想されたとしても最初の条約参加国となることに同意した（スペイン＝七八％、イタリア＝七六％）。さらに、「核兵器共有合意」の一環としてアメリカの核兵器を領土に配備しているNATO加盟五か国のうちの一つがイタリアであるが、この調査によると、四人に三人は核兵器を領土に入れないことを望んでいた。

人類の教訓と警鐘の視座

それでは、これからスペインとイタリアの主要新聞の広島原爆七五周年の報道を検証していく。[*12] その方法であるが、研究から明らかになっている広島原爆を枠づけて定義する四つのフレーミング――戦争終結・人命救済、残虐行為・ホロコースト、複合（正当化できるが疑問）、当然の報い――に基づいて検証していく（1章5節参照）。この章では二つのフレーミングを加えて検証を広げたい。すでに1章5節でも述べられている、人類が継承していかなければならない悲劇、それに、国際社会に対する警告としての核の惨劇、以上の二つだ。国際社会というのは人類の要素であり、これらは混同されてしまいがちではあるが、二つを別のものとして捉えることは重要だと思われる。

その理由は、国際関係論の専門家、ヘッドリー・ブル教授による理論、国際制度（international system）と世界社会（world society）を区別することにある。[*13]国際制度のもとでは、国家は互いに関係を保ち、他国のことを計算に入れる必要があり、そのため他国の決定に影響力を及ぼすことができるが、共通の価値観や規則と制度によって縛られる。一方で世界社会は、人類として価値や利益を共有することになる。ブルによると、国家の集まった社会は国際政治で優勢となる。国家の集合が共通の利益と価値を共有することを実現し社会を形成した時、国際社会は成立する。これらの国家は、お互いの関係をつかさどり、共通の制度と慣行を認める規則を受け入れる。国際政治の秩序は、こうした社会の連帯によって可能となるが、これを維持するためには、その制度を継続的に見直していく必要がある。

　原爆攻撃の報道においては、国際社会（国家）は明らかな影響力を持ちうるし、それは世界社会（人類）とははっきり異なるものだ。核兵器禁止条約は、この違いを理解するうえで好例だろう。スペインとイタリアの国民社会は圧倒的に条約参加を支持しているにもかかわらず、その国家は国際制度に特有の規則制度に縛られ、いまだに参加していない。

3　スペインの回想

共通した原爆に対する厳しい非難

　スペインの新聞は記事の数が示す通り、広島と長崎の七五周年を大々的に報じた。オピニオン記事から特集、被爆者や専門家のインタヴュー、伝記、分析記事、写真や図表を使った特別ページもあった。分析対象とした五紙（エルパイース、ABC、ラバングァルディア、ララソン、エルムンド）はスペインの主要紙であり、論調も社会民主主義寄りからカトリック保守寄りまで幅広い政治的志向を網羅している。一紙当たり平均して六二〇〇語と一〇本の記事が掲載されていた。もちろん、どの新聞も同じような報道ではない。リベラルかつ保守のエルムンドは――スペイン社会党や地域独立運動に批判的――記事一七本、一二〇〇〇語を掲載し最も多く報道をした。中道穏健派でバルセロナのカタロニア人中産階級を主な読者層にするラバングァルディアは短い三本の記事（三〇〇語）だけだった。

　このように報道量の違いはあったものの、スペインの新聞を結びつける何かがあった。原爆攻撃に対する厳しい非難の論調は編集局の垣根を越えて共有されていたことだ。合計五三本の記事のうち一本の記事だけが、原爆による死者よりも多くの命を救ったと正当化していた。イギリスの軍事歴史家、アントニー・ビーヴァーのインタヴュー記事だ（後述）。この記事を除けば、原爆を当然の報いだとフレーミングした記事はなかった。記事三本は曖昧な立場をとり、アメリカの原爆使用の動機、結果、そして、他にとりえた選択肢について論じていた。

　そのほかの記事は、明らかに糾弾調だった。ホロコースト、終末、ジェノサイド、地獄、皆殺し、大虐殺、大量殺人、絶滅、恐怖、壊滅という言葉は記事の中にあふれていた。さらに、ナチの「最終的解決」[*14]や強制収容所の比喩もたくさんあった。複数のフレーミングに当てはまるような言葉も少なくはなかったが、原爆は残虐行為であり、また、人類が継承すべき教訓であると明白に伝えるフレーミングが大半を占めた。

　後に紹介するものと比べるといささか表現は控えめではあるが、エルムンドの広島特集の前書き部分（一日三頁）は、スペイン紙の原爆報道の分析を始めるには最適な序文となる。

　人類を永遠に変容させたエピソードから七五年が過ぎた。広島への原爆の投下、それに続く長崎への原爆攻撃は二五万人の命を奪い、身も凍る破壊力を人類が創り出したことをみせつけた。

エルムンドは本日、大特集を組んだ。二〇世紀の最も悲痛なエピソードの一つであり、その教訓は今なお重要でありながら、しかし教訓は学ばれていない。これが特集を組んだ主な理由だ。地球上の人々は核兵器を忌み嫌っていながらも、大国は核を最も効果的かつ危険な抑止兵器として使い、地政学は大国の核兵器威力で決まってしまうという逆説である。

この文章は、原爆という出来事はこれまでも、今も、そして、これからの世代にとっても重要なことであることを強調し、上記の二つのフレーミング（残虐行為、人類の教訓）について触れている。また、さらりとではあるが、スペインの新聞に共通した特徴である歴史的文脈のこだわりが表れている。

被爆実相を伝える赤裸々な表現
――虐殺、ホロコースト

スペインの新聞は赤裸々な表現を多用して原爆攻撃を残虐行為だと描写している。無味乾燥なニュース報道の表現から抜け出して、比喩や暗喩など文学的な表現も使っている。またスペイン紙は惨劇の生存者の目撃体験談を引用したり、被爆者の手記や日記、新聞記事の文章も取り入れたりすることで記事が構成されることも多い。エルムンドの原爆特集（二日二三―三四頁）の最初のページで読者に訴えているのは、「人類の『ゾーン・ゼロ』」という見出しで写実的に描写された段落だ。

> 最初は静寂だった。そして、巨大な爆発のうなりだった。千もの太陽の光は荒野を照らし出した。あたかも、歴史のグランド・ゼロを照射する巨大なスポットライトのように。その後、炎がやってくる。癒やしきれぬ喉の渇き、皮膚を骨から垂れ下げてさまよう体。川面も川岸も死体で埋め尽くされた川へ飛び込んでいく。母が叫び呼ぶ子供は顔に火傷を負い叫んでいる。そして、終わりに黒い雨、灰になった街に悪い予

言のように降る。その滴《しずく》は恵みではなく、やがてやってくる血液の破壊の種をまいたのだ。広島の震撼、それは世界全体に初めて核の奈落の底が迫ってきたことだ。それ以来、人類は将来の核のホロコースト、大国の兵器がなしうることに、おびえながら眠らなければならない。その大国は時計の針を人の手が止めた日のことを忘れ、それを今でも振りかざしてくるだろう。核爆弾が広島の上空で爆発した時に時計は止まった。朝の八時一五分。

エルムンドは原爆記念日前の週末に特集を組み他紙より先んじたが、ほかのスペイン紙は八月六日に原爆報道を始めた。エルパイースは一九七五年のフランコ死後、スペイン初の民主的な全国紙として創刊した影響力のある中道左寄り日刊紙だ。スペイン語圏でも広く読者がいる同紙は、被爆者に体験を語ってもらう報道を選んだ。現存する最古の日刊紙ABC、そして、最も歴史の浅いラソンも同様の報道手法をとった。これら三紙は、フォーリン・プレスセンター（日本）主催の遠隔会見に臨んだ小倉桂子さん（1章　コラム参照）を取り上げている。その結果、非常に類似した内容が取り上げられていた。三紙が記事にした彼女の体験談をみてみよう。

小倉の父は八月六日の朝、「何か嫌な予感がする」ため今日は学校に行くなと言った。エルパイースの記事「負傷で見分けのつかない人の集団が、家の前までやってきた」（六日六頁）が記している。ABCの「私は投げ飛ばされ、気を失い、気がつけば廃墟の中だった」（六日二六頁）は、こう続ける。朝の八時一五分、小倉は「空に目もくらむ光」をみた。しばらく何もなく、これまで聞いたこともない爆発音を聞いた。「私は飛ばされ、地面にたたきつけられ、意識を失った。気がついた時、廃墟の中にいることと炎に仰天した。あたりは真っ暗で静かだった。私は這い出し、弟の泣き声を聞いた。私の家はひどく壊れ、屋根は吹き飛ばされていた。何百ものガラスの破片が壁に突き刺さっていた。私の父は松の木の後ろにいて、奇跡的に助かった」。
エルムンドが報じた生存者の横顔「KEIKO OGURA 核爆発の目撃者、その日本の都市の博物館で訪問者の通訳」(六日二二頁)は次のように記した。「そして黒い雨が降り始めた。その水は、桂子の家の壁にたくさんの濃い灰色の筋を残した。家に帰ってきた兄は、顔と両手に火傷を負っていた。『広島は火に包まれている』と彼は叫んだ。瓦礫に埋まった扉の隙間から、生き残った隣人が逃げてくるのを桂子はみた。多くの人の髪の毛は焼け焦げ、唇は腫れあがり、服は血で黒く染まっていた。皮膚がむけ指の先から垂れ下がっている人もいた」。彼女のいた場所から、小倉は「広島は完全に破壊された。火事が起きていた。そして、けがをして見分けのつかなくなった人の流れが、街の中から自分たちのいた所、神社のある所にやってくるのを」目撃した。続けて、エルパイースは「彼女が通りをみた時、幼少の桂子はダンテの地獄を目撃した。『なんて大勢の人！ ひどいけがと火傷、髪は焼け焦げ、変わりはて、両手から裂けてぶら下がっている皮膚。地面に寄せ集まり、私たちの家の方に石段を這って登っていた。誰も何も言わなかった。ただ、うなり声と、水、水、という言葉だけが聞こえた。私は井戸から水を汲んでいった。何人かは、飲んでいる途中で亡くなった。後になって、けがを負った人に水をあげてはいけないと言われ、私は恐ろしくなった。私が殺してしまったと思った。それから一〇年も悪夢をみることになった』」と記した。

目撃者にありのままを語ってもらうことで、スペイン紙は原爆の記憶を読者に伝え、そして、生存者自身の体験で原爆をフレーミングした。また、スペイン紙は深い調査と分析の視点に立脚しながら、読者を被害者の立場に置いた報道も行っている。エルムンドの「原子の黙示録と一〇〇万の死とのはざまで」(二日二八頁)がこの例だ。「原爆は戦争犯罪である……(原爆の)破壊的な威力は民間人も軍も区別しない。それが広島と長崎で起きた。圧倒的多くの被害者は女性、子供、そして、年配者だ。ほとんどの人は、何も残っていない」（1章9節参照）。

ラランソンは原爆を「大虐殺」、「ホロコースト」と表現し、「広島が『メガ・デス』を生んだ」（六日二頁）（1章9節参照）とも報じた。ABCは、「終末」と「全滅」という言葉を「七五年、広島は核兵器の廃絶を訴え続ける」（七日二四―二五頁）で使っている。また、エルパイースのオピニオン記事「軍縮に戻ろう　広島七五周年、核兵器を削減することは最も緊急を要する」（六日八頁）は核兵器禁止条約への参加を政府に訴え、「死」「痛み」「病」「恐怖」「テロ」「全滅」そして、「終末」という言葉を使っている。

人類の重要な教訓

しかし、すでに述べた通り、原爆を残虐行為として表現することは唯一で圧倒的なフレーミングではない。数多くの被爆者の物語は、広島で起きたことは将来の世代に継承し人類がそこから学ばなければならないものとしてフレーミングされている。そして、その教訓は平和と核兵器の廃絶を示唆している。エルパイースはこのことを原爆報道の記事に取り入れている。一つは既述の小倉桂子記事（六日六頁）とオピニオン記事「その戦争が今あるわれわれにした」（八日八頁）だ。最初の記事で小倉は「私たち、被爆者は年をとり、その時がいつ来るかわからない。だからこそ、私たちが生きているうちに核兵器が廃絶される日をみたい」と語っている。オピニオン記事では、記憶と過去から学ぶことを訴えている。

現在、危機の連鎖を続けている世界。ことはさらに悪くなりうることを、立ち止まり振り返ることは大切だ。七五年前の同じ月、世界は、今起きている問題がかすんでしまうような大惨事をしのいだ。われわれはいまだに同じ影の下で生きている……われわれ自身による危機を切り抜け始めた現在、この遺産から価値ある教訓を学べるはずだ。

小倉の別のコメントがABCの記事（六日二六頁）で紹介されている。

彼女は広島平和資料館館長（となる）小倉馨と一九六二年に結婚した。一九七九年に夫が亡くなるまで、二人で二度と繰り返してはならないことを伝えた……。寿命が近づいていることをわかっている彼女は、『同じことが二度と起きないために、私が目撃したことを次世代に語り続ける』と述べている。

ラランソンの短いオピニオン記事「人生は同じまま」（六日四頁）は原爆攻撃をホロコーストと比較し、人類は原爆の教訓から学んでいるのかどうかを問い質している。

時は何も癒やしはしない、なぜなら、過去の傷を治していない時でさえ、われわれは新たな傷を負わせてしまう。それが癒えるのに一世紀ではなくとも何十年もかかる。憎悪、戦争、暴力、そして悪がどれほどわれわれを苦しめてきたか……この知識はこれから刻まれる歴史を変えはしないが、現在というものは、明らかに過去のコピー＆ペーストであることを知っている。正義は犠牲者にも責任のあるものにもなされていないし、広島にもアウシュヴィッツにも正義はなされていない。

「人類の教訓」のフレーミングとしての好例があるので紹介しよう。エルムンドがそのまま引用している国立広島原爆死没者追悼平和祈念館の銘文である。「広島平和公園」（二日二六頁）の副見出しにも使っている。

「原子爆弾死没者を心から追悼するとともに、その惨禍を語り継ぎ、広く内外へ伝え、歴史に学んで、核兵器のない平和な世界を築くことを誓います[*15]」。

核兵器禁止条約の参加要求

前項で論じてきた教訓のフレーミングは国際社会への警告とともに紙面に載ることが多い。個人的な表現による「人類の教訓」は、実際の目撃体験に焦点を合わせたもの、残虐行為とそれに伴う悲劇の描写を使うもの、そして、教訓が目的とするものは市民社会であるとする記事が圧倒的に多い。だが、国際社会を主題としたものは制度的なことを取り上げ、政府当局者に焦点を合わせ、公権力を情報源として使い、第三者的な表現で淡々とした言葉が使われ、新しい政策の可能性や緊急性が検証されることが多い。核兵器禁止条約を論じた記事はこうした傾向がある。

　スペイン紙のすべては松井一實・広島市長の演説を、こうしたフレーミングで報じていた。具体的には、自己中心的な国家主義の高まりに対する批判と日本が条約署名をすることを求める表現が記事で取り上げられた。エルムンド（七日二〇頁）、ＡＢＣ（七日二四—二五頁）、そしてラランソン（七日二二頁）の記事は、同じ内容のアントニオ・グテーレス国連事務総長の核兵器を非難する声明を取り上げた。「気候変動と並び、核兵器は実存する脅威である。現在、世界でおよそ一万三〇〇〇発ある核兵器のほとんどは、広島と長崎に投下された原爆よりはるかに破壊力がある。一つでも使用された場合、想像できない規模の人道的な大惨事を引き起こす」。

　この主張に賛同しているのが、エルパイースの進歩的な論調の多いオピニオン面に掲載された二本の記事だ。「新しい舞台の同じ脅威」（六日六—七頁）は、核兵器管理の幕切れ前と新しい大国と兵器の出現について論じ、より不安定化していく世界の予想を述べている。

> 今日、地政学の舞台は大きく変容した。しかし、緊張と不確実性は、どの国もそれ（核兵器）を使用しないことが保証されるかどうかにかかっている。トランプ大統領は、自身とロシアのプーチンと一緒に核戦争の脅威を減らすよう取り

組むと主張している。しかし、真実は両国ともに核兵器の開発を続けているし、核管理のための条約を破棄しようとしている。アメリカ政府は、核実験の再開を検討していることを認め、ロシアとの、そして、新たに中国との軍拡競争が始まる可能性は否定できない。

この論点に立脚した上述の「軍縮に戻ろう　広島七五周年」（六日八頁）は一九六八年の核不拡散条約（NPT）を称えながらも「徹底した見直し」を求め、現在の核兵器禁止条約に賛同している。

これらの記事はかなり専門的な諸点について論じているが、他にも分析的な記事はある。これまで本章で取り上げていないが、背景や史実をもとにした記事もある。また、スペイン紙は政治家や軍人を主題にした様々な記事を報じている。例えば、ABCの「恐怖の主人公たち」（九日二二―二三頁）、原爆を開発した科学者の話ではエルムンドの「どうやって始まったのか　アメリカ大統領への新聞記事と手紙」（二日三三頁）が挙げられる。冷戦の地政学についてはラソン「核時代の始まり　リトルボーイとファットマンは世界の秩序を変えた」（六日四三頁）がある。さらには原爆の衝撃から生まれた映画やアニメ作品についてのエルパイースの「広島、文化的変容の七五年」（六日二九―二九頁）は文化論から原爆を論じている。

歴史研究者もスペイン紙で取り上げられ、歴史的背景の説明に貢献している。ラソンは、物議をかもしたセサ・ヴィダルのオピニオン記事「原爆は必要なかった」を掲載した（九日二〇頁）。スペイン極右運動の寵児であり、スペイン内戦の論述の偽造改ざんで非難されたヴィダルは、「広島と長崎の恐怖が日本に降伏することを決断させたのではまったくない……（原爆使用は）ソヴィエトの侵攻を止めるために他ならない」と主張している。エルムンドはアントニー・ビーヴァーというイギリスの第二次世界大戦の大西洋戦線を専門とするベストセラー軍事歴史家のインタヴュー記事「アントニー・ビーヴァ

ー　原爆によって多くの命が救われた」（二日三一頁）を掲載している。この記事が唯一の戦争終結・人命救済を主張したものだった。

宗教、カトリックの重要性

スペインの原爆報道を締めくくる前に、この国のメディアに特徴的な二つの要素について強調しておきたい。宗教の重要性、特に原爆攻撃に対するカトリック教会の姿勢、それにパロマレス事故の記憶だ。エルムンドは、パロマレス事故がもたらしたことについて一五〇〇語に上る独自の記事「パロマレスの犠牲者、スカー軍曹の最後の戦い」（二日三〇頁）で報じた。放射能除染作業に従事した八三歳の退役兵スカー軍曹が、彼と同僚を苦しめる疾病をアメリカ政府に認めさせる戦いを始めたことを紹介している。

最も保守的なＡＢＣとラソンも原爆攻撃と宗教を結びつける記事を掲載した。ラソンは広島で布教していたイエズス会の宣教師の物語「原爆の下でのスペイン人」（六日四一頁）を掲載し、ＡＢＣのフランシスコ教皇の軍縮の訴えに焦点を合わせた「教皇の核なき世界の訴え」（七日二五頁）は、こう報じている。

八月六日、初めての原爆から七五周年、教皇は広島へメッセージを送った。そうした兵器を所有することは不道徳なことだと繰り返されている。教皇は平和が栄えるためには『すべての人が戦争の兵器を捨てることが必要だ。特に、国を完全に破壊し尽くしてしまう最も威力と破壊力のある核兵器を』と述べている。

4　イタリアの忘却

スペイン紙の報道と相反するように、イタリアの二紙（コリエーレ・デラ・セラ、ラスタンパ）は、原爆七五周年に特別な関心は寄せていなかった。イタリアの全国紙は、他の欧州新聞と比べて国際報道部門はかなり弱い。理由は、イタリアでは国際問題というのはニッチ（隙間）な話題であり、普通は専門的な週刊誌で扱われ、類似した他国の新聞と比べてイタリアの日刊紙の外国特派員は少ないからだ。[*16]

原爆報道は、この弱点を物語っている。ラスタンパとコリエーレ・デラ・セラは合わせて五記事、三〇〇〇語足らずの報道だった。それは、スペインの新聞が報じた一紙当たりの平均一〇記事、六二〇〇語にはるかに及ばない。分量だけではなく分析的な記事内容でも及んでいない。一つの記事の例外を除き、イタリア紙は原爆攻撃にも、核兵器の拡散についても無批判的だった。

ラスタンパはトリノの非宗教リベラル紙で編集近代化の途上のため経営不振にある新聞だ。国際的な核兵器の問題について報じたイタリア紙で唯一のオピニオン記事「分析　米露条約は失効する。核の危険が忘れられている」（四日一―一二頁）は、「核兵器のリスクについて、理由があって何も考えていない。一九四五年以来、使用されていないからだ。唯一の、そして最後に米ソ間の衝突が危惧されたのは、一九六二年のキューバ危機だ。そのため、核兵器は基本的に抑止と保険の役割をしているという理解が広まった。その意義は存在することであり、使われることではない。このことには真実もある。誰も、大国は特に、完全破壊は望んではいない。しかし、これは危険な信仰主義的考えだ」と主張している。こう述べてはいるが、著者はイタリアに核兵器禁止条約に参加することは求めず、米露間に限られる新戦略兵器削減条約を強く推している。

広島原爆記念日の前日、ラスタンパの記事は読者を驚かせただろう。当時、ソーシャルメディアがあったと仮定し、原爆攻撃までのツイッター書き込みを再現した見開き特集記事だ（五日一六―一七頁）。一二歳の少年、記者、主婦の日記をもとにして、一九四五年七月下旬から八月上旬までの間に、こうした人々はソーシャルメディアに何を呟いたかを記事にした。[*17]

コリエーレ・デラ・セラはミラノの非宗教新聞で北イタリアの中産階級を主読者層にする伝統ある新聞だ。あわせてわずか八〇〇語の三本の記事は、一人芝居『私が広島を語ろう』の告知記事（二日一一〇頁）、有名なジャーナリストによるアメリカ映画『博士の異常な愛情』の評論「パーガトリが広島七五年を回想」（五日四二頁）、そして、広島のオンライン灯籠流しの写真と説明（七日一七頁）だった。

5　広島——二〇四五

比喩的に言えばスペイン紙は広島を「世界平和」という地図上の重要な位置に据えて報じた。一方、イタリアの新聞報道は忘却と無知を示唆していた。一九六六年のパロマレス事故に強い影響を受けているスペイン人の原爆の記憶は、今なお原爆攻撃が重要であることを証明している。一九四五年の核による悲劇はスペイン社会の心の中で生き続けている。

イタリアはどうか。核兵器に対する強い拒絶感がありながら、原爆という出来事は現在のことと切り離されてしまっている。スペインでは原爆を残虐行為として一様にみなすことは、過去、現在、そして、将来世代とも原爆は常に今の問題であることを示す証明だ。スペインのメディアは、広島の二つの重要なことを伝えてくれた。一つは、広島は、悲劇、恐怖、大虐殺、全滅、ホロコースト、死、痛み、病、テロ、そして、終末と同じ概念であることだ。二つ目は、平和と許しの大切なメッセージを伝えていることだ。

これから二五年後、世界は見慣れたものかもしれないし、そうではないかもしれない。しかし、過去と現在はこれから来るものの指標であるならば、広島のメッセージはスペインの社会で響き続け、社会の記憶としてメディア空間で鳴り響いているだろう。

＊本章はサウラス執筆の英語論文を編著者の井上が翻訳した。

注

＊1 Historical Research Project No. 1421.

＊2 Stiles (2006), p. 57.

＊3 Krige (2006), p. 173.

＊4 As told by the Atomic Heritage Foundation and the National Museum of Nuclear Science & History (2017).

＊5 Recorded at the proceedings of the second interdisciplinary conference on selected effects of a general war. July 1969. DASIAC (Defense Atomic Support Agency Information and Analysis Center) Special Report 95.

＊6 Philipps (2016).

＊7 Iglesias (2016).

＊8 Laynez-Bretones & C. Lozano-Padilla (2017).

＊9 Estudio 1762.

＊10 Estudio 3188.

＊11 ICAN-YouGov.

＊12 Inoue & Rinnert (2010).

＊13 Bull (1977).

＊14 （訳注）ナチスがユダヤ人に対して行った計画。

＊15 www.hiro-tsuitokinenkan.go.jp/about/index.html

＊16 Hess (1997), p. 23.

＊17 （訳注）ＮＨＫ広島放送局が被爆七五年企画「一九四五ひろしまタイムライン」として行った。

参考文献

Atomic Heritage Foundation and National Museum of Nuclear Science & History (2017). *Human Radiation Experiments.*

Bull, Hedley (1977). *The Anarchical Society. A Study of Order in World Politics.* Palgrave, London.

Estudio 1762 Construcción de Europa y Defensa. Centro de Investigaciones Sociológicas. July 1988.

Estudio 3188 La Defensa Nacional y las Fuerzas Armadas (XII). Centro de Investigaciones Sociológicas. September 2017.

Herrera Plaza, José & López Arnal, Salvador. (2019). *Silencios y deslealtades: El accidente de Palomares: desde la Guerra Fría hasta hoy.* Laertes Editorial.

Hess, Stephen (1997). *International News and Foreign*

Correspondents. Brookings Institution Press.

Historical Research Project No. 1421. Nuclear Accidents at Palomares, Spain in 1966 and Thule, Greenland in 1968. Office of the historian. United States Department of State. Bureau of Public Affairs. Declassified on September 4, 2008.

Iglesias, Leyre (2016, June 26). Palomares desclasificado. *El Mundo*.

ICAN-YouGov (2021, January). *NATO Public Opinion on Nuclear Weapons*.

Inoue, Yasuhiro & Rinnert, Carol (2010). International newspaper coverage of the 60th anniversary of the Hiroshima bombing. In *Philosophy After Hiroshima* (pp. 69-96). Cambridge Scholars Publishing.

Krige, John (2006). *Atoms for Peace, Scientific Internationalism, and Scientific Intelligence*. Osiris, Vol. 21, No. 1, Global Power Knowledge: Science and Technology in International Affairs (pp. 161-181). The University of Chicago Press on behalf of The History of Science Society.

Laynez-Bretones, F. & Lozano-Padilla, C. (2017). Fifty years since the nuclear accident in Palomares (Almería). Medical repercussions. *Revista Clínica Española*.

Philipps, Dave (2016, June 19). Decades Lates, Sickness Among Airmen After a Hydrogen Bomb Accident. *The New York Times*.

Proceedings of the second interdisciplinary conference on selected effects of a general war. July 1969. DASIAC (Defense Atomic Support Agency Information and Analysis Center) Special Report 95.

Stiles, David (2006). A Fusion Bomb over Andalucía: U.S. Information Policy and the 1966 Palomares Incident. *Journal of Cold War Studies*. v. 8, n. 1, p. 49-67.

Velarde, Guillermo (2016). *Proyecto Islero. Cuando España pudo desarrollar armas nucleares*. Editorial Guadalmazán.

7章　中国、台湾、香港
——世論と政府の核政策の反映

藤原優美

1　概要

本章は中国の主要紙に掲載された「広島・原爆」に関わる記事を分析・考察する。どのように報道されているのか、またあまり報道されていない、もしくは、まったく記事がない場合について、中国の新聞の特徴や中国人の一般的な核兵器に対する認識・見解や世論を踏まえながら、さらに二〇二〇年の中国の国内外の状況もあわせて、原因を探りたい。このことによって、中国の原爆報道の解読につながり、中国・中国人への理解が深まる一助となれば幸いである。

2　中国の核政策

中華人民共和国の成立初期（一九五〇年代前半）、国の建設と発展のため、中国政府は原子力の開発および利用という重大な決定を下し、中国の原子力事業を正式に始動した。その後、一九六四年一〇月に原子爆弾の初の実験が成功し、中国はアジア初の核保有国となった。中国政府は「これは中国人民が国防力を強化し、アメリカ帝国主義の核恐と核威嚇の政策に反対する闘争の中で勝ち取った大きな成果である」と同時に、「中国はいかなる時、いかなる状況のもとでも、決して最初に核兵器を使用することはない」、「中国政府はこれまでと変わることなく、国際的な話し合いを通じて、核兵器を全面的に禁止し、完全に廃棄する崇高な目標の実現を促すためあらゆる努力をはらうものである」[*1]と宣言した。

二〇一九年に、中国国務院新聞弁公室は『中国の核安全保障』白書と『新時代の中国国防』白書を発表した。これらの白書により、中国原子力の利用・核安全保障に対する姿勢、国防政策などがわかる。二つの白書について簡単に説明しよう。

『中国の核安全保障』は中国初の核安全保障白書である。この白書では、「中国は法律による規範化、行政による監督、業界による自主規制、技術による保障、人材による支え、文化によるリード、社会の

参加、国際協力などを主体とする核安全保障ガバナンスシステムを段階的に構築し、核安全保障の防御線を一層堅固にした」と指摘。また「中国は自らの核安全保障を確保すると同時に、核安全保障の国際的義務を真摯に履行し、核安全保障分野の二国間・多国間協力の推進に力を入れ、原子力の平和利用を積極的に促進して全人類に幸福をもたらし、世界全体の核安全保障ガバナンスに中国の知恵と力を貢献してきた」と強調した。

七月に発表された『新時代の中国国防』白書は一九九八年以降に発表された一〇冊目の国防白書である。この白書によると、中国国防の根本的目標は国家主権と安全、発展の利益を断固として守ること、また中国が少量の核兵器を保有するのはまったく自衛からの必要であることを明言している。

中国政府は核兵器の保有量についてデータを公開していない。ストックホルム国際平和研究所（ＳＩＰＲＩ）が発表した二〇二〇年一月時点の核兵器数[*2]では、中国は三二〇（配備核弾頭〇、その他核弾頭三

二〇）という。アメリカの五八〇〇やロシアの六三七五と比べれば明らかに少ない。

3　対日世論と原爆理解

中国と日本は「一衣帯水」の隣国であり、二〇〇〇年以上の友好交流の歴史もあれば、近代一〇〇年以降の衝突・戦争、「悪化・回復・発展」が繰り返している関係史もある。では、近年の中国人は日本にどのような感情を抱いているのだろうか。ここでは、いくつかの調査結果を紹介したい。北京市、福建省、河南省の九つの大学の約一〇〇〇人の在学生の対日観について二〇〇三年に行われたインタヴュー調査[*3]によると、中国の大学生は日本に対して憎悪感を持つ人が多かったが、日本のすべてを否定するのではなかった。憎悪感は主に過去一〇〇年間の中日関係に基づいたもので、戦後日本政府が中国との歴史問題に対して曖昧な態度をとることが一つの理由だった。一方、日本の経済成功およびその背後にある民族精神について、多くの大学生は肯定的かつ感心していると指摘している。

その後二〇一二年の北京の大学生に対する調査[*4]では、日本に対する親近感について、「普通」は五三・二％、「親近感あるまたは非常に親近感がある」は一二・九％、「親近感ないまたはまったく親近感がない」は三二・二％、残り一・七％は「わからない」という結果だった。また、中日関係に影響を与える要因のトップ四はそれぞれ、経済貿易関係（二六％）、歴史問題（一五・五％）、首脳外交（一一・九％）、領土問題（一一・八％）となっている。二つの調査を比較すれば、大学生の対日感情が少し改善していることがわかる。

二〇二〇年の「中日共同世論調査[*5]」では、中国の回答者の七四・七％、日本の回答者の六四・二％が「中日関係」は重要（または比較的重要）と回答した。

両国関係の発展を妨げる重要な要素としては、歴史問題と両国間の信頼不足が挙げられた。

さて、これまで両国の交流史や第二次世界大戦での立場から、中国の原爆に関する認識を一言でまとめるのが難しい。また、七五年という長い年月とともに、その認識も少しずつ変化している。

原子爆弾が広島・長崎に投下された当初、その驚異的威力に世界各国が驚き、中国でもそれについて「各地の新聞はみな、大きく取り上げていて、街の至るところでも話題の中心となっている」と報じられた。[*6] 特に原子爆弾の破壊力については、「二万トンのTNTよりも強く、イギリスの超大型爆弾の威力の二〇〇〇倍以上」[*7]、原爆投下後の「広島市内はある工場の煙突が一つ残っている以外、何も残らずすべて焦土と化した」[*8]と破壊力が伝えられた。しかし、「侵略者である日本人が前例のない強力な兵器による打撃を受けるのは、ファシズムとしての必然的な報いであり、日本のファシズムの野蛮な虐殺を八年間受け続けていた中国人にとって、騙された日本の国民以外、つまり日本軍閥に対してはいささかの憐憫があってはならない」[*9]という認識もあった。

一九四五年八月一四日、日本がポツダム宣言を受諾し、九月二日に降伏文書に署名した。原爆から終戦までの間はそれほど長い時間ではなかったため、かつ原爆に対する最初の印象によって、原爆は日本の降伏を促したと判断される状況であった。しかし、同年八月の延安幹部会議での毛沢東の講演では、「日本降伏の決定的原因はソ連の参戦だ」、「原爆は日本を降伏させることができない」[*10]と明白に指摘している。その時の学者たちは「原爆の使用は、戦争を即座に終わらせた唯一の原因ではないが、戦争が早く終わったことには関係がある」[*11]という見解だった。

一方、原爆はほかの兵器と違い、その殺傷力と破壊力は人類文明をすべて破壊してしまう可能性がある。そのため、「第二次世界大戦以来、核戦争に反対することが、平和を愛する世界の人々の共通認識になりつつある」[*12]。一九六二年八月九日の人民日報の社説[*13]では、「中国人民は核戦争に断固反対し、一貫して核兵器の全面的禁止を堅持している」と宣言し、世界各国と団結して平和を守る意思も示した。

ところが、一九八二年の「教科書事件」以降から近年来、「日本は、第二次世界大戦、特に原子爆弾の『被害者』であると自らを位置づけてきたが、原爆を投下されることになった歴史的背景について触れることはほとんどなかった」[*14]、「日本政府は真面目に反省し、歴史の真相を自国国民に如実に紹介すべき。原爆による被害だけではなく、九・一八事変、盧溝橋事変、南京大虐殺などについても紹介すべきである」[*15]といった認識が表明されることが多くなってきた。また、人々は「自分の感情的な戦争の記憶だけで考えて原爆の意義を理解する」[*16]ことがあるため、中国人は原爆による広島・長崎の凄まじい被害やその後長年続いている放射能による影響などについて理解し、犠牲者の冥福を祈ることができる一方で、日本軍による「南京大虐殺」「重慶大空襲」「七三一細菌部隊」「慰安婦」など、戦争の記憶はいまだに癒えずに残っている。

4　中国の新聞について

中国では様々な新聞が発行されている。人口の多さ（二〇一九年末で約一四億人）や国土面積の広さ（約九六〇万平方メートル、日本の約二六倍）などから新聞の発行部数も多い。世界ニュース発行者協会（World Association of News Publishers）が公表している二〇一九年度の「世界の新聞発行ランキング」によると、日本、インド、中国が独占している一位～一〇位の中、参考消息は四位で、人民日報は六位である。なお、日本の読売新聞と朝日新聞はそれぞれ一位と二位となっている。[*17]

種類と数も非常に多いため、中国の新聞の実態は決してわかりやすいとは言えない。しかも、中国では各新聞がそれぞれ独自の特徴を持っている。「広島・原爆」の記事をみる前に、中国の新聞の特徴を紹介しておきたい。

新聞の種類　全国紙、地方紙、党報

発行範囲により、中国の新聞は大きく二種類に分けられる。一つは全国のニュースを報道し国土全体を対象として発行される「全国紙」である。人民日報、光明日報、環球時報などが挙げられる。別のものはある地域（各省・市・町村等、直轄市、自治区も含む）のニュースを主に報道し、その地域を対象として発行される「地方紙」である。解放日報、シャンハイ・デイリー、揚子晩報、南方都市報などだ。

なお、中国には「党報」と呼ばれるものが存在している。「党報」は「政党の機関紙で、政党の政策、方針、活動内容などを宣伝する道具である。（中国においては）主に中国共産党各委員会の機関紙を指す」[*18]。中国共産党中央委員会機関紙である求是のウェブ・サイトを開けば、「党報」の一覧表が載っている。そこには人民日報、光明日報、解放日報、揚子晩報などが入っている。つまり、中国には「党報」という新聞があるものの、分類する際は発行範囲に従うこととなっている。そのため、「党報」もほかの新聞紙と同じように「全国紙」と「地方紙」のどちらかに分類される。中国共産党中央委員会の機関紙なら人民日報、光明日報などは「全国紙」に、また、各省市等の共産党委員会の機関紙である解放日報、揚子晩報などは「地方紙」に分類される。

中国の主要紙について

中国の主要紙については明白な定義がない。実は、中国の主流メディアについても、学者・専門家は様々な見解を持ち、定義もまだ統一したものはない。その中の一つに、政治の角度から分析したものがある。主流メディアは比較的影響力が強く、社会の主導的な役割もあり、世論を反映、または影響を与える、地方レベル以上のメディアを指すという見解である[*19]。この定義に従うと、中国の主流メディアは主に中央や各地方の共産党委員会の機関紙、中央または地方のラジオ・テレビ局および他の比較的規模が大きい新聞社やテレビ局などが該当する。つまり、各党報、例えば人民日報、光明日報などは主流メディアに入り、主要紙とみなされる。

一方、中国の新聞はそれぞれ特徴を持っている。例えば、人民日報は中国最大の全国紙として、中国共産党の意思を広く国民に伝えることを目的にしていることから、世界の出来事に対する論評が掲載され、党員および国民の教科書的存在である。国内版と海外に住む中国人や外国人向けの海外版が発行されている。海外版は「対外発行の最も権威ある総合的な中国語の新聞[*20]」である。環球時報は人民日報傘下の新聞で、海外のニュースを中心としている。英語版グローバル・タイムズは二〇〇九年に創刊し、中国で二番目に発行された英字新聞であり、中国の基本的な国情を海外に伝える唯一の新聞でもある。人民日報は各国に常駐特派員などを抱えているため、環球時報とその英語版グローバル・タイムズもそれを活用している。

参考消息は中国の新華社が発行する日刊紙で、世界各地の政治、経済、社会、文化など各方面のニュースと論評のダイジェストを掲載しており、発行部数は中国最多、そして「中国大陸で直接かつ合法的に外国メディアの記事を転載できる新聞の一つである[*21]」。なお、転載だけの新聞は参考消息しかない。各ニュースや論評のダイジェストを掲載する際、元の記事に手を加えることなく、その内容についても評論せずそのまま中国語に翻訳する異色な新聞でもある。毛沢東に「唯一無二の新聞[*22]」と絶賛された。

チャイナ・デイリーは、中国共産党傘下の英字新聞であり、中国最初の英字紙でもある。記事は主に中国を中心にアジア太平洋全域の政治・経済ニュースとライフスタイル、トラベルなどに焦点を合わせている。海外に常駐特派員などがいないため、海外ニュースに関しては論評を中心とし、直接に報道する場合はよく新華社電や外国通信社電を掲載する。また、チャイナ・デイリー香港版は香港返還後、香港で出版された中央政府に承認された唯一の全国紙[*23]である。「一国両制」（一国二制度）の下で、香港と大陸、そしてアジア地域の協力を促進する重要な役割を果たしている。

光明日報は、知識人を主な読者対象とする総合日刊で、理論面で重要な論文を多く掲載している。また、地方紙でありながらシャンハイ・デイリーは中国最初の地方英字紙であり、党報である揚子晩報は中国で発行部数最多の夕刊紙である。

本章では、中国の数多い新聞の中で全国紙と地方紙からそれぞれ代表的なものを選んで「広島・原爆」に関する記事を分析・考察する。具体的には、全国紙は人民日報、光明日報、参考消息、環球時報、グローバル・タイムズ、また、地方紙は解放日報、揚子晩報、南方都市報、シャンハイ・デイリーである。台湾からは自由時報、聯合報、中國時報、そして、香港は明報、チャイナ・デイリー香港版を対象とした。計一四の新聞となる。

5　中国、台湾、香港の原爆報道

報道の量　少ない記事の数

調査対象とした一四の新聞を全体的にみれば、「広島・原爆」の報道はそれほど多くない。むしろ非常に少ないと言える（「世界の原爆報道一覧」参照）。

記事の本数では、参考消息は六日二本、七日二頁のホットニュースに一本と一三頁に五本、さらに「長崎・原爆」に関する記事は一〇日の一本がある。ただし、すべて外国メディアの報道を中国語に翻訳して転載したものである。環球時報は七日一本、一一日一本である。グローバル・タイムズは五日二頁に写真一枚とその説明、一五頁に一本ある。シャンハイ・デイリーは六日に写真一枚とその説明、九日に一本ある。

台湾の中國時報は七日二本、聯合報は一〇日に二本掲載されている。チャイナ・デイリー香港版は七日一本、一〇日に「長崎・原爆」に関する記事が一本である。なお、香港の英字紙で有力紙の一つであるサウス・チャイナ・モーニング・ポストについて

は、原爆について書かれた記事の掲載は確認できたが紙面の入手ができなかったため、「世界の原爆報道一覧」のみの掲載としている。

報道の内容――政府の方針を反映

(a) 人民日報

中国最大の全国紙、国民の教科書的存在である人民日報には、「広島・原爆」に関する記事は一切なかった。しかし、過去の新聞をみると、少なくとも平和記念式典が行われたことに関する記事が掲載されている。例えば原爆六〇周年の二〇〇五年など、大きく取り上げられる時期もあった。七五周年という節目に当たって、本来なら記事があったはずだろうが、今回のように記事がないのは異例かもしれない。

二〇二〇年には多くのことがありすぎ、中国にとっては特別な年となっていたからだと推測できる。

この年の初めに新型コロナウイルスの感染が爆発、その後世界各地でも感染が相次いでいた。最初に患者が認定された中国では、人々の最大関心事は新型コロナウイルスに関することである。「広島・原爆」は人類史上において重要なことの一つかもしれないが、当時は自分自身または周りの人の命に関わることのほうが優先された。そのため、調査した中国の新聞の記事は、国内はもちろん、海外についても新型コロナウイルス関連のものがほとんどだった。その影響で「広島・原爆」に関する報道は自然に少なくなり、あるいは、まったくなくなってしまったのだろう。

一方、米中関係が悪化しつつあり、トランプ政権は中国の新型コロナウイルス対策、香港に対する国家安全法の適用などをめぐり、中国政府への批判を強めていた。また、通信機器のファーウェイ(Huawei)や動画アプリのティックトック(TikTok)など外交問題に発展した様々な難題が起きていた。こうしたことから、中国の新聞が報じる国際記事はアメリカに関するものが占めることになった。原爆の使用はアメリカが当事国であるが、七五年前のことでもあり、記事に取り上げる価値が下がったと考えられる。

ところが、人民日報の紙版には「広島・原爆」に関する報道はなかったが、人民網(ネット版の人民日報)の中国語版および日本語版(中国語版と日本語版は同じ内容となっている)の七日には「原爆投下から七五年の広島で平和記念式典　日本」という報道が一つ掲載された。新華社／共同通信社による三枚の写真：平和記念式典の会場、平和宣言を読み上げる松井市長、慰霊碑に原爆死没者の名簿を納める市長、そして、短い記事である。

記事は広島市で六日に行われた平和記念式典や参列者の人数などについて書いており、いつ誰(アメリカ)が原子爆弾を投下したかについても紹介している。しかし記事の最後は「日本は、第二次世界大戦、特に原子爆弾の『被害者』であると自らを位置づけてきたが、原爆を投下されることになった歴史的背景について触れることはほとんどなかった」という文で締めくくられている。これは前文で述べた中国人の「広島・原爆」に対する認識、「(原爆による)日本側の被害のほかに、加害ということも忘れないように求めている」を反映している。つまり、原爆が投下されたのは日本が戦争を起こし侵略行為をしたからだ、という認識である。なお、この記事は新華社が伝えたため、多くの中国の新聞サイトに転載されている。

(b) その他の全国紙——光明日報、参考消息、環球時報

光明日報には、人民日報と同様に、「広島・原爆」

に関する記事はなかった。しかし、一三日と一五日にそれぞれ全面を使った「抗日」の記事がある。エリート層が読む高級紙である光明日報は、共産党中央直属事業部門によるもので、思想・理論面で重要な論文が多く掲載されている新聞である。そのため、共産党の立場から「広島・原爆」ではなく、「抗日」というテーマの記事を掲載したと考えられる。また、今回の記事の題目をみると、「中国抗日戦争と抗日戦争の歴史に関する研究の国際意義」「抗日戦争後に関する研究の新しい進展および新たな傾向」「国際視野における中国東北抗日聯合に関する研究」「抗日戦争の勝利と科学理論の輝き」のように、普通の新聞記事ではなく、すべて研究論文となっている。

国際ニュースを中心とする参考消息は、「広島・原爆」に関する記事は、4節で紹介したようにすべて外国メディア記事の転載だった。広島に関しては日本の共同通信社、朝日新聞のネット版、アメリカのニューズウィークのネット版、ニューヨーク・タ

イムズのネット版、スペインのエルパイスとエルムンドのネット版、アルゼンチンのブエノスアイレス経済新聞ネット版の記事を中国語に翻訳して転載されていた。長崎に関しては、AP、EFE、ロイターのそれぞれ東京支社の報道を翻訳して転載されたものである。

それらの記事の多くは原爆投下当時のことを振り返り、原爆がもたらした被害、人々の生活や文化にどのような変化があったのかについて解説している。また、原爆を投下しない選択があったのか、原爆を投下しなかったらどうなっていたかについて議論した記事もある（共同通信社による配信）。他国の記事の翻訳であるが、中国の「広島・原爆」に対する考えや核に対する立場と一致したので選ばれたのではないかと思われるものもあった。実際にこれらの記事を通して、中国の認識・観点を窺い知ることができる。例えば、七日の「被爆者の呻き声」（スペイン・エルムンド）の最後に「一九四五年八月六日以降も多くの戦争と苦難が発生したが、その日に起こ

ったすべてのことはこの片隅に残り、世界の平和を願う場として永遠に存在する」という文があり、それは長い年月を経ても原爆による被害や後遺症が続くという事実を提示し、二度と同じようなことを繰り返してはならないことを表している。

一方、核戦争に対する懸念も記事を通して窺える。六日の米歴史学者マーティン・シャーウィン[*24]によるオピニオン記事「もし原爆が投下されなかったら…」（共同通信による配信）は「広島原爆の教訓は、核戦争が恐ろしいのでそれについての考えをやめるのではないらしい。冷戦中、米ソの文官も軍事指導者も何度も核戦争を検討し（実行しようと）主張した。現在、トランプ大統領はこの脅威を再び盛り返すつもりである」、七日の「専門家によるアジアでの核戦争のリスクの警告」（ニューズウィーク誌）には「南アジアでの核戦争を懸念している」や「誤った攻撃警告や無謀な意思決定は朝鮮半島での予想外の核戦争を引き起こす可能性がある」などと述べられている。さらに長崎に関する記事「長崎は原爆七

五周年を控えめに記念　安倍は靖国神社を参拝しない」（ロイター）では「安倍晋三首相は、第二次世界大戦の敗戦七五周年記念日に戦没者が祀られている靖国神社を参拝しないが、過去のように供え物を奉納することとなる……前回、安倍首相が靖国神社を訪れたのは二〇一三年一二月で、中国と韓国の怒りを買った。これは日本が軍国主義の歴史と戦争暴行について反省していないことを示したと考えられる」とあり、戦争や歴史問題について日本は十分反省していないことを問題視している。

環球時報には、自社の日本駐在特約記者が書いた記事が掲載されているが、共同通信社やワシントン・ポストなどの記事を引用し、六日行われた広島平和記念式典で松井市長が読み上げた「平和宣言」について伝えている。特に日本政府に「核兵器禁止条約への署名・批准」を改めて強く求める内容や、台頭しつつある国家主義を排斥し、協力して新型コロナウイルスに立ち向かう呼びかけといった内容が目立つ。これらは基本的に中国の核政策と一致して

いる内容である。

グローバル・タイムズには、五日二頁に広島原爆ドームの写真一枚と簡単な説明、七日の記事は広島で行われた平和記念式典に関する紹介と写真だけだった。

(c) 地方紙——多い「ゼロ報道」

シャンハイ・デイリーは、七日に広島で行われた平和記念式典の写真一枚と簡単な説明だけ掲載した。九日の記事は「広島・原爆」そのものに関するのではなく、原爆が日本のアニメと漫画に与えた影響についての全面特集だった。中国最初の地方紙英字新聞であるシャンハイ・デイリーには、上海と国内ニュースのほかに、生活やファッションなどに関する内容、漫画なども少なくない。「原爆」というやや暗い話題をサブ・カルチャーと組み合わせると、読者は「原爆」に関する知識も得られると同時に、日本のアニメや漫画にもより注目を集めることができるだろう。他の新聞にはなかなかない報道スタイルで、非常に興味深い。[*25]
解放日報、揚子晩報、南方都市報には原爆に関する記事はまったくなかった。地方紙はその地域および国内ニュースが中心であり、当時の国内外の状況から、「広島・原爆」よりほかのニュースを報道したほうに価値があると判断した結果だろう。

(d) 台湾——李元総統死去のニュースが影響

台湾の聯合報の原爆報道は一〇日の「長崎市長は核兵器禁止条約への署名・批准を呼びかけ、安倍は冷淡処理」と「米国の『核の傘』を依頼、日本は『核兵器廃絶』を呼びかけても」の二本だった。二つの記事とも「核兵器禁止条約」を提起し、長崎市長や原爆被害者がその署名・批准を日本政府に求めても、その訴えは無視され、結局日本政府は「署名しない」ということを伝えていた。

中國時報には、七日に記事が二つある。「広島原爆記念　安倍、核兵器禁止条約避ける」と「生存者の悲惨な回顧」である。前者は広島平和記念式典について紹介し、松井市長は「核兵器禁止条約への署名・批准」を求めたが、安倍首相はその話題を回避したと伝えている。後者は生存者による原爆投下後の状況についての回想に焦点が合わせられ、当時の悲惨さを再現していた。

なお、主要紙の一つ自由時報の原爆報道はなかった。

台湾ではこの年の七月三〇日、李登輝元総統が死去した。調査対象の三紙とも李元総統に関連する記事が連日紙面を埋めていた。自由時報の「ゼロ報道」、また、聯合報と中國時報のそれぞれ記事二本という小さな扱いは、この特大ニュースが大きな影響を及ぼしていると考えられる。

(e) 香港――激減した報道

英字紙のチャイナ・デイリー香港版には、七日に国連事務総長アントニオ・グテーレスによる論評が掲載された。[*26] 同紙を含めて世界の新聞では計四紙が載せたものだ。同紙のオリジナル記事ではないため、記事の最後に「必ずしもチャイナ・デイリーの見解を反映しているわけではない」と明白に示されていた。この記事の主な内容は中国政府が公式表明している核政策に一致している。しかし、ズレ、例えば「核兵器禁止条約」に対しての見解などがあった。同じ日には広島式典の通信社配信記事、また、一〇日には長崎の式典の記事が掲載された。

なお、香港の主要紙、明報は残念ながら入手できず調査できなかった。英字紙のサウス・チャイナ・モーニング・ポストは、中面に二本の記事の掲載は確認できたが、紙面も記事も入手できなかった。同紙は二〇〇五年には一面トップや社説など計九本の記事を掲載し、「広島・原爆」を大々的に報じた。[*27] つまり、七五周年の原爆報道は激減していた。編集の弱体化や二〇二〇年の香港の状況が影響したのではないかと推測される。

6　まとめ

本章は中国の主要紙である「全国紙」、「地方紙」、そして、台湾と香港の新聞に分けて、「広島・原爆」に関する記事を分析・考察した。まず中国の核政策や対日関係・世論などを示した上で、各紙に書かれた記事について分析した。まとめると、以下のようなことが明らかになった。

(1)　地方紙より全国紙のほうが「広島・原爆」についての報道が多いが、全体的にみれば、記事の量が少ない。まったく記事がない新聞もある。例えば中国最大の全国紙である人民日報がその例である。

(2)　各新聞はそれぞれの特徴通りの報道記事となっている。例えば、参考消息は外国メディアの記事を中国語に翻訳して転載している。光明日報は「広島・原爆」ではなく、「抗日」をテーマにしている。シャンハイ・デイリーも「広島・原爆」そのものに関する内容ではなく、原爆による日本のアニメと漫画への影響という内容の記事である、などだ。

(3)　記事の観点はほとんど統一されていて、それらの記事を通して、中国政府の考えや「広島・原爆」などに対する態度がわかる。核に対して中国政府が公式表明している、「中国は一貫して核兵器の全面禁止と廃絶を提唱し、核兵器の先制不使用を宣言してきた」また「核兵器なき世界に向けてたゆまず努力する」ため、新聞にはそれと一致している内容の記事がみられる。一方、中国と日本は第二次世界大戦において対立する立場だったため、広島・長崎の同じ悲劇を繰り返してはならないという見解ではあるが、日本が犯した罪を忘れることはないという点も同時に表している。また、記事には原爆の投下は日本に責任があると直接は書いていないが、第二次世界大戦の侵略行為などと関係があるため、原爆が投下された歴史背景などを自国民に紹介すべきという認識である。このように、中国の核政策や原爆に対する中国人の認識・見解などが記事内容の選択・表現に影響を与えている可能性がある。また、大手新聞の記事はよく他の新聞に転載されるため、各新聞の報道は同じ内容になってしまう傾向がある。

(4)　人民日報などのように、七五周年という節目であるにもかかわらず、「広島・原爆」についての報道記事が掲載されていない理由はいくつか考えられる。二〇二〇年は全世界が新型コロナウイルス感染に直面していたため、これに関連するニュースが紙面のほとんどを占めたことである。また、この年は米中関係が悪化したため、新聞報道は自然にそちらに傾き、「広島・原爆」に関する報道は少なくなるか、あるいは、まったくなかったのだろう。

最後に、私的な見解になるかもしれないが、すべてのことは両面性また多面性を持っているため、より包括的に、時に「換位思考（相手の立場に立って考える）」が必要だと思われる。また、グローバル化がさらに進む今日において、様々な知識も情報も飛び交い、あまりにも膨大な量なので、どのように理解し、自己の中でどのように消化するのかが問題となる。したがって、原爆に関する理解や報道を含めてより広く、客観的に物事を分析することが必要だろう。

注

＊1　「原爆実験についての中国政府声明」『日本外交主要文書・年表』第二巻（一九六一～一九七〇）五二五―五

二七頁。「北京週報」二巻四二号、六―七頁。

＊2　シプリ年鑑（SIPRI YEARBOOK　二〇二〇）。https://www.sipri.org/media/press-release/2020/nuclear-weapon-modernization-continues-outlook-arms-control-bleak-new-sipri-yearbook-out-now?utm_source=phpList&utm_medium=email&utm_campaign=For+immediate+release%3A+SIPRI+Yearbook+2020—new+data+on+world+nuclear+forces&utm_content=text

国際平和拠点ひろしまウェブサイトもある。https://hiroshimaforpeace.com/nuclearweapon2020/

＊3　陳生洛（二〇〇三）。

＊4　王星宇（二〇一二）。

＊5　二〇二〇年一一月一七日に第一六回北京―東京フォーラム「中日共同世論調査」の結果がオンライン形式で北京と東京で同時発表された。

＊6　中央日報一九四五年八月二〇日の記事「原子爆弾」による。なお、中央日報は一九二八年に創刊され、国民党の機関紙である。

＊7　解放日報一九四五年八月九日の三頁に掲載された記事「トルーマン、対日原子爆弾投下を宣言」による。

＊8　中央日報一九四五年八月二〇日の記事「原爆後、広島には煙突がただ一つ」による。

＊9　新華日報一九四五年八月九日の記事「原子爆弾から考える」による。

＊10　一九四五年八月一三日延安幹部会議で毛沢東の講演「抗日戦争勝利後の時局およびわれわれの方針」による。

＊11　正義報一九四五年九月九日の記事「原子爆弾から話す」（曽昭倫）による。なお、正義報は一九四七年に創刊された国民党の機関紙である。曽昭倫（一八九九―一九六七）化学者、教育者、社会活動家。

＊12　孫才順（一九九八）。

＊13　人民日報一九六二年八月九日の社説「明確な方向　共同に闘争」による。

＊14　人民網日本語版二〇二〇年八月七日の記事「原爆投下から七五年の広島で平和記念式典　日本」による。

＊15　蔡麗娟（二〇〇六）。

＊16　歩平（二〇〇三）。

＊17　https://wan-ifra.org/insight/report-world-press-trends-2019

＊18　『現代漢語詞典（第七版）』（二〇一六）。

＊19　周勝林（二〇〇一）。

＊20　人民日報自社紹介による。http://www.people.com.cn/GB/50142/104580/index.htm

＊21　高航（二〇一六）。

＊22　参考消息網二〇一三年一一月二二日の記事「『参考消息』世界で最も特徴的で異色な新聞」による。https://china.cankaoxiaoxi.com/2013/1122/306108.shtml　原文は「われわれは帝国主義の義務宣伝員となったようで、自分のことを毎日批判する新聞を作った。ヨーロッパやアメリカなどの諸国はこのように自分のことを毎日批判する新聞を作ることができるだろうか。できないだろう。われわれしかできない。だからこれは世界で唯一無二の新聞なのだ」となる。

＊23　チャイナ・デイリーのウェブ・サイトによる紹介。http://china.chinadaily.com.cn/2016-05/25/content_25463227.htm　原文は「チャイナ・デイリー香港版は、一九九七年に創刊され……香港帰還後、中央政府に承認された香港で出版する唯一の全国紙であり、香港、マカオ、台湾および東南アジアの一部の国の行政機関の官僚、企業の役員、学者などを対象に発行する」となる。

＊24　2章注＊10を参照。

＊25　原爆と映画（『ゴジラ』など）や漫画アニメ（『はだしのゲン』など）といった大衆文化との関係を特集したのは、このシャンハイ・デイリーのほかにはスペインのエルパイス（六日）だけだった。

＊26　1章3節参照。

＊27　Inoue & Rinnert (2007).

参考文献

●日本語

井上泰浩（二〇〇六）「世界は「広島」をどう報じたか――原爆投下60周年報道の国際比較検証」『広島国際研究』一二巻、一〇三―一二七頁。

高田智之（二〇〇一）「China Dailyと『人民日報』の比較研究――歴史認識報道を中心に」『時事英語学研究』四〇号、一五―二六頁。

歩平（二〇〇二）「中国から見た原爆投下の意義と戦争の記憶をめぐる中日関係」『広島市立大学広島平和研究所HIROSHIMA RESEARCH NEWS』五巻二号、二―三頁。

●中国語

蔡麗娟（二〇〇六）「正視歴史　深刻反省――浅論"二戦"時期日本的軍刀和美国的原子弾」『理論学刊』二期、総一四四期、一〇九―一一一頁。

陳都明（二〇〇七）「従戦略角度看待中日関係」『当代世界』一二期、二三―二五頁。

陳力丹（二〇〇四）「試論党報工作伝統的調整」『新聞愛好者』六期、四―七頁。

陳生洛（二〇〇三）「中国大学生対日本的看法」『青年研究』一一期、二二―二九頁。
馮昭奎（二〇〇五）「中日関係――従歴史到未来」『世界経済与政治』九期、三五―四〇頁。
馮昭奎（二〇〇六）「対中日関係「政冷経熱」的再思考」『日本研究』二期、一―九頁。
高航（二〇一六）「関于『参考消息』的創刊及発展創新研究」『山西青年』一四巻、四期、八五―八六頁。
侯明東（二〇〇五）「広島長崎原子弾爆炸的回顧与反思」『現代物理知識』一八巻、一期、五六―六〇頁。
孫才順（一九九八）「対美国原子弾轟炸日本的再認識」『抗日戦争研究』一八一―一八七頁。
邢和明（二〇〇五）「美国投放原子弾、蘇聯出兵与国際社会的反映」『百年潮』八期、六〇―六七頁。
王洪鵬（二〇一五）「広島長崎原子弾爆炸在中国備受関注――記念世界第一顆原子爆弾成功七〇周年」『現代物理知識』二七巻、二期、六一―六五頁。
王勝今、衣保中（二〇一五）「中日関係的歴史与未来」『東北亜論壇』六期、総一二二期、一七―二二頁。
王士平、王洪鵬（二〇〇七）「原子弾在日本的爆炸在中国報界引起的反響」『第一一届中国科学技術史国際学術研討会論文集』三三〇―三三六頁。
王星宇（二〇一二）「中国大学生対日認知的問巻調査」『日本学刊』五期、一二五―一三四頁。
周勝林（二〇〇一）「論主流媒体」『新聞界』六期、一一―一二頁。
国家統計局（二〇二〇年）『中国統計年鑑２０２０』中国統計出版社 http://www.stats.gov.cn/tjsj/ndsj/2020/indexch.htm
中華日本学会、中国社会科学院日本研究所（二〇二〇）『日本青書――日本研究報告（二〇二〇）』社会科学文献出版社

●英語

Inoue, Yasuhiro & Carol Rinnert. (2007). "Editorial Reflections on Historical/Diplomatic Relations with Japan and the U.S.: International Newspaper Coverage of the 60th Anniversary of the Hiroshima Bombing." *Keio Communication Review*, v.29, pp. 59-83.

8章　韓国
——「封じ込め」対「共通の安全」における原爆史観

金栄鎬

1　はじめに——問題の所在と本章の構成

日本における原爆の想起は、しばしば「あの日の朝」「あの一瞬の閃光」から始まる。[*1] そしてそれは、二〇一六年五月に広島を訪問した時のオバマ前米大統領の「雲一つない晴れ渡った朝、死が空から降り……」発言と奇妙に符合する。他方、被爆させられた朝鮮半島出身者の原爆の想起は、植民地期の日本への渡航から始まる。[*2] また、栗原貞子が指摘したように「原爆はある晴れた日に突如として投下されたのではない」。[*3] 韓国における原爆投下の想起は、日本が引き起こした戦争の顚末であり植民地解放に連なるステレオタイプとしてしばしば描かれてきた。

このように日韓の原爆投下のイメージには対立と相克がある。

ここまでは比較的よく知られた論点であろうが、まだ不正確かつ不十分である。日本における原爆論が複数あるのと同様に、韓国におけるそれも複数あるからだ。それは単に多様であるというより、厳しい対立を内包する多元的なものである。

原爆投下と被爆地に向ける韓国からの視線の背景には、一．日本による植民地支配と、二．朝鮮半島出身の多数の原爆被害者に加えて、三．朝鮮戦争後の恒常的な南北対立と、四．韓国民主化後の米韓同盟認識の揺らぎがある。韓国の原爆論や被爆地イメージについて日本では一と二の条件からくるものは取り上げられても、三と四の条件からくる集合的記憶の多元性とその変化に言及されることはほとんどない。

本章では、2節で全国紙（韓国では中央紙という）をはじめとする韓国マスコミの特徴と新聞各紙の理念的な分布について考察する。3節では、本書の枠組みに従って原爆投下七五年の韓国の新聞紙面報道について紹介し考察する。[*4] 二〇二〇年の報道量は少なかったが、4節ではこれを補完する意味で、原爆投下五〇年以降の八月六日前後の社説やコラムや企画特集、そして報道時期にかかわらず原爆と被爆地を大きく取り上げた報道を概観し考察する。5節では、原爆と被爆地に関する韓国の報道や論説のパターン、つまりフレーミングについて若干の考察を行い結びとする。[*5]

なお、本書は原爆と広島に対する世界各地の報道を検証することが目的であるため、核兵器をめぐって韓国で最大の関心を集める北朝鮮の核問題については、4節・5節のわずかな言及を例外として、本章の考察対象から除外する。[*6]

2　韓国のマスコミ——保守系紙と進歩系紙

日本の全国紙に相当する韓国の中央紙は一四紙ある。そのうち有料販売部数トップ三は朝鮮日報、東亜日報、中央日報であり、それぞれ順に一一六万部、七三万部、六七万部である（いずれも二〇一九年）。[*7] この三紙はすべて保守系に分類される。三紙ともウェブ日本語版を持つ。金大中政権（一九九八―二〇〇三）以降に保守的論調を一層強め、「朝中東」という略称で一括りに呼ばれることがある。

中道・進歩系紙は有料販売部数七位のハンギョレ（「一つの民族」の意）、九位の韓国日報、一〇位の京郷新聞で、それぞれ順に一九万部、一七万部、一六万部である。[*8] この中で唯一、ウェブ日本語版をもつのはハンギョレである。

一九八七年を境に民主体制に移行した韓国では一九九八年に戦後初めて選挙による政権交代が起きた。それ以降、五年ごとの大統領選挙で中道・進歩系政権が二期一〇年、保守系政権が二期九年を統治し、二〇一七年以降は現在の進歩系の文在寅政権に至る。[*9] 一方、新聞中央紙の保守系と進歩系の間には販売部数に大きな格差がある。この不釣り合いをどうみたらよいだろうか。

二〇〇〇年代に入って韓国では急速にICT化が進んだが、インターネットでは長く進歩系の影響力が強いと言われた。オーマイニュースやプレシアンなどのネット新聞、ユーチューブチャンネルのニュース打破の影響力が知られている。[*10] また、近年では主な地上波ニュースやニュース専門チャンネルが中道・進歩系とみなされている。[*11]

新聞を含むマスコミの信頼度と影響力について韓国記者協会が定期的に調査をしている。信頼度一位は二〇一四—二〇一六年はハンギョレ、二〇一七—二〇一九年は総合編成チャンネルのJTBCニュース、二〇二〇年は朝鮮日報となっている。直近の二〇二〇年の新聞に限ってみると、朝鮮日報一〇・一％、京郷新聞七・四％、ハンギョレ七・四％、韓国日報四・八％、中央日報三・六％の順である。[*12]

また、東アジア研究院（EAI）が二〇二〇年四月に実施した調査（有効標本一〇〇三）のうち、報道を「ほぼ信頼している」「とても信頼している」という回答を合わせた数値は、朝鮮日報一六・八％、中央日報一五・五％、東亜日報一四・二％、ハンギョレ二四・七％、京郷新聞一五・六％、韓国日報一三・七％であった。[*13]

以上のように、地上波テレビ、ニュース専門チャンネル、インターネット・ニュースなどを含めたマスコミ全体を見渡すと、保守系と進歩系の影響力や信頼度はほぼ拮抗している。

韓国の新聞について日本と対比して言えば、次のようになろうか。読売新聞と産経新聞のみをもって「日本」を判断することができないように、朝鮮日報と東亜日報のみをもって「韓国」を判断できない。同じことは、朝日新聞・東京新聞とハンギョレ・京郷新聞についても言える。また、筆者がみてきた限りの経験からすれば、韓国の保守系の朝鮮日報・中央日報・東亜日報と進歩系のハンギョレ・京郷新聞の間の理念・政策距離は、日本の保守系の読売新聞・産経新聞とリベラル系の朝日新聞・東京新聞のそれよりも大きい。

3　原爆投下から七五年の韓国の報道

本書が調査対象とした二〇二〇年八月一日から一六日までの間の原爆や広島に関する紙面記事は少ない。特に、保守系の朝鮮日報、中央日報、中道系の韓国日報、進歩系の京郷新聞には原爆投下と被爆地広島に関する有意な記述を含む該当記事はなかった。ここで対象となるのは、保守系の東亜日報二本、進歩系のハンギョレ三本の記事である。また、一部ウェブ版の記事についても補足的に言及する。

保守系紙・東亜日報の報道

まず、東亜日報七日二三頁のトップ記事「日本原爆韓国人被害者の第一―第三世代まで『深層追跡調査』する」は、次のように指摘する。

二〇一九年の保健福祉部によれば、当時、韓国人は約七万人が被爆し四万人が死んだ。被害者のうち二万三〇〇〇人が帰国したものと把握されるが、二〇一八年八月に大韓赤十字社に登録されていた生存被害者数は二二八三人に過ぎない。

日本政府は朝鮮半島や台湾の植民地出身の被爆者についてこんにちまで公式的な調査を行っていない。上の引用で指摘された「七万人被爆、四万人死亡」という数字は、韓国人被爆者団体等による推定である。[*14]

民主化以前の韓国政府も被爆者調査・援護については極めて消極的であった。北朝鮮と対峙する上で米国との同盟を重視する反共主義・権威主義体制下の韓国では、核による被害や被爆者の人権は軽視された。韓国政府が被爆者の調査と援護に腰を上げるのは一九八〇年代末の民主化以降であり、被爆者支援制度が形成されるのはさらに遅れて二〇〇〇年代である。

二〇一六年五月、「韓国人原子爆弾被害者支援のための特別法」が国会を通過し、被害者の実態調査と医療支援の法的根拠が整った。韓国保健社会研究院は二〇一八年末から原子爆弾被害者現況および健康生活実態調査を行い去年四月にその結果を発表した。この結果によれば、原爆被害者第一世代の二三%は障害を持っており、寿命調査の結果とは異なり障害を経験している第二世代も八・六%にもなることが明らかになった。

次に、上の記事と同じ紙面に掲載された「広島原爆七五年……苦痛は依然だがいまだ核実験進行中」という囲み記事は、「一九九六年に国連はこのような甚だしい被害をもたらす核兵器の拡散を防ぐために包括的核実験禁止条約（CTBT）を採択し、現在一八四か国が署名した。しかし、今この瞬間にも核実験は静かに継続している。直接大規模な爆発を引き起こさないだけである」と指摘した。また、米国は一九九二年以降、核実験を中止したが、一九九五年から毎年四〇億ドルの研究費を投資して「仮想核実験」を行ってきたことや、潜水艦発射弾道ミサイルの核弾頭を改良してきたことにも言及した。

最後に、紙面に掲載されなかったウェブ版にはまた別の視点からの報道もみられる。六日発信記事「安倍、今年も戦争加害責任抜きに『唯一の被爆国』」は、広島平和記念式典の首相あいさつを報じた。そこでは、「自国の被爆を呼び起こした第二次大戦の加害責任はまったく論じていない」と指摘している。また、「核兵器禁止条約に署名せずに『核兵器なき世界』の実現を主張するのは矛盾だという指摘が多い。特に、日本は二〇一八年末基準で原子爆弾約六〇〇〇個を作れる四五・七トン規模のプルトニウムを保有している」として、日本政府の「核廃絶」アピールの矛盾を指摘している。

進歩系紙・ハンギョレの報道

まず、ハンギョレ五日一四頁のトップ記事「原子爆弾被爆後遺症は子孫に遺伝するのか?」は、先の東亜日報の記事と同じ被爆後遺症の研究に関するものである。「原子爆弾被爆犠牲者一〇〇〇名余の位牌を祀った慶南陜川郡原爆被害者慰霊閣で青少年が参拝している」という写真も掲載されている。被爆二世の集まりである「陜川平和の家」[*15]事務局長は、「研究を始めるという連絡を受けた時はまず怒った。解放されてから八〇年近くの歳月が流れた。被爆第一世代はすでに大部分が亡くなり、後遺症を引き継いだ第二世代も多くが命を失った。それなのに、今まで何をしていたのか政府に問い質したい」と述べている。

次に、一四日二二頁下段の日本特派員コラム「アリガトー! 丸木夫妻」は、画家の故・丸木位里・俊夫妻の『原爆の図』について言及する。[*16]

やっと抑えていた感情が一四番目の絵である「カラス」の前で崩れた。白いチョゴリをみた瞬間、カラスの群れの下に積み重ねられた死骸が朝鮮人だということがわかった。絵の下にこんな話もついていた。「一番後まで残った死骸は朝鮮人だったとよ。カラスは空から飛んできた。死骸まで差別される朝鮮人……」

彼らはなぜそこにいたのだろうか？　それぞれの事情があるだろうが、広島と長崎には三菱などの軍需工場があり、朝鮮人の強制労働者が多かった。

丸木夫妻は戦争の無残さだけでなく日本が加害者の位置だったことと正面から向き合った。〈原爆の図〉一五点以後も一九三七年の日中戦争時に日本軍が民間人を無差別に殺した「南京大虐殺」などの絵を描いた。美術館の前には一九二三年の関東大地震当時の朝鮮人虐殺の蛮行を忘れまいという意味で「痛恨の碑」も建てられている。

後述（4節）するように、韓国のマスコミ論調では原爆投下に対して日本の植民地支配や労務動員の加害責任を対置する傾向が保守系と進歩系を問わず広くみられるとともに、このハンギョレのコラムのように日本で原爆被害と戦争加害に向き合う人々への関心と注目も見出すことができる。

最後に、一三日二〇頁の上段半分に「日本の代わりに私たちが分断された理由」というチョン・ビョンホ漢陽大学教授の論評が掲載されている。この論評は、「なぜ敗戦国の日本ではなく朝鮮が分断されたのだろうか？」「日本分割計画がなぜそのまま実施されずに、無理に朝鮮が代わりに分断されたのだろうか？」という問いを考察していく。

> 最後の一人まで戦うと言っていた日本は、なぜ急いで八月一五日に降伏したのか？　これまでは主に原爆投下のためだと言われていた。しかし在米日本学者の長谷川毅教授（1章8節参照――引用者）は原爆投下よりソ連の参戦がより決定的だったという。ソ連が参加する日本分割を避け、天皇制を守るためだったというのである。原爆のために降伏したという主張は、米国の日本列島単独占領を下支えした。……
> ソ連は八月九日に開戦するやいなや満洲と南サ

> ハリンに進撃し、一日で咸鏡北道雄基を占領した。翌日の一〇日、日本は降伏の意思を知らせてきた。米軍少佐ディーン・ラスクは一夜のうちに朝鮮の三八度線を分割占領線として提案した。ソ連軍の北海道上陸は時間の問題だった。日本の天皇は八月一五日に「終戦（敗戦でも降伏でもない）宣言」をした。日本が最も怖れていたソ連が参加する日本列島分割占領は避けられるだけの早い降伏だった。

この論評は、原爆投下が日本降伏をもたらしたとする見方を相対化するとともに、戦争責任がある敗戦国・日本ではなく、解放国・朝鮮が分断されるに至ったパワー・ポリティクスへの批判的認識を示している。

> 米国は、ソ連の参戦を催促すると同時に原子爆弾の開発を急いだ。爆弾が作られるや戦争を早く終わらせようと数十万の人口の都市に二度も

> 原爆を投下した。新兵器の威力を誇示し戦後の覇権をうち固めようとする目的もあった。ソ連は侵攻の日を早めて日本占領の分け前を得ようとした。天皇制を守ろうと降伏を遅らせた日本と、東アジアの秩序を自分の側に有利にしようとした強大国の戦略のために、数百万が犠牲にされ、民族の運命が分かれた。

この論評には、戦争指導者たちが国体護持のために降伏を引き延ばした末に原爆投下を招いたとする「招爆責任論」と、ソ連牽制と戦後の東アジア政策のための米国による原爆投下という冷戦史修正主義研究の反映を見出すことができる。[*17]

4　原爆投下から七五年以前の韓国の報道

二〇二〇年の韓国における報道は少なかったが、それ以前はどうであろうか。原爆と被爆地に関する報道が多かった年もあるが、何が韓国における関心を惹きつけたのであろうか。二〇二〇年八月前半の期間という限定を外せば、長期間にわたる記事は膨大な量に上る。ここでは原爆と被爆地に関する報道のうち社説やコラム、企画特集の類を中心に概観する。

一九九六年原爆ドームの世界遺産登録

一九九五年、米国のスミソニアン航空宇宙博物館の原爆展示計画をめぐり、日米の記憶と認識の差異が改めて浮き彫りになった。

原爆をめぐる記憶と認識の差異は、日米間や米国内、日本国内だけでなく、日本と旧植民地アジアの間にもあり、民主化後の韓国でも一九九六年の広島の原爆ドームの世界遺産登録は原爆と被爆地への関心を集めた。

まず、韓国日報の社説「広島原爆ドーム『世界遺産』、不当だ」（一九九六年一二月七日）は次のように指摘する。

日本がいまだ戦後清算をせずに第二次大戦を「アジア解放戦争」へと合理化しようと躍起になっている状況で、戦争挑発という蛮行によって生じた原爆ドームがいかにして世界遺産に登録されうるのか理解できない。……日本は原爆の恐ろしさを後世に知らせなければならないという名分からこれを申請したという。しかし、この間、原爆が投下された原因は排除し、その被害ばかり広く知らせてきた日本の態度をみれば、その底意は明らかだ。日本は第二次大戦の被害者は日本であり、米国は加害者だという公式を合理化するのにこれを積極的に活用するはずである。

「原爆投下の原因」を除外し、「被害ばかり」を主張する日本というフレーズは、広く韓国マスコミにみられるメディア・フレーム（1章4節参照）と言ってよい。ただし、日本が「米国は加害者だという公式を合理化する」ことに活用しようとしているという指摘は、日本の政府、広島県・市、世論の主流に関して言えばまったく的外れであろう。

次に、朝鮮日報の東京特派員によるコラム「記者手帳　反省なき『被爆日本』」（一九九七年八月九日）は、前年に世界遺産に指定された原爆ドームに言及しながら、次のように指摘した。

> だが、日本は『純粋な被害者』に過ぎなかったのか。原爆投下は「避けたい悲劇」だったが、「軍国主義日本」の降伏を引き出し、侵略戦争を終わらせた決定的な契機であり、韓国民はまさにその原爆の結果として独立を得た。

このコラムの原爆史観は、米国の投下不可避論と植民地解放論の「共犯」の典型と言える。[*18] また、「純粋な被害者」を想定していることは、コラムニストの社会認識の浅薄さを露呈している。ただ、見逃せないのは、コラムの最後を次のように結んでいることである。

> 先月、本島・前長崎市長はあるセミナーで「日本が戦争を反省するならば、原爆ドームを世界遺産に登録してはならなかった」と主張した。このように語った彼は、日本で「反平和主義者」に追いやられている。

本島等・元長崎市長の発言が同年四月の論文「広島よ、おごるなかれ」に基づくものであることは容易に推測できる。[*19] 本島の思考は、個々の発言に踏み込み過ぎがあるとはいえ、被爆地の核廃絶論にアジアからの信頼を得ようとする苦悶の表れであったと筆者は考える。これに対して、本島発言に便乗した朝鮮日報のコラムの指摘は、繰り返すが、「原爆投下不可避論と植民地解放論の共犯」であろう。

しかし、その後に中国が七三一部隊や南京虐殺の世界遺産登録を試み、韓国・日本・中国・台湾などの民間団体が日本軍「慰安婦」資料の世界遺産登録を推進すると、日本政府が強く反対し、ユネスコへの登録金支出を凍結した。このことによって、「被害ばかりを主張する日本」というメディア・フレームは、弱まるどころか強められたようだ。

さらに、二〇一五年の「明治日本の産業革命遺産」の世界遺産登録に当たり、戦時中の朝鮮半島出身者の労務動員・強制連行の史実についてまったく触れなかったことを韓国政府は批判し、新聞各紙も取り上げた。

京郷新聞の社説「世界遺産が日本の過去の洗濯場に転落してこそ」（二〇一五年四月四日）は、次のように批判している。

もちろん日本がアウシュヴィッツ収容所のように「負の遺産」として登録しようとするならば、問題はないだろう。九州と山口などの候補地は六万人に近い韓国人が日帝強占期（強制占領の意味――引用者）に強制徴用された場所である。長崎造船所では原爆投下によって一八〇〇人以上の朝鮮人が大量死にあった。端島は朝鮮人数百人が海底一〇〇〇メートルの炭鉱で一日一二時間の強制労働に苦しんだ所だった。……日本は一九九六年に米国・中国などの反対を押し切って広島原爆ドームを世界遺産に登録したことがある。日本は当時の侵略戦争の加害者であることはすっかり排して原爆の被害者という点ばかりを浮き彫りにした。ユネスコ世界遺産が日本の恥ずかしい歴史を消す「洗濯場」へと転落しているのではないのかという憂慮が噴出するわけである。

原爆ドームの世界遺産登録後二〇数年間の韓国の社説や特派員コラムには、原爆投下不可避論と植民地解放論が保守系紙にみられるとともに、日本の加害の歴史を覆い隠すものという指摘が中道・保守・進歩系三紙に共通してみられた。そして、この後者の共通イメージは、その後の中国や韓国などのアジアからの戦争被害資料の世界遺産登録に日本政府が反対したことで、弱まるよりも強まった感がある。

二〇〇五年の光復節企画

原爆投下六〇年であった二〇〇五年には、社説こそ少ないものの、八月の光復節（解放記念日）の企画特集などを通して原爆や被爆地に関する新聞の扱いが比較的多かったと言える。その中から韓国における原爆と被爆地に対する見方をよく示していると思われる報道をみてみよう。

まず、東亜日報の八月六日「光復六〇周年企画　原子爆弾投下六〇周年、日本・広島ルポ」がある。

人類史上最初の原子爆弾が投下されてから六日で六〇周年。五日、日本の広島市内の「平和記念公園」と原爆投下当時のさびれた鉄骨がそのまま保存された「原爆ドーム」周辺は、参拝客と反戦反核団体会員、取材陣で大変に混みあっていた。行事内容は、ほぼ日帝の侵略への反省には顔を背けたまま、「加害者」米国ばかりを批判するもので、日本社会全般の国粋主義化と脈をともにするのではないかという憂慮を抱かせた。

また、記事は「公園のあちこちでは反戦反核を標榜する民間団体会員」たちによる「罪のない子供、婦人、年寄りを虐殺した米国に謝罪を要求する」署名活動に言及し、公園内で行われた当時の惨状を伝える展示会について「大部分が日本の原爆被害ばかりを強調するだけで、日帝のアジア侵略戦争による惨状は無視した」と切り捨てた。

このほかにも同紙の企画には「広島、強い反米運動、なぜ？」という記事があり、米軍再編計画や厚木基地機能の岩国基地への移転問題などを取り上げている。

東亜日報のルポが広島の八月に見出した「反米」は、先にみた原爆ドーム世界遺産登録に関する韓国日報の社説がそうであったように、「広島」の事実の一面を誇張したものと言えるだろう。同紙が取材したのは八月五日であって、八月六日の広島にみられる主旋律は決して反米ではない。むしろ、沖縄とは異なり、行政が主導する広島の反核・非核アピールには日米同盟への批判が入り込む余地は小さい。一九九七年八月六日の広島平和宣言で平岡敬市長が「核の傘」に頼らない安全保障を主張したのがほぼ唯一の例外だろう。広島の隣の岩国基地問題についても「反米」に一括りにするのは実態にそぐわない。他方、被爆地の行政主導ではない市民社会運動には日米同盟や「核の傘」への批判がある。東亜日報のルポはこれに嚙みついたのである。

では、なぜ韓国の保守系紙は被爆地の市民社会運動の日米同盟批判に不満を持ち、広島からの声を「反米」と誇張したのだろうか。この背景には、被爆地・広島をめぐる事実よりも、北朝鮮の核問題と米韓同盟をめぐる韓国内の政治対立が大きく影響しているとみられる。

二〇〇五年前後の韓国では、二〇〇二年のブッシュ大統領の先制行動ドクトリンや米軍犯罪問題などで市民社会における反米感情が高まった。ソウルでのろうそく集会には少なくみても数十万人が集まるほどだった。日本政府に抗議する集会が多くても数千人であるのと比べると桁が違う。また、当時の進歩系の盧武鉉政権（二〇〇三―二〇〇八）は北朝鮮核問題の平和的解決を主張し米韓同盟とは距離をとる傾向にあった。[*20] こうした国内政治において他の保守系紙とともに東亜日報は、米韓同盟に批判的な世論に強い警戒を示し、進歩系の盧武鉉政権と激しく対立していた。

北朝鮮と米韓同盟に対する東亜日報の認識が原爆

投下への歴史認識に影響しているであろうことは、前年の同紙の光復節企画からも窺い知ることができる。特別取材チームの手になる「光復五年史の争点の再照明　第一部　①何が日帝の降伏を早めたのか」（二〇〇四年八月一五日）は、次のように結論づけた。

すでに終戦を追求していた日本政府の降伏を最終的に導いたのは米国の原爆投下だったことがわかる。言い換えれば、ソ連軍の参戦がなくとも日本は降伏していただろうし、そうであればソ連軍の北韓（北朝鮮）占領もなかっただろう。

原爆投下を日本降伏の主要因とみなし、ソ連参戦の要因を過小評価する東亜日報特別取材チームの歴史認識は、南北和解と対米自主性に傾きつつあった世論と盧武鉉政権に対抗し、北朝鮮の脅威と米韓同盟を重視する同紙の視線につながっている。そのような視線が当時の広島や岩国に投影されたのが先の広島ルポと考えられる。原爆と広島を報じる東亜日報のフレーミングには、北朝鮮の脅威と米韓同盟を重視する保守系の「圧力と封じ込め」フレームが影響しており、それは南北和解と対米自主性を重視する進歩系の「共通の安全保障」フレームと対立関係にある。*21

原爆投下六〇年の二〇〇五年には他紙も比較的多く、大きく、八月の広島を取り上げた。そこでもう一つ、中道系の韓国日報の「広島被爆六〇周年、現地ルポ」（八月五日）をみてみよう。

六〇年前のここは地獄だった……瞬間摂氏一〇〇万度の熱戦は地上を三〇〇〇～四〇〇〇度の溶鉱炉に変えた……激しい爆風と放射線、死の灰の暴雨も後に続いた……三五万人のうち一三万五〇〇〇人（広島市推定）の命を奪った……その中には在日同胞と徴用朝鮮人二万八〇〇〇人（民団推定）が含まれていた。

ルポはまた、「韓国人原爆慰霊碑」について「橋の下から公園の中へわずか二〇〇メートルを移すのに二〇年かかった」ことを述べている。とはいえ、先述した原爆ドームの世界遺産登録の際には韓国紙の中でも最も強く批判していた韓国日報が、原爆投下六〇年に被爆地の当時の惨状を含むルポを載せたのは、先にみた東亜日報や朝鮮日報が原爆投下＝植民地解放とみていたのに照らせば、注目してよい。

　ルポの後半では「核戦争がどれだけ恐ろしいかを切実に悟らせる」一方で、「心の一隅にわからない空虚さ」も付きまとったと指摘し、平和首長会議に中国と韓国の都市が参加していないことと、日本が主張する平和について問題を投げかけたうえで、次のように締めくくっている。

　広島は愚かな人類の生存のために真の聖地としての位置を占めなければならないと思う。六〇年の間「核廃絶」と「平和」を誓ってきた広島市民には十分な資格と能力があると思う。しかし、真の聖地になるためには、原子爆弾を落とした国はもちろん、核攻撃を招いた国家も心から謝罪して反省しなければならないだろう。真の聖地に生まれ変わるためには侵略されたアジアの国々と手をとって真の平和を実現しなければならないだろう。広島のメッセージはそれだと思った。

二〇一三年の「原爆は神の懲罰」コラム

原爆に関する韓国のマスコミ報道で大きく取り上げられたものに、保守系紙・中央日報の金《キム》璡《ジン》論説委員が書いた「安倍、マルタの復讐を忘れたか」（二〇一三年五月二〇日）がある。日本でも大きく取り上げられたが、韓国内でどのような批判を呼び起こしたのかは日本のマスコミでほとんど取り上げられなかった。むしろ日本ではこのコラムがあたかも韓国における原爆史観そのものであるかのような扱いを受けた。しかし、事実はそうではない。

　中央日報の問題となった件のコラムの論点は最初

の二つの段落に集約されている。

神は人間の手を借りて人間の悪行を懲罰したりする。最も過酷な刑罰が大規模な空襲だ。歴史には代表的な落雷が二つある。第二次世界大戦が終盤に突入していた一九四五年二月、ドイツのドレスデンが燃えた。六か月後、日本の広島と長崎に原子爆弾が落ちた。

これらの爆撃は神の懲罰であり、人間の復讐だった。ドレスデンはナチに虐殺されたユダヤ人の復讐だった。広島と長崎は日本軍国主義の犠牲にされたアジア人の復讐だった。特に、七三一部隊の生体実験に動員されたマルタ（丸太）の復讐だった。同じ復讐だったが、結果は異なる。ドイツは精神を変え新しい国に生まれ変わった。しかし、日本は変わっていない。

金論説委員が原爆投下を「マルタの復讐」と書いた背景には、同月一二日に安倍首相（当時）が航空自衛隊松島基地を訪れて試乗した戦闘機の番号が「七三一」であったことと、戦前日本軍の石井七三一部隊が中国で行った生体実験を関連づけたことが挙げられる。また、同月一三日の橋下・日本維新の会共同代表・大阪市長（当時）の「戦場に慰安婦が必要だったことは誰にでもわかる」という主旨の発言も考慮されたことが推測できる。

しかし、このことを勘案しても、同コラムが非論理的であることは一目瞭然である。まず、「犠牲者の復讐」を「神の懲罰」に等置する論理的根拠は皆無である。次に、「神」を持ち出すことで核使用を正当化する暴論となりかねない。さらに、被爆者の中には労務動員、強制連行、生活苦、家族同居などの理由から渡日し滞在していた朝鮮半島出身者が多数いる。

松井一實・広島市長は「被爆者の苦痛と被爆者の核兵器廃棄要求に同感する韓日両国の多くの人々を傷つけるということがなぜわからないのか」と批判した（中央日報同年五月二四日、京郷新聞同月同日）。

他方、菅義偉・官房長官（当時）は「日本は唯一の被爆国なので、原爆に関するこうした認識は断じて容認することはできない」と述べた（ＮＨＫニュース同年五月二三日）。

松井広島市長の批判は被爆者をはじめとする「韓日両国の多くの人々」の視座からなされており、次に述べる韓国における批判とも通じるはずである。しかし、菅長官の発言は原爆投下による被爆体験と記憶を「唯一の被爆国」という国家主体に還元し、論点をすり替えている。[*22]「唯一の被爆国だから容認できない」という語法が「唯一の被爆国でなければ容認できる」を内包する点でも問題が大きい。さらに、日本ではＳＮＳやブログはもちろん一部全国紙のコラムにも「一種の反日病」、「（韓国の）全マスコミがみんな大まじめ」、「上から下まで官民一体の反日主義国家」、「国民こぞって拍手喝采しかねない」などの声があふれた。[*23]

他方、中央日報のコラムに対して韓国内ではどのような反響があったのか。

ハンギョレ同年五月三〇日の東京特派員コラム「原爆は神の懲罰ではない」は次のように述べる。

米国は日本との戦いで勝利するための軍事的理由からではなく、ソ連が戦争に参加する前に力を誇示するための外交的目的に原爆を使った。広島と長崎には兵站施設が少なくなかったが、戦争とは無関係な民間人の犠牲もおびただしかった……

日本軍国主義の誤りに対する責任をそのように問うことは、決して神の意志であるはずがない。さらに原爆被害者の二〇％ほどが、日本に連れて行かれたり生計のために渡日した罪のない韓国人だった……

安倍晋三総理が率いる日本の自民党政権が行く道は非常に憂慮される。彼らは侵略の歴史を否認しようとして過去の歴史を反省しないまま、武装を整えて戦争に参加できる道を開こうとしている。

しかし、これに対する批判が復讐感情に根差したものであってはならないと考える。私たちは、悪行を犯した者に神が理不尽な火雷を下すのを願う代わりに、そのような悲劇的な戦争が繰り返されないよう、核兵器のような非人道的な兵器が再び使われないようにするために、日本の行方を警戒することだ。

また、進歩系のインターネット新聞オーマイニュースは五月二七日の解説「金璡『中央』論説委員殿、『神の懲罰』と言いながら」は、同論説委員が「国民が三日我慢してくれれば」という三年前のコラム（中央日報二〇一〇年五月二三日）で、北朝鮮への武力報復を主張し、「万一それで局地戦や全面戦が起きれば、それは絶対にダメなことなのだろうか。局地戦や全面戦が北朝鮮政権にとって地震となり、自由民主統一の機会が早まるならば、それが悪いことなのか」と書いていたことを引き合いに出し、「膺《よう》懲《ちょう》だけを掲げて犠牲者は目に入らない」「武力挑発の扇動と人権感受性の不足という側面からみれば、『国民が三日我慢してくれれば』と『安倍、マルタの復讐を忘れたか』は一卵性双生児」と述べた。[*24]

さらに、京郷新聞は五月二四日の署名入り記事「『原爆は神の懲罰』中央日報コラムに日本ざわつく」で日韓のマスコミやネットの反応を概観しながら、「戦争犯罪の問題を『被害者民族』の観点から抜け出し人権の問題として考えるのが正しい」「慰安婦問題を戦争犯罪とみなす世界人の視線は金璡の考えをも容認しない」というメディア評論家のコラムの引用で締めくくった。

金璡コラムへの批判は保守系紙・中道系紙にも掲載された。とはいえ、「神の懲罰」論が武力肯定と通底することを批判し、米国の原爆投下責任に言及するのは進歩系紙に顕著である。この背景には、先にもみたように北朝鮮の核問題への脅威認識と米韓同盟をめぐる進歩系と保守系の認識対立、つまり、対話・交渉による解決論と制裁・圧力による解決論の対立があると考えられる。

ところで、「神の懲罰」コラムについて、こうした考えは他のアジアにもあるが、マスコミが公然と主張するのは中韓だけであり、日本を嫌う「国民感情」が反映しているという主旨の考察がある。[*25] しかし、韓国の日本への「国民感情」では日本の国家やその政策と日本人・日本文化などが識別されている。[*26] ゆえに、このコラム問題を韓国の対日感情から説明するのは無理がある。

また、先述したように、「神の懲罰」コラム批判の中でも米国の原爆投下責任や武力行使批判に踏み込んだ議論は進歩系紙に多くみられた。このコラム問題は日本（人）への対外感情やアイデンティティの視角にとどまらず、北朝鮮と米韓同盟をめぐる韓国内の認識対立の問題、言い換えれば、脅威認識と同盟政策という国際・国内政治をまたぐ安全保障論の視角から説明することができる。[*27]

二〇一六年オバマ大統領の広島訪問

一九九〇年以降の中央六紙の社説を検索した結果

は、二〇一六年が突出して多かった。オバマ大統領の広島訪問があった年である。各紙の論調をみる前に、中央六紙の社説にほぼ共通していると思われる論点を先取りして提示しよう。

第一に、核軍縮・核廃絶の機運を高めるとして歓迎しその意義を認めつつも、加害国を被害国にし原爆を招いた責任が隠蔽されるという憂慮と警戒である。

第二に、安倍政権の下で集団的自衛権の行使が追求され、日本の平和憲法が変更されようとしており、歴史清算なきまま日米同盟が強化されることに批判的である。

第三に、オバマ政権の「核なき世界」のビジョンと多額の予算を投入する核兵器近代化計画の矛盾を指摘し、朝鮮半島非核化構想の欠如を惜しむ言及が多い。

ただし、第二、第三に挙げた点については、保守系紙・中道系紙・進歩系紙の間に共通点の中にも差異がみられる。

進歩系・中道系紙の社説では日米同盟の強化が北朝鮮の核問題の平和的解決に支障をもたらすとみる傾向があるのに対して、保守系紙の社説では同盟強化を歓迎し韓国も積極的に寄与すべきとする傾向がある。

また、オバマ政権の「戦略的忍耐」の下に北朝鮮の核開発が進展してしまったことから、保守系紙・進歩系紙ともに朝鮮半島非核化への米国の関与を求めるが、関与のあり方については圧力vs.対話の重点の差異がある。

京郷新聞四月二五日の社説「オバマの広島訪問を待ちかねる安倍へ」は、岸田外相（当時）が「何度も米国に謝罪を要求しないことを明らかにしてきた」ことから、「オバマの謝罪のいかんは安倍政権にはそれほど大きな意味はない」と述べつつ、「戦争被害国のイメージを極大化させ、通常の国家に生まれ変わろうとする安倍政権に翼をつけてやるだろうという観測」を指摘した。

ハンギョレ五月一一日の社説「オバマの広島訪問が成果を挙げるならば」は、「戦時とはいえ二〇万人以上の民間人を一度に死なせたのは大きな過ちだ」と述べ、続いて「米国は現在、アジア・リバランス政策を掲げ、日米同盟に一層力を注いでいる。日本は、米国の動きに積極的に呼応しながら過去の歴史に対する責任から抜け出そうとしている」と指摘した。

韓国日報五月一一日の社説「オバマの広島訪問、日本の歴史責任を曇らせてはならない」も、「原爆投下を招いた戦争責任には一言半句の言葉もなかった。むしろ集団的自衛権行使のための憲法解釈の変更などを介して、戦争ができる国に回帰している」と指摘した。

中央日報五月一一日の社説「オバマの性急な広島訪問は遺憾だ」は、「太平洋戦争は終わったが、核攻撃の決定の正当性に関する議論は今も続いている。しかし、被爆の惨禍を招来した原因提供者は日本自身である事実には議論の余地はない」と指摘した。

朝鮮日報五月一二日の社説「広島に行く米大統領、

日本『被害者のふり』には線を引くべき」は、「原爆の悲劇は、日本帝国主義が起こした戦争と犯した蛮行の結果だ」「日本は自ら引き起こした戦争への持続的で真正性ある謝罪を回避している」と指摘した。

オバマ広島訪問の二七日にも各紙が一斉に社説で報じた。

ハンギョレ五月二七日の社説「方向を誤ったオバマの広島訪問」は、「オバマ大統領は、原爆投下で罪のない民間人が多大な被害を受けたことについて明確に謝罪しなかった」「オバマ大統領は……『過去の敵も最も強力な同盟国になることができるという面で地球村に和解の可能性を示す』と述べた。今回の訪問の核心目的が日米同盟の強化にあるという意味だ」と批判した。

京郷新聞五月二七日の社説「安倍と同行したオバマの広島訪問が逸したこと」は、原爆投下への謝罪がなかったことと、韓国人原爆犠牲者に言及はしたが同じ公園内の慰霊碑には行かなかったことを「残念」と述べ、「核のない世界」が「空虚なスローガン」にとどまり、「むしろ、米国政府は核兵器の改良のために数兆ドルを投入することにするなど、二重的に振る舞っている」、「ただちに北朝鮮の核問題への消極的な態度から改めるべき」と批判した。

東亜日報五月二八日の社説「日本の原爆慰霊碑を訪れた米オバマ、北朝鮮の核の解決はどうなるのか」は、「彼は原爆投下に対する謝罪をしなかったが、安倍晋三日本総理と並んで献花し、日本人被害者を抱擁する様子を世界にみせただけでも、『被害者イメージ』を政治的に利用しようとする安倍政権に免罪符を与えたものに他ならない」と批判した。

オバマの広島訪問への答礼として安倍は同年末に真珠湾を訪問し、歴代首相の中で初めてアリゾナ記念館を訪れた。

中央日報一二月二七日の社説「不十分ながらも注目する真珠湾訪問」は、米大統領選挙でトランプが当選すると「安倍は即刻ニューヨークへ飛び、素早く彼と会った。このような安倍の機敏性をわが国の政治人も見習うべきである」と指摘した。しかし、「米国にのみ和解のジェスチャーを送るならば、目の前の国益のみを追求する狭い行動」と指摘した。

ハンギョレ一二月二八日の社説「過去の反省のない『安倍外交』の二律背反」は、「韓国と中国の犠牲者にはなぜ追悼しないのか」、「朴槿恵政府は、日本の過去の歴史責任をはっきりと問い東アジアの平和構造の定着を図るどころか、日米同盟の忠実な下位パートナーに編入される道を進んでいる」と指摘した。

米国との和解を唱えつつもアジアの被害者に応えないことを批判している点では、保守系の中央日報と進歩系のハンギョレは共通するが、トランプ政権出発に先立って素早く会談した安倍を「見習うべき」とした中央日報と、朴槿恵政権の「日米同盟の下位パートナー」化を批判するハンギョレの間には、安全保障と対米同盟に対する認識の差異が表れていると言える。

5　おわりに——まとめと若干の考察

本章でみた韓国における原爆と被爆地に関する報道では、米国の原爆投下責任、原爆による民間人大量殺傷、放射能被害の持続性と特殊性、核兵器の非人道性、国際平和における被爆地の役割などについて、様々に言及されていたということができる。[*28] 日本における原爆論が多様であるように、韓国のそれも一様ではなく多元的である。

ただし、そのうえで、新聞記事に反映される限りでの韓国における原爆と被爆地への視線に批判的な観点が強く表れていることも、本章でみた報道から言えるだろう。原爆と被爆地に向ける韓国からの批判的な視線は、次のようにいくつかの頻出するキー・フレーズ（フレーム）にまとめることができると思われる。

「韓国は二番目に多い原爆被害国であり、日本は唯一の被爆国ではない」
「原爆投下は国体護持に固執して降伏を引き延ばした日本自身が招いた惨事」
「日本政府の平和アピールは加害国を被害国に偽装している」
「日本は原爆の被害ばかりを強調する前に自らの戦争加害を清算すべき」

キー・フレーズに単純化してみた韓国からの視線は、しかし、韓国に固有のものとばかりは言い切れない。特に、日本における過去から現在に至る数多くの原爆論との対比を念頭に改めて見直してみよう。

「日本は唯一の被爆国ではない」という議論は、遅くとも一九七〇年代初めには被爆地をはじめとする日本のジャーナリスト、文化人、研究者、社会運動家などが掲げてきた論点である。[*29]

「原爆投下を招いた日本政府の責任」という議論は、

岩松繁俊の「招爆責任論」と共通するものがある。[*30] なお、岩松はこうした視点から、日本における原爆被害の意識はむしろ弱く不徹底であり、原爆の被害意識を徹底することで、アジアの原爆被害者との「苦痛の共有」ができるとも述べている。[*31]

「加害国を被害国に偽装」というフレーズは、被爆者にではなく日本政府に向けられたものとはいえ非常に辛辣であるが、これと共通する立論は、「広島と長崎を思い出すことは、南京、バターン、ビルマ—シャム鉄道（泰緬鉄道）、マニラ、そしてこれらの場所の名前が非日本人にとって意味する数えきれない日本の残虐を、容易に忘れる方法になった」と書いたジョン・ダワーにもみられる。[*32]

「被害を言う前に加害を清算すべき」とする主張は、本多勝一の一九九〇年の議論と共通する。[*33] 一九九〇年代の前半から原爆投下五〇年・戦後五〇年を前後する時期は日本でも戦争被害だけでなく戦争加害を振り返るピークであったように思われるが、その後に起きたバックラッシュ（揺り戻し）により日本における加害責任の議論は後景に退いた。

以上にみた原爆と被爆地に関する韓国メディアのフレーミングは、「ヒロシマの脱歴史化」への批判ということができると思われる。[*34]「過ち」は原爆を投下した米国や戦争を引き起こした日本ではなく「人類」と「文明」にあるとする被爆地の「普遍主義」は、原爆投下に至る歴史的文脈を消してしまう=「脱歴史化」として捉えられるのである。[*35]

ここまでは韓国の保守系と進歩系に強弱や頻度の違いはあってもほぼ共通するキー・フレーズであり、したがって、メディア・フレームと言えるだろうが、次の論点をめぐっては保守系と進歩系の間に無視できない差異がみられた。

保守系　「原爆投下で日本は降伏し植民地が解放された」

進歩系　「原爆投下はソ連牽制が目的であり、民間人虐殺である」

まず、原爆投下と日本の降伏そして植民地解放の関係が長い間にわたって学術研究で活発に議論されてきたことは、民主化後・冷戦後の韓国でも知られるようになっている。そのうえで、「ソ連牽制説」などの冷戦史修正主義学説（1章注＊8参照）の影響は保守系紙よりも進歩系紙に強く反映されている。

この背景には、朝鮮半島の分断、韓国政府の樹立、朝鮮戦争に至る終戦から戦後にかけての歴史再評価とイデオロギーが作用しているとみられる。つまり、一方の保守系の源流である反共主義・抑圧体制のエリートは、そのイデオロギーからソ連参戦が日本降伏（したがってその後の解放）に及ぼした影響を過小評価しがちである。[*36] 他方の進歩系の源流である民主化運動は、朝鮮半島の分断と戦後韓国の権威主義支配に対する米韓同盟の影響力を批判してきたため、日本降伏と植民地解放への米国の役割を相対的にみる傾向がある。

次に、韓国の報道では日本の戦争責任だけでなく米国の原爆投下責任に言及する論調は、ほぼ進歩系紙に限られていた。
　この背景には、北朝鮮と米韓同盟に対する保守系と進歩系の認識対立が影響していると考えられる。「敵」に対する「圧力と封じ込め」で脅威からの安全を保障するために対米同盟と武力行使を重視する議論は、「原爆投下不可避論と植民地解放論の共犯性」の枠組みに収まることになる一方、脅威をなくすために「敵」とともに「共通の安全」を実現しようとして対米同盟と武力行使に慎重な議論は、「植民地解放論」を引きずりつつも原爆投下責任論に接続していると考えられる。

注（韓国語文献には冒頭に◎を付し、筆者の責任で日本語訳のみを示す）

＊1　市場淳子（二〇〇五）一一四―一一五頁。平岡敬（二〇一二）二七〇頁。
＊2　平岡敬（一九八三）二八〇頁。丸屋博・石川逸子編（二〇〇六）。
＊3　栗原貞子（一九七五）一三八頁、二五九頁。
＊4　新聞記事の検索には、BIG KINDSとPress Readerを使用し、本書編者の井上泰浩教授が国立図書館等で収集した原文記事で確認した。
＊5　フレーミングの定義などについては本書1章4節参照。
＊6　北朝鮮の核も含めた韓国における原爆投下と被爆地への視線については、金栄鎬（二〇一四ａ）を参照。
＊7　◎韓国ＡＢＣ協会（二〇二〇ａ）（二〇二〇ｂ）。
＊8　◎韓国ＡＢＣ協会（二〇二〇ａ）（二〇二〇ｂ）。
＊9　現代韓国政治における保守と進歩については、金栄鎬（二〇一七）を参照。
＊10　◎金ソンフ（二〇二〇）。
＊11　◎ハン・ギュソプ、ノ・ソネ（二〇二〇）。
＊12　◎金ソンフ（二〇二〇）。
＊13　◎李淑鍾ほか（二〇二〇）四三四―四三六頁。
＊14　この推定は、後の八〇年代末に長崎の市民団体が行った調査と「大きな開きがなく」「実態に近い」と言う。市場淳子（二〇〇五）二七―二八頁。
＊15　「韓国のヒロシマ」と言われる慶尚南道の陜川（ハプチョン）については、市場淳子（二〇〇五）。
＊16　このコラムのタイトルの「アリガトー」は、韓国語の「고마워요」ではなく、日本語の「아리가토」が使われている。

*17 「招爆責任論」については、岩松繁俊（一九九八）。また、同主旨の「原爆攻撃をみちびいた日本側の問題」という指摘は、鎌田定夫編（一九八二）二六二頁。さらに、「日米共同責任論」については、田中利幸（二〇一五）。
*18 「共犯」については、金栄鎬（二〇一四a）一二四―一二九頁。
*19 本島等（一九九七）。
*20 金栄鎬（二〇一四b）。
*21 朝鮮半島における共通の安全保障については、金栄鎬（二〇〇七）。
*22 被爆体験の国家・国民占有が排外主義と地続きであることの問題性は、二〇一八年に起きたBTS（防弾少年団）メンバーの「光復Tシャツ」バッシングにもみられた。短文だが核心を突いた次の『琉球新報』のコラムを参照。乗松聡子（二〇一八年一二月二日）。
*23 しかし、このような思考停止に陥ることなく、永井隆の「神の摂理」との関連でこの問題を考察したブログがある。内野光子ブログ（二〇一三）。
*24 ◎李ボンニョル（二〇一三）。
*25 井上泰浩（二〇一三）。
*26 金栄鎬（二〇一八）一七頁。
*27 脅威認識と同盟政策をめぐる韓国内の対立については、

金栄鎬（二〇一七）一一―一二頁、一五―一七頁。
*28 井上泰浩（二〇〇六）では、原爆投下六〇周年の東亜日報と朝鮮日報の報道をみる限り、「原爆投下そのものを直接的に正当化したり、批判したりする意見は見当たらない」（一二三頁）、「核兵器の脅威についても一切触れられておらず、世界平和における広島原爆の意義、重要性は記事の中では認められていない」（同）とされていた。
*29 例えば、栗原貞子（一九七五）一五六―一六七頁。初出は一九七三年。
*30 岩松繁俊（一九九八）一六七―一八三頁。
*31 岩松繁俊（一九九八）七六―八二頁。なお、韓洪九は岩松と同主旨の「苦痛の連帯」を論じている。◎韓洪九（二〇一三）。金栄鎬（二〇一四a）一三八―一四一頁。
*32 Dower (1995), p. 281.
*33 本多勝一（一九九〇）。
*34 ◎権赫泰（二〇〇八）。金栄鎬（二〇一四a）一三四―一三七頁。
*35 本稿の議論とは別の考察ではあるが、被爆地の平和論の「普遍主義」は「ヒロシマの普遍主義」であり、「ナショナリズム」でもあると指摘する文献に、根本雅也（二〇一八）一〇―一五頁がある。

＊36　◎キ・グァンソ（二〇〇六）一八五―二一六頁。

参考文献

●日本語

市場淳子（二〇〇五）『新装増補版　ヒロシマを持ちかえった人々』凱風社。

井上泰浩（二〇〇六）「世界は「広島」をどう報じたか――原爆投下60周年報道の国際比較検証」、『広島国際研究』第一二巻、一〇三―一二七頁。

井上泰浩（二〇一三）「核兵器は政治的生き物――韓国紙の『原爆は神による懲罰』」『ハフィントンポスト』（五・二三）。https://www.huffingtonpost.jp/yasuhiro-inoue/post_4853_b_3324095.html
岩松繁俊（一九九八）『戦争責任と核廃絶』三一書房。

内野光子ブログ（二〇一三・五・三〇）「長崎の原爆投下の責任について～「神の懲罰」と「神の摂理」を考える」。http://dmituko.cocolog-nifty.com/utino/2013/05/post-15f2.html
鎌田定夫編（一九八二）『被爆朝鮮・韓国人の証言』朝日新聞社。

金栄鎬（二〇〇七）「東北アジアのトライアングルにおける日韓の対外政策」、『広島国際研究』第一三巻、二五―三八頁。

金栄鎬（二〇一四a）「韓国からみた原爆投下とヒロシマ」」、広島市立大学国際学部国際政治・平和フォーラム編『世界の眺めかた――理論と地域からみる国際関係』千倉書房、一二三―一五四頁。

金栄鎬（二〇一四b）「韓国の政権交代と対日政策――日韓六五年体制からみた連続と変化」、日本国際政治学会『国際政治』第一七七号、四二―五六頁。

金栄鎬（二〇一七）「韓国における北朝鮮認識、台湾における中国認識――内政対立と分断・分裂体認識の対応の比較」、『広島国際研究』第二三巻、一―二二頁。

金栄鎬（二〇一八）「日韓関係における安全保障と歴史問題：同盟のジレンマと移行期正義の視点から」、『広島国際研究』第二四巻、一―二四頁。

栗原貞子（一九七五）『ヒロシマの原風景を抱いて』未来社。

栗原貞子（一九九二）『問われるヒロシマ』三一書房。

田中利幸（二〇一五）「『招爆論』から『日米共犯招爆論』へ」。http://yjtanaka.blogspot.com/2015/11/blog-post.html
根本雅也（二〇一八）『ヒロシマ・パラドクス』勉誠出版。

乗松聡子（二〇一八）「ＢＴＳ（防弾少年団）騒動　官民挙げての嫌韓ヘイト」、『琉球新報』二〇一八年一二月二日。

平岡敬（一九八三）『無援の海峡――ヒロシマの声　被爆朝鮮人の声』影書房。

平岡敬（二〇一一）『時代と記憶――メディア・朝鮮・ヒロ

シマ』影書房。

本多勝一（一九九〇）「日本人であることの重荷」、同著（一九九一）『貧困なる精神　G集』朝日新聞社、三一―八五頁。

丸屋博・石川逸子編（二〇〇六）『在韓被爆者の手記――引き裂かれながら私たちは書いた』西田書店。

本島等（一九九七）「広島よ、おごるなかれ」広島平和教育研究所『平和教育研究年報』一九九六年度、Vol.24。

●英語

Dower, John W. (1995) "The Bombed: Hiroshimas and Nagasakis in Japanese Memory", *Diplomatic History*, Volume 19, Issue 2, March 1995, pp. 275-295.

●韓国語

BIG KINDS　News Data & Analysis、https://www.bigkinds.or.kr/
権赫泰（二〇〇八）「原爆は誰の過ちなのか」、同著『日本の不安を読む』教養人、一四二―一五一頁。
キ・グァンソ（二〇〇六）「ソ連軍の『解放的』役割と北韓の認識」、鄭根埴・辛珠柏編『八・一五の記憶と東アジア的地平』先人、一八五―二一六頁。
金ソンフ（二〇二〇・八・一九）「信頼する言論社『わからない・無応答』が二四・八％　ＪＴＢＣは急落」、『韓国記者協会』。http://www.journalist.or.kr/news/article.html?no=48077
李ボンニョル（二〇一三）「金璡『中央』論説委員殿、『神の懲罰』と言いながら　やむなく出した浅はかな謝罪は五九点」、『OhmyNews』(五・二七)。http://www.ohmynews.com/NWS_Web/View/at_pg.aspx?CNTN_CD=A0001869638
李淑鍾・李ネヨン・康元澤・朴ヒョンジュン共編（二〇二〇）『二〇二〇韓国人のアイデンティティー：過去一五年間の変化と軌跡』成均館大学校・東アジア研究院（ＥＡＩ）。
韓国ＡＢＣ協会（二〇二〇ａ）「二〇二〇年の韓国日刊新聞発行有料部数」（一二・一一）。http://www.kabc.or.kr/about/notices/10000003131
韓国ＡＢＣ協会（二〇二〇ｂ）「二〇二〇年度（二〇一九年分）日刊新聞一六三社の認証部数」、http://www.kabc.or.kr/about/notices/10000003131よりダウンロード。
韓ギュソプ・盧ソネ（二〇二〇）「韓国人のメディア・アイデンティティ」、李淑鍾他編、三〇七―三二七頁。
韓洪九（二〇一三）「平和エッセイ――再び、奪われた野にも春は来るのか」、『歴史問題研究所ブログ』。http://kistoryblog.tistory.com/entry/다시-빼앗긴-들에도-봄은-오는가-한홍구-교수

9章　ラテンアメリカ
――非核地帯化構想と批判的報道

吉江貴文

1　ラテンアメリカという地域と新聞資料の概要

本章の目的は、ラテンアメリカの国・地域で発行された新聞を対象に、原爆から七五年を迎えた広島がどのように報道されたのかを考察することにある。

最初に、「ラテンアメリカ」という地域と、新聞資料の概要について説明する。ラテンアメリカとは、図1に示すようにアメリカ大陸の北半球中緯度から南半球にかけて広がる、三三の独立国と一三の非独立領土からなる地域の総称である。[*1] このうち、ラテンアメリカの中枢をなすのは三三の独立国だが、歴史的・文化的な違いからこれらの国々をさらに二つに大別して考えることも多い。つまり、スペイン語、ポルトガル語、フランス語などのいわゆる「ラテン系」言語を公用語とする二〇か国と、英語、オランダ語など、主にラテン系以外の言語を公用語とするカリブ海域の一三か国である。そのため最近では両者を併記した「ラテンアメリカ・カリブ海地域」という表現もよく用いられる。[*2]

これらの中で今回調査対象としたのは、主に前者のラテン系言語を公用語とする国と地域である。具体的には、メキシコ合衆国、グアテマラ共和国、エルサルバドル共和国、ホンジュラス共和国、コスタリカ共和国、パナマ共和国の北中米六か国、コロンビア共和国、エクアドル共和国、パラグアイ共和国、ウルグアイ東方共和国、チリ共和国、アルゼンチン共和国、ブラジル連邦共和国、ペルー共和国の南米

図1　現在のラテンアメリカ

八か国に、カリブ海のドミニカ共和国と、アメリカ合衆国の自治領であるプエルトリコを含めた一六か国・地域となる。[*3] これらの国（地域）は、ブラジルがポルトガル語を使用しているほか、残りの一五か国（地域）ではすべてスペイン語が用いられている。今回、こうした「ラテン系」の国（地域）に焦点を当てた理由は、筆者がスペイン語圏を専門としていることもあるが、同系統の言語を使用するメディア環境において、広島報道をめぐる論調や見解にどのような類似性や相違点がみられるのか、また域内での情報交差がどのような形でなされているのか（あるいは、いないのか）を比較分析する枠組みとして最適ではないかと考えたからである。さらに、ラテン系諸国に対象を絞ることで、今なお社会的・文化的に影響力のあるスペイン（6章参照）やポルトガルといった旧宗主国とのつながりや、両国を介した欧米メディアとの関係性といったグローバルな側面もみえてくるのではないかと推測した。

次に今回分析した新聞資料について説明する。調査では、既述の一六か国（地域）で八月一日から一六日にかけて発行された日刊紙を対象に分析を行った。新聞の選定では、各国（地域）の「主要紙」が含まれるようにしたほか、できるだけ複数の新聞を取り上げるように配慮した。ただ実際の収集に当たっては、プレスリーダーの制約もあり、調査できた紙数に国ごとのばらつきも出ている（「世界の原爆報道一覧」を参照）。それでも全体としては一六か国（地域）の日刊紙五三紙を調査することができたので、分析を行う資料としては、十分なデータを集めることができたと考える。このような記事収集の結果、関連記事六九本を集めることができた。次節以降では、これらのデータをもとにラテンアメリカにおける広島報道の傾向について具体的な分析を行っていく。

2　定量分析からわかる広島原爆への高い関心

本節では、原爆報道の全体像について定量的なデータ分析からみえてくる傾向を中心に考察する。

最初に広島報道に関する記事を掲載していた新聞の紙数について取り上げる。今回調査したラテンアメリカ一六か国（地域）の五三紙のうち、該当記事を掲載した新聞は三六紙に上ることがわかった。割合で言うと全体の七割近い新聞が広島報道の記事を掲載していたことになる。国別でみると、グアテマラとペルーを除く一四か国（地域）の新聞である。このような結果は、筆者にとってかなり意外なものであった。というのも、筆者はラテンアメリカ地域研究を専門にしていることもあり、日頃からラテンアメリカの新聞に目を通す機会は多いが、通常、日本関連の記事が掲載されるのは、地震・災害関連や政府要人の訪問など、大きな出来事が起きた時に限られている。ラテンアメリカの報道メディアにとって、地理的・心理的に距離のある日本のニュースは、恒常的な報道の対象になるほど身近な存在としては、残念ながら捉えられていない。したがって今回のような広島原爆という特定のテーマについて、全体の七割近い新聞が一斉に記事を掲載するというのは、かなり異例なケースだと言ってもよい。言い換えれば、ラテンアメリカにおける広島と原爆への関心がそれだけ高いものであったことを物語るデータだと言える。このような関心の背景については、次節以降、各記事の内容分析を進める中で検討していきたい。

　次に、各紙における記事の掲載日から読み取れる広島報道の傾向について触れておきたい。今回は八月一日から一六日までの一六日間を対象にデータ収集を行ったのだが、実際に関連記事が掲載された期日にはかなり偏りがみられることがわかった。具体的に言うと、六日から一〇日にかけての五日間に当該記事の掲載日が集中していた。掲載本数で言うと六九本の記事のうち、七割近い四五本がこの期間内

に掲載されていた。六日から一〇日という期日からも推測できるように、内容的には広島と長崎の平和記念式典や七五年前の原爆投下、および核兵器問題を扱った記事が多数を占めていた。

　こうした定量分析の結果から、ラテンアメリカにおける広島報道の全体的な傾向として、まずは次の二点を確認することができる。

(1)　関連記事の掲載率から考えて、ラテンアメリカの新聞メディアにおける広島報道への関心は総体的に高い傾向にある。

(2)　そうした関心の中心は、広島・長崎の平和記念式典や原爆投下の歴史、および核兵器問題をめぐる報道に置かれている。

　ではこのような定量分析からみえてくる傾向は、実際の記事の内容にどのように反映されているのだろうか。次節以降、掘り下げてみたい。

3　定性分析からわかる原爆非難の傾向

定性分析を進めるにあたって、最初に今回収集した六九本の報道記事を大まかに二つのカテゴリーに分けておきたい。その二つとは、「事実関係の報道を主体とした記事」（以下、事実関係記事）と「論説を主体とした記事」（以下、論説記事）である。前者の「事実関係記事」とは、出来事や事件事故などを対象に、それがいつ、どこで、なぜ、どのようにして起こったのか、といった客観的な事実の伝達を中心に構成された記事を指す。今回の調査で、こうした「事実関係記事」には共通の特徴があることがわかった。それはこのタイプの記事の多くが、国際通信社による配信記事をもとに報道されているという事実である。

元々ラテンアメリカの新聞メディアでは、日本を含むアジア地域の海外ニュースを報道する際に、各紙が独自に記者を派遣して取材するケースはかなり限られている。そのため通常は、国際通信社、特に欧米系通信社の配信を利用して自社報道を行うのが一般的である。ただし、ラテンアメリカのアジア報道＝欧米メディアの焼き写しと単純に捉えることはできない。通信社の配信記事を利用する場合でも、オリジナル記事の内容をそのまま使うのではなく、配信記事の内容を要約したり、新たな文章を挿入するなど独自に手を加えて掲載することが多いからである。そうした場合、オリジナル記事にどのような加工をしているかを分析することによって、逆に当該ニュースに対する各紙のスタンスの違いを浮き彫りにすることも可能である。

一方、「論説記事」とは、特定の事象やテーマについて、記者や有識者らが自らの知見に基づいて意見や考えをまとめ、評論、社説、解説などの形で掲載された記事を指す。「事実関係記事」に比べ、執筆者の見解や主張がストレートに反映される分、広島報道をめぐる論調や姿勢の違いを読み解く手掛かりとして好適と言える。

もちろんこうした記事の区分は絶対的なものではない。実際の報道ではむしろ、両者の要素を組み合わせて構成された記事のほうが多いかもしれない。ただ広島報道の論調分析という本論の目的からすれば、各記事が事実報道を指向するものなのか、論評や解説を指向するものなのかという基本的な性格については、比較の評価軸を定める意味からも分けて考えたほうがよいと判断した。したがって以下では、（ある程度の幅を考慮に入れながらも）上記の区分に従って内容分析を進めていく。

4　事実関係記事——国際通信社の影響

本節では「事実関係記事」を対象に、質的な面から分析していく。取り上げるのは、広島の平和記念式典の関連報道である。今回、「事実関係記事」を分析する中で、通信社の配信を利用した記事としてとりわけ目立ったのが広島の式典関連の報道であった。具体的には、スペインのEFE《エフェ》通信が配信した「広島は原子爆弾から七五年後にその復興（レジリエンス）を祝う」（六日）と題する記事をもとにした報道である[*4]。そこでこの配信記事が実際にどのように利用されているかを分析することにより、ラテンアメリカの新聞報道と欧米メディアの関係について一考を加えてみたい。

まず配信元であるEFEの「原爆から七五年後の広島、復興を祝う」と題する記事からみることにする。この記事は、内容的には以下の①〜④の段落で構成されている（カッコ内は各段落の語数）。

①平和記念式典に関する報道（一三六語）

②核兵器禁止条約の現状と日本の姿勢について（二九四語）
③今年の平和記念式典への新型コロナウイルス感染拡大の影響（一六八語）
④被爆体験をめぐる記憶の継承について（一七一語）

このようにEFEの記事は、六日の平和記念式典を中心に、核兵器禁止条約の現状や被爆体験の継承など、原爆七五年を迎えた広島にまつわる話題をいくつか盛り込んだ内容となっている。今回調査したラテンアメリカの新聞の中で同配信を利用したと思われる報道は、表1に示した五か国六紙であった。

国別でみると、アルゼンチンが二紙のほか、ドミニカ共和国、プエルトリコ、メキシコ、ホンジュラスが各一紙となっている。そこで筆者は、これらの六紙が具体的に配信記事のどの箇所を引用しているのか、比較分析を行ってみた。その結果を示したものが、表1の右列である。ここでは、オリジナル記

表1　配信記事との比較

国名	紙名	掲載日	記事タイトル	EFEとの比較				
				①	②	③	④	その他
アルゼンチン	ロスアンデス	7日	広島：恐怖から75年、核兵器の終わりを願う	△	◎	○	○	○
	ラボス・デルインテリオル	7日	恐怖の記憶とひとつの願い：核兵器はたくさんだ	△	◎	○	○	○
ドミニカ共和国	ディアリオ・リブレ	7日	原爆から75年、広島の復興（レジリエンス）	○	△	×	×	○
プエルトリコ	エルヌエボ・ディア	7日	広島はその復興（レジリエンス）を記念	△	△	×	×	×
ホンジュラス	ラプレンサ	7日	広島における最初の原爆から75年を日本が追悼	○	△	×	×	○
メキシコ	エルソル・デメヒコ	7日	広島、崇高なる復興（レジリエンス）の75年	△	△	×	×	×

事の①〜④の段落に照らし、原文のほぼすべてを引用している場合には◎、半分以上を引用しているのには○、半分以下の場合は△、まったく引用していないものには×の印をつけた。またオリジナル以外の文章が挿入されている記事には、「その他」として○をつけた。

　この結果をみると、まずアルゼンチンの二紙は、いずれも①が△となっている以外、②から④まではすべて◎か○がついている。つまり、基本的にオリジナル記事を忠実に反映させた内容とみてよいだろう。その中で注目されるのは、両紙とも②の段落のみ、オリジナル記事のほぼ全文を引用している点である。核兵器禁止条約の現状と日本の姿勢を報じたこの段落は、オリジナル記事でも最多の分量が割かれているが、アルゼンチン二紙の報道はそのような構成をさらに強調しているようにみえる。というのも両紙は、冒頭の①をあえて半分以下に削ったうえで、②を全文使用することで、後者が記事全体の中核にくるよう配置換えを行っているからである。つまり、この二紙については、②の段落の内容をメインに据えて同記事を再構成しようとの編集意図が読み取れるのである。一方、残りの四紙はいずれもオリジナル記事の前半に当たる①と②の段落のみを使用している。全体の分量もオリジナルよりかなり短縮されている。さらにこの四紙に共通するのは①の段落と②の段落の内容をほぼ均等に扱っている点である。つまり、この四紙の場合、先ほどのアルゼンチンの二紙とは異なり、①の平和記念式典に関する内容と②の核兵器禁止条約に関する内容について、ある程度バランスをとりながら報道を行おうとの意図が感じられる。

　このように同じＥＦＥ配信の記事をもとにしながらも、各紙の報道内容には微妙なニュアンスの違いも感じられる。そうした違いから、各紙が特に重視する報道のポイントを読み取ることもできるだろう。例えばアルゼンチンの二紙で言えば、核兵器禁止条約をめぐる報道であり、他の四紙で言えば平和記念式典と核兵器報道のバランスである。

一方で、ラテンアメリカ各紙においてこうした原爆や核兵器関連のニュースが共通して報道される背景として、ＥＦＥをはじめ、欧米系の国際通信社の影響を見逃すことはできない。特にスペイン（6章参照）は原爆報道や核問題にとりわけ高い関心を寄せている国であり、その傾向がラテンアメリカの新聞報道に影響している可能性はある程度考慮する必要がある。また本章では取り上げないが、今回の調査ではＥＦＥ以外にもフランスのＡＦＰやアメリカのＡＰの配信を利用した記事もいくつかみられた（国際通信社については1章10節参照）。したがって、こうした欧米の国際通信社の影響がラテンアメリカの新聞にどの程度及んでいるのか、さらに検証を続けることが必要だろう。

5　論説記事

本節では「論説記事」を対象に、各紙の論評や社説が広島報道についてどのような観点から論じているのかをみていく。その際、「論説記事」を内容別に整理し、複数の新聞で取り上げられた共通テーマを中心に分析を行う。本節で扱うテーマは具体的に以下の四項である。

⑴　原爆投下の是非をめぐる論争
⑵　原爆投下の歴史的位置づけと「核の時代」
⑶　ラテンアメリカにおける軍事的非核化構想とトラテロルコ条約の歴史）
⑷　核兵器の破壊力と身近な脅威
⑸　被爆者への共感と人類の救い

なお、⑶（ラテンアメリカにおける軍事的非核化構想とトラテロルコ条約の歴史）は論説記事の分析ではないが、ラテンアメリカにおける広島報道の傾向を理解するうえで欠かせない歴史的背景について説明している。そのため、あえて本節の中間に挟むことにした。

原爆投下の是非をめぐる論争

論説記事の中で、複数の新聞に取り上げられた主なテーマの一つとして、原爆投下の是非をめぐる論争が挙げられる。

例えば、アルゼンチンのクラリンは六日と七日の二日間にわたり、ワシントン特派員パウラ・ルゴネスの署名記事として、原爆投下の歴史解釈をめぐる論説を掲載している。そのうち、六日の「広島、エノラ・ゲイと七五年後も止まない論争」（二四頁）と題した記事では、広島に原爆を投下した爆撃機エノラ・ゲイの歴史に焦点を合わせ、原爆の是非をめぐる論争について言及している。

同記事は冒頭、エノラ・ゲイの機体が現在もなおスミソニアン航空宇宙博物館に展示されているというエピソードに触れ、「アメリカの歴史の授業では原爆投下が本土上陸戦を防ぎ、アメリカ兵一〇〇万人の命を救ったとする説（いわゆる「戦争終結・人命救済説」）がいまだに教えられている」ことを伝える。一方で、「原爆投下前にすでに日本は降伏の準備を

進めていた」とする見方には史実としての裏付けがあるとして、「（原爆投下の）真の目的はアジア進出を目論むソ連を牽制することにあった」とする説（いわゆる「ソ連抑止説」）を紹介する。そのうえで、「原爆投下の必要性」については、「疑問を投げかける識者も多く、倫理的な立場からも問題がある」と指摘している。このように同記事は戦争終結・人命救済説には懐疑的な見方をしており、原爆の目的が「ソ連の影響力の排除にあった」とするソ連抑止説の立場から、原爆の「正当性」に疑問を投げかける。

さらに記事中盤では、原爆投下五〇年の一九九五年にワシントンDCのスミソニアン航空宇宙博物館で行われたエノラ・ゲイ展示をめぐる論争にも触れている。同企画は当初、被爆した女性や子供の写真などを紹介し原爆投下をめぐるバランスのとれた展示を予定していたが、米国在郷軍人会や空軍協会の反対で取りやめとなり、最終的には「原爆を記念するだけの〝衛生処理〟された小展示に終わった」と指摘し、今なおアメリカ社会に根強くはびこる「原

爆神話」（1章6節参照）の影響力を明らかにしている。

さらに翌七日の、「広島から七五年。アメリカはモスクワにメッセージを送るために多数の人々を殺した」（二一八頁）と題する記事では、アメリカン大学・歴史学教授で核問題研究所所長のピーター・カズニック（2章5節参照）に対し、ルゴネス記者が行ったインタヴューを掲載し、原爆投下の是非をめぐる歴史解釈をさらに掘り下げている。

同記事でカズニックは、原爆投下をめぐる「人命救済説」や「ソ連抑止説」に触れた後、（原爆投下を決断した）トルーマン大統領について問われ、次のように述べている。「彼（トルーマン）は当時、アメリカが本土上陸戦を行えば、五〇万人のアメリカの若者が死ぬことになると発言していた」が、実際には「彼自身、その言葉が〝真実ではない〟ことを知っていた」のである、と。のみならず、トルーマンは「（戦後の）天皇制存続を保証し、ヨーロッパ戦線終結後、ソ連が侵攻することを日本に伝えていれば、原爆を使わなくても日本が降伏に応じたであろうことも理解していた」。つまりカズニックによれば、アメリカ政府が長い間「公式見解」としてきた「戦争終結・人命救済説」については、原爆投下を決断した大統領自身、それが欺瞞に過ぎないことを当時から自覚していたことになる。

では、なぜアメリカは広島に原爆を投下したのか？　カズニックはその理由を「ヨーロッパとアジアにおけるアメリカの戦後プランにソ連が介入しないようメッセージを送るため」であり、広島への原爆投下は「軍事目的というより地政学的な理由によるものだった」としている。こうした見方は、前日の記事にもあった「ソ連抑止説」の立場に沿うものと言えよう。さらに長崎への原爆投下が、広島のわずか三日後という、降伏受諾の時間的猶予も与えないまま断行された点については「広島がウラン爆弾で、長崎はプルトニウム爆弾だったから」であり、「もし第三の爆弾があったら、それも別の街に投下していただろう」と説明している。つまり、長崎への原爆投下は、異なるタイプの爆弾の威力を確認するための、人体実験を含む、兵器実験を目的としたもの（いわゆる「人体実験説」）であり、アメリカ政府が公式見解とする「戦争終結」や「人命救済」といった人道的テーゼとは対極にある理由だったとカズニックは捉えているのである。[*5]

そしてインタヴューの最後で「広島が残した教訓」について問われたカズニックは、次のように答える。

トルーマンはよい大統領ではなかった。だが、かといって悪人というわけでもなく、血に飢えていたのでもなかった。では、善人でありながら、時に信じられないような悪事に手を染めてしまうのはなぜなのか？　これが一つ目の教訓。さらにトルーマンは原爆投下により、一つのプロセスが始まることを理解していた。地上の生命を偶発的に絶滅させてしまうかもしれない、というプロセスである。……その時からわれわれは、人類絶滅の脅威と対峙することになった。

これが私にとって最大の教訓である。

このようなインタヴューの内容について、インタビュアーは自らの見解を明らかにしていない。だが、原爆問題に通暁する平和活動家としてつとに知られるカズニックの歴史認識をほぼ全面的に展開し、原爆投下の是非をめぐる議論（「戦争終結・人命救済説」、「ソ連抑止説」、「人体実験説」など）を包括的に紹介した内容からは、批判的な記者自身の姿勢や、原爆問題に対する造詣の深さを読み取ることができよう。

一方、原爆投下の「罪」と「責任」をめぐる問題について議論を展開したのが、コロンビアのエルエスペクタドールに掲載された「広島と長崎の癒やされない傷」（九日二〇頁）と題するカミーロ・ゴメス記者の論評である。

同記事は、長崎の被爆者を主人公にした黒澤明の映画『八月の狂詩曲』の紹介から始まる。ゴメスによれば、この映画は戦後論争の中で最も大きな争点の一つとなった「謝罪」をテーマにした作品である。例えば、劇中の一場面で、長崎の平和記念公園に設置されたいくつもの慰霊碑を映すシーンが出てくる。それらの慰霊碑は、長崎への連帯の徴《しるし》として世界中の国から寄贈されたものだが、そこにアメリカから贈られた慰霊碑はない。このシーンについて同記者は、アメリカに自らの行為を「謝罪」する意思がないことを象徴する場面として捉える。そしてその要因として、原爆投下を正当化する言説（「原爆神話」）の存在を指摘する。

一方で、そのように国家が自らの行為を謝罪しないのは珍しいことではない、ともゴメスは述べる。なぜなら国家にとって「過去を葬る」ことは常識だからである。それはなぜか？　ここで同記者は、『謝罪国家』の著者であり、米ダートマス大学の政治学者ジェニファー・リンドのインタヴュー記事を引用する。リンドによれば、国家の謝罪には個人の謝罪とは異なるリスクが伴うという。というのも、多様な意見を内包する国家という集団の場合、「謝罪」をすることによって、結果的に国論を二分し、国民の間に対立を引き起こす可能性があるからである。その場合、最善の策は、「加害者と被害者としてではなく、国民の間に共有される苦しみを強調しながら、〝過ち〟を認め、記憶にとどめる」ことだとする。例えば、原爆慰霊碑には、誰が攻撃したのかは明記されていない。だが、人々はそれをすべての国が共有する〝過ち〟として理解している。『八月の狂詩曲』の主人公、鉦《カネ》の「悪いのは戦争（であって、原爆を投下したアメリカではない）」という台詞も、同じ論理に則った言葉である。

一方で同記者は、〝過ち〟を認めねばならないのは、「アメリカだけではなく、日本政府も同じである」と指摘する。なぜなら、原爆投下後の「黒い雨」によって健康被害に苦しむ人々に対し、日本政府は戦後七五年の間「被爆者」認定をせず、被爆による病気や障害の治療を受けられるようにしてこなかったからである。[*6] こうした例を踏まえ、同記者は最後に「残虐な行為や暴力の〝責任〟を引き受けることがいかに重要であるか」を改めて強調している。

この記事は、原爆投下にまつわる「戦争責任」という難題に取り組みながら、単純な戦犯追及論に陥るわけではなく、国家が「過去の過ち」を認めて公式に謝罪することのリスクを踏まえたうえで、集団としての国家による「謝罪」の本質とは何かに踏み込んだ意欲的な論評である。一方で、アメリカだけでなく、被爆者に対する日本政府の「過ち」にも言及するなど、特定の国の立場やイデオロギーに偏らないバランスのとれた内容の記事となっている。

原爆投下の歴史的位置づけと「核の時代」

続いて論説で取り上げられた主要テーマの二つ目として、原爆投下の歴史的位置づけと「核の時代」を扱った記事が挙げられる。このタイプの論説に共通するのは、七五年前の広島・長崎への原爆投下をわれわれの生きる時代（「核の時代」）の原点として位置づけたうえで、核の脅威に直面している人類の現在を、その原点に立ち返って捉え直そうとする姿勢である。

例えば、コスタリカのラナシオンに掲載された「世界が喪に服す記念日」（九日二三頁）と題する社説（1章9節参照）もその一つである。同社説は冒頭で、一九四五年八月六日に「人類史上初めて投下された原子爆弾」について、「黙示録的とも言える巨大な黒いキノコ雲を発生させた爆弾は、核破壊の最も恐ろしい象徴として（人類の歴史に）永遠に刻まれることになった」と述べたうえで、原爆投下がもたらした「新たな時代」について、次のように表現する。

> 一九四五年八月六日と九日は原爆が炸裂しただけではなかった。不穏な新時代を人類にもたらしたのである。核のホロコーストというダモクレスの剣にさらされ続ける時代だ。

「ダモクレスの剣」とは、ギリシャ神話に由来する言葉で、僭王ディオニソスが廷臣ダモクレスの頭上に毛髪一本で剣を吊るし、王者の身が常に危険にさらされていることを家臣に示した、という故事から来ている。ここでは、「核兵器」という現代版「ダモクレスの剣」を頭上に吊るされた人類が、偶発的な核戦争によっていつ何時滅亡（ホロコースト）してもおかしくない危機的状況にあることを言い表している。七五年前の原爆投下が人類にもたらしたのは、そのような核による絶滅の危機と対峙し続ける「不穏な時代」なのである。

さらに同社説は、この現代版「ダモクレスの剣」による「ホロコースト（＝人類絶滅）」のリスクが、現在、かつてないほど高まっていることに警鐘を鳴らす。というのも、今や核保有国は「オリジナル五か国（アメリカ、ロシア、イギリス、フランス、中国）」だけでなく、インド、パキスタン、イスラエル、北朝鮮にまで拡大し、米中間の対立激化や米ロ間の核関連条約の破棄表明などにより、いつどこで核兵器が使用されてもおかしくない状況がもたらされているからである。

そのうえで、そのような危機的状況にある今だからこそ、「（原爆の）犠牲者への深い連帯感に基づいて、すべての人類が団結する」ことが重要だと力説する。そして、「核兵器を永久に否定し、紛争解決の手段として二度と使わないという決意」を表明することが「人類の生き残りに向けて絶対に必要」なのであり、その意味で「核兵器廃絶が、全世界共通の命題」になっている、と締めくくっている。

一方、メキシコのエルウニベルサルの「核の恐怖の七五年」（一二日A一一頁）と題するアスティエ・ブルゴス（メキシコ自治大学）の論評は、原爆がもたらした「新時代」について別の視点から論じている。

同記事はまず、七五年前の広島と長崎における原爆投下を「核の時代という新たな歴史の幕開け」を告げるエポックメーキングな出来事と位置づける。では「核の時代」とはどのような時代なのか？　それについてブルゴスは、冷戦時代の米ソ核軍拡競争にさかのぼって説明する。第二次大戦後、米ソが同盟関係を解消し、対立関係に入った時、アメリカはソ連による新たな領土進出を防ぐため、同盟国への攻撃には核で対抗するという「封じ込め戦略」を発動した。しかしソ連の原爆開発により、アメリカの核抑止力が効力を失うと、今度はより強力な核戦力で致命的な先制攻撃を行う「先制核攻撃戦略」を打ち出す。ところが、ソ連がさらに強力な核兵器で対抗すると、今度は報復的な第二次核攻撃を軸とする「セカンド・ストライク戦略」を編み出していった。

こうして次第にエスカレートする軍拡競争の産物としてもたらされたのが、「核兵器が国際関係の潮流を決定する」ような現代世界の構図である。その後、冷戦終結によって軍拡競争はいったん緩和されるが、核の危険性は今もなくなったわけではない。それどころか、「世界には依然として一万五〇〇〇発もの核兵器が存在」しており、[*7]「七五年前に勃発した核戦争の恐怖は現在も続いている」のである。つまり、ブルゴスの見解では、「核の時代」とは、七五年前の広島・長崎への原爆投下によって幕を開け、軍拡

競争の果てに生み出された「核兵器が国際関係の潮流を決定する」ような世界を指す。そしてわれわれは、今なお「核戦争の恐怖」と闘いながら、「核の時代」という「新たな歴史」の中を生きているのである。

このように、上記の論説はいずれも原爆投下後に人類が経験した「歴史」について論じたものだが、両者に共通する認識として、さらに以下の三点が挙げられる。

(1) 人類は、一九四五年の原爆投下を転機に「核の時代」という「新たな歴史」の局面を迎えることになった。

(2) そのような「核の時代」において人類は、核兵器による絶滅（ホロコースト）という危機に直面している。

(3) そのような危機的状況にある今だからこそ、広島・長崎という「核の時代」の原点に立ち返ることが求められる。

このように、両記事に通底するのは、七五年前の広

島・長崎への原爆投下こそがわれわれの生きる「核の時代」の原点であり、核により人類が絶滅の危機に直面している今だからこそ、その原点に立ち返ることが求められるという歴史認識である。井上はアメリカの新聞メディアにおける広島報道の論調について、原爆が現在とは切り離された「過去」として取り上げられる傾向がみられることを指摘している が、[*8]ラテンアメリカにおける広島・長崎の捉え方は、むしろ「現在との連続性」を強く意識したところに特徴がある、と言えそうである。

軍事的非核化構想とトラテロルコ条約の歴史

前項までの論説記事の分析から、ラテンアメリカにおける広島報道の論調には一定の方向性がみられることがわかってきたのではないだろうか。その方向性とは、原爆投下の正当性に対する懐疑的もしくは否定的な見方であり、核兵器の開発・保有に対する批判的なスタンスである。少なくとも今回の調査では、アメリカの原爆神話を手放しで容認したり、

原爆投下の正当性を積極的に支持する論説、あるいは核抑止論を擁護したり、核兵器の開発・保有（使用）を推奨するような記事は見出すことができなかった。むしろ、原爆投下を「悪」、「ホロコースト」、「恐怖」、「残虐行為」、「戦争犯罪」といったネガティブな表現で捉え、核兵器のもたらす「破壊力」や「危険性」、「大惨事」、「悲劇」、「人類絶滅」に警鐘を鳴らす論説のほうが多数を占めている。

ではなぜラテンアメリカではそのような見解が優勢なのだろうか。それについては、いくつかの要因が考えられるのだが、なかでも影響が大きいと思われるのが、ラテンアメリカ地域における軍事的非核化構想とトラテロルコ条約の歴史である。

ラテンアメリカは、日本ではあまり知られていないが、実は世界に先駆けて域内全体の軍事的非核化構想を推進し、それを実現した地域である。その原動力となったのが、一九六七年に締結された「ラテンアメリカおよびカリブ核兵器禁止条約（Treaty for the Prohibition of Nuclear Weapons in Latin America and

Caribbean、通称トラテロルコ条約)」という地域協定である。この条約は、ラテンアメリカ・カリブ海地域の国々を対象に、核エネルギーの平和利用の権利を認めたうえで、核兵器の実験、使用、生産、輸入、購入、貯蔵、配備を全面的に禁止することを定めたもので、一九六八年にラテンアメリカ二一か国の署名により発効し、二〇〇二年に最後の参加国であるキューバが批准したことでラテンアメリカ三三か国すべてが加盟する非核兵器地帯条約となった。[*9]

ラテンアメリカの国々が、このような軍事的非核化構想を推進する直接のきっかけとなった出来事が、一九六二年一〇月に起こった「キューバ・ミサイル危機」である。キューバ・ミサイル危機とは、一九五九年のキューバ革命および社会主義国家宣言をきっかけにアメリカとの距離を置くようになった同国に対し、ソ連が攻撃用ミサイル基地の建設を試みたことを発端に勃発した米ソ間の軍事紛争を指す。ソ連のミサイル基地建設を阻止するため、アメリカがカリブ海で海上封鎖を実施し、両国間の緊張関係が一気に高まった結果、世界が全面核戦争に突入する一歩手前まで追い詰められた、二〇世紀史上に残る大事件である。

この事件は、アメリカ、ソ連、キューバといった当事国だけでなく、ラテンアメリカ諸国の核問題に対する認識を大きく変える転機となった。その理由の一つは、革命以前のキューバと同じく、アメリカの「裏庭」とまで揶揄されるほどに政治的・経済的・軍事的に緊密な関係にあったラテンアメリカ諸国にとって、キューバが巻き込まれた核戦争の危機は決して他人事ではなく、むしろ身近に迫る大きな脅威だという認識が生まれるきっかけとなったからである。もう一つは、技術的・経済的に核兵器の自力開発・保有能力を有するラテンアメリカの国(例えばブラジルやアルゼンチン)が、独自に核開発政策を推し進めることによって、ラテンアメリカ域内が直接核の傘下に置かれる危険性が現実味を帯びて意識されるようになったからである。[*10]

このようなラテンアメリカ地域に生じた重大危機

に対処するため、キューバ・ミサイル危機終結後の一九六二年一一月、ブラジル、ボリビア、チリ、エクアドルの四か国が中心となり、ラテンアメリカ地域の非核化決議案を国連総会に提出、翌六三年にはメキシコを加えた五か国がラテンアメリカ地域の非核化共同宣言を発表するに至った。さらに四年後の一九六七年には、ラテンアメリカ一四か国が参加して域内における核兵器の全面禁止をうたう「トラテロルコ条約」を締結、翌六八年には世界の先駆けとなる非核兵器地帯条約が発効することになった。ちなみに「トラテロルコ（Tlatelolco）」というのは、六七年に条約調印式が開かれたメキシコ外務省所在地の地名に由来する。

　このように地域全体が核戦争の一歩手前まで追い詰められた歴史を共有し、核の脅威を身近なものとして受け止めているラテンアメリカ諸国の国民にとって、原爆問題や核兵器をめぐる報道への関心が高くなるのは、ある意味、自然な流れと言えるかもしれない。

　そのような国民意識は、二〇二一年一月に発効した核兵器禁止条約に対するラテンアメリカ諸国の姿勢にも表れている。同条約の署名八六か国のうち、三割以上に当たる二七か国はラテンアメリカの国で占められており、同条約におけるラテンアメリカのプレゼンスはかなり高いものとなっている。[*11] 今回調査した一五か国（アメリカ合衆国自治領のプエルトリコは除く）でも、アルゼンチンを除く一四か国が同条約について署名・批准をしている。世界に先駆けて地域全体の非核兵器地帯化を推進してきたラテンアメリカ諸国が、その対象を全世界に広げようとする核兵器禁止条約の趣旨に賛同するのは当然の帰結とも言えるだろう。

核の破壊力と身近な脅威

　さて、こうした核問題に対するラテンアメリカの歴史を踏まえたうえで、次に取り上げるのは、核兵器の破壊力や核の脅威について論じた記事である。前項で述べたように、ラテンアメリカの人々にとって核の脅威は決して他人事ではなく、自分たちの身近に迫る現実的なリスクとして捉えられている。そうした意識を反映してか、今回収集した記事の中でも、核兵器の破壊力を数値データで示したり、被爆による人体への影響をイラストで表すなどして、核の脅威をわかりやすく伝えようとした記事がいくつかみられた。

　例えば、メキシコのエルソル・デメヒコに掲載された「核爆弾の破壊力」（二六日三頁）と題する解説はその一つである。同記事がとくに注目されるのは、核兵器の破壊的エネルギーが自分たちの暮らす身近な街に向けられた場合、どのような被害が想定されるのかをインターネットのシミュレーション・サイトを用いて具体的に示そうとしている点である。例えば、広島に投下された原爆「リトルボーイ」と、史上最強の破壊力を持つとされるツァーリ熱核爆弾の放出エネルギーは、それぞれ一五キロトンと五〇メガトンとされるが、それがメキシコ市の上空で爆発した場合、次のような被害が想定されるという

> リトルボーイで一〇万二六八〇人が即死、三三万二二五〇人が負傷する。ツァーリ爆弾だと、トラスカラ州のカルプラルパンからクエルナバカ、トルーカまで被害が及び、死者はそれぞれ、一一〇〇万人、五万人、九二〇人、負傷者は九〇〇万人、二四万六〇〇〇人、二〇〇〇人となる。

さらにメキシコ第二の都市プエブラだと、

> リトルボーイで一一万六四八〇人が即死、三〇万一八二〇人が負傷。ツァーリ爆弾だと、イスカル・デマタモーロスからリブレスにまで被害が及び、二二七万七二五〇人が即死、二四三万六二八〇人が負傷することになる。

同記事は続けて、メキシコ第三の都市グアダラハラとモンテレイについても同様なシミュレーションを行っている。このように数値データを挙げて核兵

器が自分たちの街にどのような被害をもたらすのかを具体的に示し、核の脅威をリアルに伝えようとしているのが同記事の特徴である。

一方で、同じく核の脅威についてイラストや地図を用いてグラフィックに描き出そうとしたのが、エルウニベルサル（メキシコ）の「もしもメキシコ市に原爆が落とされたら？」（六日Ａ一五頁）と題する記事である。同記事はタイトルにもあるように、リトルボーイが「メキシコ市上空に落とされたら」との想定で、その被害規模を同市の地図に重ね合わせて説明している。例えば「リトルボーイ型原爆によってもたらされる被害は、人や建物の位置によっても異なってくる」として、爆心地から半径三四〇メートル以内だと「壊滅的損害」となり、「コンクリートの建物でも全壊する」と説明している。一方、半径一・六七キロメートル以内だと「中程度の被害」となり、「住宅の大半が損壊、最も頑丈な建造物だけが残る」と言う。さらに人的被害については、「様々な要因により、人命が奪われることになる」

として、具体的に「放射線」、「爆風」、「火傷」、「高熱」による被害を挙げている。そして、放射線による被害であれば「多くの人が数週間、数か月にわたって、嘔吐、吐き気、下痢、出血、髪が抜ける、などの症状に苦しみ、亡くなっていく」ことになり、爆風による被害だと、「体ごと吹き飛ばされたり、飛んできた瓦礫が体に刺さったり、倒壊した建物の下敷きで亡くなる」と説明している。

この二つの論説は、いずれも核兵器の被害を身近な例に当てはめてシミュレーションし、数値データやイラスト、地図などを用いてわかりやすく説明しようとしている点で共通する。特に後者の場合、原爆の炎で焼かれる人の姿や放射能の影響で嘔吐する女性の姿をイラストで生々しく描いており、一見すると、ショッキングな印象を受けるかもしれないが、裏を返せば、それだけ核の脅威がラテンアメリカの人々にとって身近なリスクとして意識されている証左とみることもできる。特にメキシコの場合、核保有大国のアメリカと直接国境を接するという地政学的要因も重なり、核戦争の可能性に対する警戒感はひときわ高いように思われる。上記二つの記事がいずれもメキシコの新聞に掲載されたという事実も、そうした意識の表れと読むことができよう。

被爆者への共感と人類の救い

ここまで核の脅威に対する危機意識の存在を指摘してきたが、別の観点として、核兵器の犠牲となった日本の被爆者への共感や思いが原動力となっている記事もいくつかみられた。そこで最後に、今回収集した記事の中から、広島の被爆者に焦点を当てた論説を一つ紹介して、本章の締めくくりとしたい。

ここで取り上げるのは、コロンビアのエルエスペクタドールに掲載された「原爆の二つの顔」（七日、一八頁）と題するオピニオン記事である。この記事を執筆したフアン・ボテーロ記者は、三〇年ほど前にコロンビア訪日記者団の一員として広島の平和記念資料館を訪れ、当時の館長で被爆者でもあった川本義隆さんの被爆証言を取材した経験を持つ。同記

事はその時の体験をもとに書かれたものである。

当時の証言によれば、川本さんは一九四五年八月当時一三歳の中学生で、建物疎開作業のために爆心地近くの中学校に登校していて被爆した。被爆時の様子について、例えば原爆が爆発した瞬間は「（爆弾が）落下するのを目にしたが、何の音もせず、閃光だけがきらめいた」と言う。そして「すぐに気を失って床に倒れ、暗闇の中で瓦礫の下敷きになっていた」。その後「なんとか目を開けると、ありえない光景が目に飛び込んできた。空が燃えている。そして左腕に鋭い痛みを感じた。木材の破片が矢のように肉を貫いていた」。

原爆が投下された時、川本さんは建物疎開作業の休み時間で教室にいたのだが、同じ教室にいた生徒の中で生き残ったのは自分一人だったという。

その後、川本さんは爆心地の炎から逃げ延び、死体の山や廃墟の中をさまよい歩いた後、五日後に母親にみつけられた。被爆後は一年以上も寝たきりとなり、髪の毛が抜け落ちたり、体から出血するなど

して生死の境をさまよったが、母親による看病のおかげもあって、なんとか一命をとりとめることができたという。この証言の最後に、コロンビア記者団から発せられた「今のアメリカをどう思うか」との質問に対しては、特に怒った素振りを示すこともなく、「許すことが自分の哲学です」と丁寧に答えたという。

この時の証言について、ボテーロ記者は三〇年経った今でも、目の前に川本さんがいるかのように鮮明に思い出すことができると記している。ただ同記者にとって、この訪問で最も印象に残ったのは、川本さんの証言自体ではなかったようである。それよりもむしろ、川本さんという人物そのものに強く心を打たれたのだという。ボテーロ記者は次のように記す。

（川本さんは）その目の奥に、どれほどの心の強さを宿しているのだろうか。彼のような苦しみを味わった後で、落胆や絶望にも流されず、諦めることもなく、もう一度人生を取り戻すには、もう一度笑顔を取り戻すには、朝がくる度にまた目を開けるには、どれほどの不屈の精神と生への意志が必要なのだろうか？

川本さんの「不屈の精神と生への意志」に深い感銘を受ける一方で、この時同記者の脳裏に浮かんでいたのは自らの母国コロンビアのことであった。

その時私は母国（コロンビア）のことを思わずにはいられなかった。過去の出来事を許せないがために、多くの苦しみを味わい、たくさんの血を流し、今もそうし続けている国のことを。原爆が落ちるのを目の当たりにしながら、礼儀正しく穏やかな声で話し続け、許されざるを許す崇高な精神を備えたこのような人物を前にして、私はそのことを思った。

同記者の暮らすコロンビアは、過去五〇年以上にわたって反政府ゲリラ、麻薬組織と政府軍による三つどもえの武力抗争が繰り返され、長年にわたる戦闘で数多くの犠牲者や難民を出してきた紛争国でもある。二〇一六年に反政府ゲリラとの和平協定により停戦がもたらされた今も、新たな武装勢力の台頭などにより、民間人が戦闘の犠牲となる状況は続いている。そうした「過去の出来事を許せない」がために、憎しみが憎しみを生み、争いが争いをもたらす負の連鎖を断ち切れずにいる母国の現状を憂いながらも、一方で、「原爆が落ちるのを目の当たりにし、被爆という生き地獄を経験しながら、「許すことが自分の哲学」と言い切る崇高な精神の存在を前にして、あるいは母国の救いとなりうる希望の光をそこに見出そうとしていたのかもしれない。

そしてボテーロ記者は、この記事を次のように締めくくっている。

私には、（川本さんが）人間の本質を学ぶうえで教訓とすべき象徴のように思える。なぜなら、

人類は原爆を作り出し、罪なき人々の頭上に落とすこともできるが、川本さんのような尊厳と克己心に満ちた手本となる人間を生み出すこともできるのだから。……そして私は思った。史上最大の悲劇に見舞われてなお、目の前のこの人物のように、微笑みを取り戻し、熱心に人の話に耳を傾け、愛や許しを口にし、前向きに未来に向き合い、そして何よりも、生き続けることができるのならば、この世界はまだすべてを失ったわけではないのではないか、と。

「史上最大の悲劇に見舞われてなお」、「未来に向かって前向きに」生きようとする一人の被爆者の姿。そこに象徴されるのは人類の持つ二つの顔である。一つは「罪なき人々の頭上に原爆を落とせる」残酷な顔。その犠牲となったのが被爆者である。そして、もう一つは「許されざるを許す」尊厳と克己心に満ちた崇高な顔。これは川本さんのような被爆者自身の顔でもある。そして、もしもボテーロ記者のいう

ように「許されざるを許す」ことのできる崇高な精神の存在によって、「この世界がまだすべてを失わず」にいられるのだとするならば、人類が再び「罪なき人々の頭上に原爆を落として」すべてを失ってしまう前に、われわれにできることとはいったい何なのだろうか？

この記事は、そのことを問いかけているようにも思える。

注

＊1　中川（一九九八）一八頁。

＊2　増田（一九九八）三頁。

＊3　プエルトリコは現在、アメリカ合衆国の自治領だが、一六世期から一八世期にかけてはスペインの植民地支配下にあった。

＊4　ＥＦＥは、スペインの首都マドリッドに拠点を置く、世界第四位の通信社（https://ja.wikipedia.org/wiki/ＥＦＥ）。

＊5　木村・カズニック（二〇一〇）一一頁。

＊6　国が定めた援護対象区域外における被爆者認定をめぐって争われた、いわゆる「黒い雨」訴訟において、原告側勝訴の判決が広島地方裁判所で出されたのは、この記事が掲載される一週間前の二〇二〇年七月二九日である。

＊7　長崎大学核兵器廃絶研究センターの推計では、二〇二〇年六月現在での世界の核弾頭数は約一万三〇〇〇発とされている（https://www.recna.nagasaki-u.ac.jp/recna/nuclear1/nuclear_list_202006）。

＊8　井上（二〇〇六）一一二頁、および本書2章。

＊9　トラテロルコ条約については、ラテンアメリカ・カリブ核兵器禁止機構（Organismo para la Proscripción de las Armas Nucleares en la América Latina y el Caribe: http://www.opanal.org/）を参照。

＊10　国本（二〇一一）一三四―一三七頁。

＊11　核兵器禁止条約については、国連軍縮部（http://disarmament.un.org/treaties/t/tpnw）を参照。

参考文献

井上泰浩（二〇〇六）「世界は「広島」をどう報じたか――原爆投下60周年報道の国際比較検証」、『広島国際研究』一二巻、一〇三―一二七頁。

木村朗、ピーター・カズニック（二〇一〇）『広島・長崎への原爆投下再考　日米の視点』（乗松聡子訳）、法律文化社。

国本伊代（二〇一一）「ラテンアメリカを非核武装地域にしたメキシコ人――アルフォンソ・ガルシア＝ロブレス」国本伊代編著『現代メキシコを知るための60章』一三四―一三七頁、明石書店。

中川文雄（一九九八）「序章　ラテンアメリカ地域の特徴」国本伊代・中川文雄編著『ラテンアメリカ研究への招待　改定新版』一七―四四頁、新評論。

増田義郎（一九九八）『物語ラテン・アメリカの歴史――未来の大陸』中公新書。

10章　中東アラブ
――〈現代の広島〉における関心と苛立ち

田浪亜央江

1　中東アラブ地域から広島を捉える

「一九九〇年以降、制裁により少なくとも一五〇万人のイラク人が病気と栄養失調で死亡した（広島と長崎の犠牲者の二倍である）」。

これは、長崎原爆から七五年目にあたる日の翌日、あるアラビア語紙の中に登場する記述である。日本語でこれを目にした読者の多くは当惑を覚えるかもしれないし、時代も背景も異なる中東での出来事に広島・長崎の出来事を対置し、前者の被害をより大きなものだとすることに、違和感をもつかもしれない。だが、これは決して広島・長崎の原爆被害を矮小化するためのロジックとは言えない。適否はともかく、この地域の広島認識を考える上では見落とせない言説であり、本稿の中で検討することとしたい。

さてここで扱う中東アラブ地域は、アラブ連盟に加盟する二二のアラブ諸国（パレスチナを含む）およびトルコ、イラン、イスラエルを含む広大な地域である。この地域の混迷・混乱が世界的に認知されて久しいが、改革を求める民衆の不断のエネルギーによって、現在の国民国家を単位とした世界の枠組みや資本主義の矛盾を露呈させているという点では、

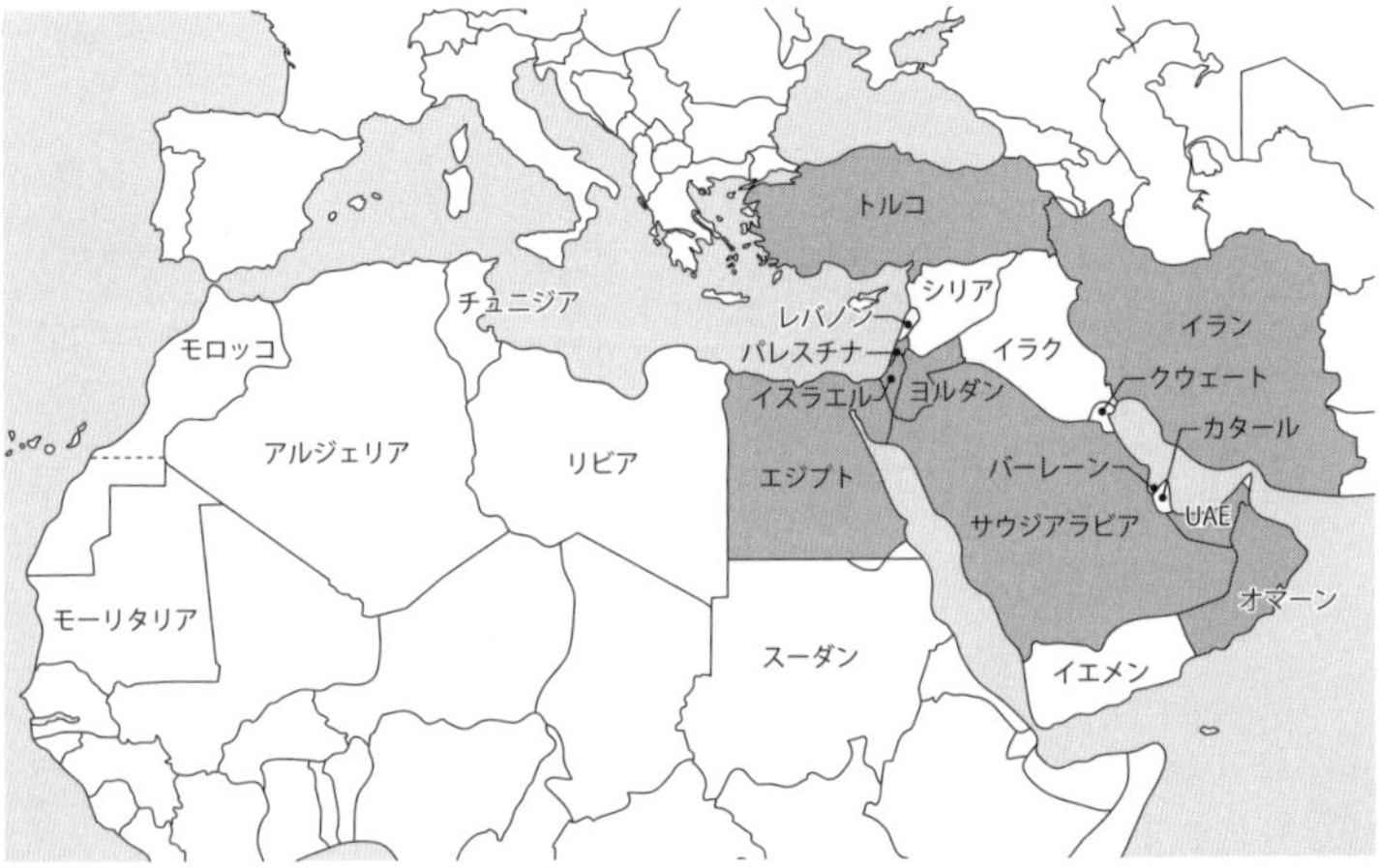

：調査対象国

図　現在の中東アラブ地域

先進的な地域であるとも言える。二〇一一年から始まった、いわゆる「アラブの春」と呼ばれる出来事はアラブ諸国に限定されるものではなく、中東アラブの長い革命の歴史の底流において連動しながら生じたものだと捉えられる。

ソーシャルメディアの役割が世界的に広がる中、広島原爆七五年という視点に限るとしても、従来のメディア、ましてや新聞によってだけでは情報の動きはみえてこない。とりわけ中東アラブ地域では、SNSの果たした役割の大きさが指摘される「アラブの春」以降、メディア状況は激変している。[*1] そうしたなか、新聞に掲載されているコラムやエッセーは、むしろ主観性を押し出すことで、日ごろ新聞よりも映像メディアやSNSに反応する大衆の意識に働きかけることのできる表現だろう。

ここではまず、本書で共通の調査対象とする二〇二〇年八月一日付から一六日付までの紙面について、記念式典や被爆者の証言、原爆攻撃の目的に関する見解など、直接被爆七五年に関わる報道を〈広島原爆七五年報道〉として概観する。次に、広島原爆関連の話題を導入的に用いるなどしながら、あくまで中心点や力点を別のところに置いたコラムやエッセーを〈広義の広島報道〉として捉え、その内容について検討する。本来想定されている広島原爆七五年報道とは性格を異にするが、混迷を深めるアラブ地域においてこそ見出される「世界の捉え方」があるのだということが、広島に言及したこれらの記事から読み取れるのではないだろうか。

なお、本章で扱う新聞は主に、プレスリーダーで検索収集できる日刊紙を対象としている。アラブ諸国の新聞に関して本サイトでアクセスできる紙面はかなり限られ、調査期間においてはエジプト、ヨルダン、パレスチナ、オマーン、サウジアラビア、アラブ首長国連邦（UAE）の新聞計一九紙であり、さらにアッシャルクル・アウサト紙を加えて二〇紙が調査対象となった。主要マグレブ諸国（モロッコ、アルジェリア、チュニジア）およびリビアの新聞を含めることはできなかったが、核政策に関してはいずれも重要な国々である（アルジェリアについては4節で言及）。また本稿では引用箇所を除き、主体・客体の曖昧な「原爆投下」という表現はなるべく避け、文脈に応じて「原爆攻撃」「被爆」などと呼ぶ。

2　八月一日から一六日までの広島報道概観

本書で共通の調査対象とする二〇二〇年八月一日付から一六日付の範囲では、中東アラブ諸国における広島関連報道は決して多くない。調査対象とした日刊紙二〇紙のうち、何らかの広島関連報道がなされていた新聞は一四紙、記事の本数は計二七本である。そのうち、上述の通り直接被爆七五年に関わる〈広島原爆七五年報道〉は一四本であった。

この一四本の記事について、判明の範囲での情報

中東アラブにおける〈広島原爆七五年報道〉内容一覧

発行元		新聞名	情報ソースや書き手など	（全一四本）※被害＝七 ■広島式典＝六 ◆見解＝五 ○証言＝五 △核禁条約＝四 ☆長崎式典＝三
トルコ		サバハ（トルコ語）	独自	（七日）「リトルボーイの犠牲者を記念して」■広島式典 エルドアン大統領メッセージ トルコ外相メッセージ △核禁条約
		ヒュッリーイェト・デイリー・ニュース&エコノミック・レヴュー（英語）	独自	（六日）「被爆者、原爆攻撃下の広島の記憶を語る」○証言 ※被害 後遺症 被爆者差別
			独自、広島	（七日）「日本、広島原爆攻撃から七五年に」■広島式典 記憶の継承 核廃絶
		デイリー・サバハ（英語）	独自	（七日）「広島記念日に核廃絶の呼びかけ」■広島式典 核の傘 △核禁条約
汎アラブ		アッシャルクル・アウサト（アラビア語）	配信記事	（七日）「広島記念日に核廃絶の訴え、世界に」■広島式典 日本の降伏 平和宣言 ※被害 ○証言 ◆見解 オバマ訪問 教皇訪問
			独自、ロンドン	（一〇日）「長崎、原爆の日にその記憶を想起する」☆長崎式典 ※被害 日本の降伏 ○証言 平和宣言 △核禁条約
		アラブ・ニュース（英語）	配信記事（要約）	（一〇日）「長崎、原爆から七五年に」☆長崎式典
湾岸アラブ	サウジアラビア	アル・ワタン（アラビア語）	独自論考	（一〇日）「リトルボーイとファットマンの記憶」原爆開発史 爆弾の特徴 ※被害 後遺症 ◆見解
	UAE	アル・バヤーン（アラビア語）	配信記事	（六日）「広島・長崎の記憶は消滅の危機に」記憶の継承
			翻訳論考	（一五日）「核災厄から七五年、広島は問いを投げかける」※被害 ○証言 オバマ訪問 教皇訪問 ◆見解
		イマーラート・アルヤウム（アラビア語）	翻訳記事	（六日）広島・長崎攻撃の犠牲者、繰り返し差別と疎外に苦しむ ○証言（五名）※被害 △核禁条約 ◆見解

東アラブ			
ヨルダン	アル・ガド（アラビア語）	配信記事	（一〇日）「広島・長崎の核の地獄から七五年」　爆弾の特徴　※被害　◆見解　被爆者差別
パレスチナ	アル・クドゥス（アラビア語）	配信記事	（一一日）「広島・長崎の核地獄から七五年」　■広島式典　☆長崎式典
エジプト	アル・マスリー・アル・ヤウム（アラビア語）	配信記事	（七日）「日本、広島核攻撃の記憶を想起する」　■広島式典　平和宣言

ソースや書き手、重要だと思われる内容を項目化したものを一覧にすると、右のようになる。

まず記事の情報ソースとして、ＡＦＰ通信等の配信記事[*2]や、外部媒体記事の翻訳物が半数以上を占めている。独自に作成されたと考えられる記事の多くも、広島など日本国内での取材を通した記事ではなく、内容から判断して広島・長崎の平和記念（祈念）式典のライブ中継を利用して作成したものと思われる。現地（広島）取材に基づく独自記事を掲載しているのは、トルコのヒュッリーイェト・デイリー・ニュース＆エコノミック・レヴューのみである[*3]。

原爆の放出エネルギーや被爆死者数などの数字、被爆者の身体に与えた影響に関してなど、「被害」に触れた内容項目が最も多く、七本の記事に含まれている。広島の平和記念式典の実施の事実やその内容については六本の記事の中にみられ、対して長崎の平和祈念式典について言及のある記事は三本となっている。被爆者の名前を明記し、その証言の引用を含めている記事は、五本である。小倉桂子さんが三本の記事に紹介されているほか、広島原爆の被爆者としては、サーロー節子さん、李鐘根さん、近藤紘子さん、児玉三智子さんの証言が取り上げられ、長崎原爆の被爆者としては、羽田麗子さん、および平和式典で読み上げられたメッセージの引用の形で、深堀繁美さんの証言が取り上げられている[*4]。

このサンプルの範囲では、〈広島原爆七五年報道〉は東アラブ諸国に比べ、湾岸アラブ諸国のほうが充実していることがわかる（ロンドンに拠点を置くアッシャルクル・アウサトは汎アラブをうたってはいるが、サウジアラビア出身者によって設立され、同国の公式見解を反映していると言われており、[*5] この分類の中では「湾岸アラブ」に入れてある)。東アラブ諸国の場合、〈広島原爆七五年報道〉に関しては、通信社配信記事を短くまとめるにとどまっており、あまり特徴のある記事を見出すことはできない。他方で八月四日に起きたベイルート大爆発に触発された〈広義の広島報道〉は、些末なものは分析対象から外したが、東アラブ諸国で数多くあった（後述）。

3　中東アラブにおける広島報道の特徴

原爆攻撃の背景をめぐる見解について

前節で触れた制約をふまえつつ、中東アラブにおける〈広島原爆七五年報道〉の特徴について、まずはアメリカが原爆攻撃を決断した背景に関する記事を通して見てみたい。

　AFP通信の配信記事に依拠するヨルダンのアル・ガド（一〇日三一頁）の記述は、次のようになっている。「広島と長崎は日本にとって最後の攻撃となり、第二次世界大戦はそれによって終結した。しかし歴史家たちは、二度にわたるこの核攻撃が紛争の終結を早め、より多くの命を実際に救ったのかどうか、今なお議論している」。「より多くの命を救った」というアメリカの主張の土俵上での議論の紹介にとどまってはいるものの、原爆攻撃を正当化する論に対して留保を設けた格好だ。

　同様にAFP通信を使った汎アラブのアッシャルクル・アウサト（七日一一頁）は、「二つの原爆攻撃の歴史的評価は、今なお議論を引き起こしている」とした上で、両論を併記する。「一部の歴史家は、最終段階での二つの爆弾の投下は、より多くの死者を生む可能性のある地上戦を回避することによって人命を救ったと述べる。しかし日本では、攻撃は無差別に民間人を標的とし前例のない被害をもたらしたがゆえに、戦争犯罪とみなされている」。民間人に対する無差別攻撃であること、「戦争犯罪」という視点が導入されていることで、アル・ガドよりも踏み込んだ記述となっていると言える。

「戦争犯罪」という視点について、専門家（ハーバード・ロースクール教授ガブリエラ・ブルーム）の具体的な指摘を引用しているのは、UAEのアル・バヤーン（一五日一六頁）に掲載されたダヴィド・ウェルナー（米国公共ラジオ・国家安全保障特派員）の論考である。「民間人に巨大な核兵器を投下することが戦争犯罪であるのは疑いの余地はない」。また、やはりUAEのイマーラート・アルヤウムも（六日二六―二七頁）、「（米国は）日本の降伏が差し迫っていることを知っており、原爆は軍事的に必要ではなかったことが文書記録から明らかである」というガー・アルペロヴィッツ[*6]の指摘を引用したニュース週刊誌『タイム』の翻訳記事を掲載している。

このようにニュアンスの差異はあるが、いずれの記事も、まず原爆攻撃を正当化する言説に触れ、次に反論を示すことで、後者についてより強い印象と説得力を与える構成となっている。井上泰浩による原爆理解のフレーミング（1章）を用いるならば、中東アラブのメディア報道においては、原爆が「市民を標的にした無差別虐殺（戦争犯罪）」として報道されるのが一般的であるのは確かだろう。

そのフレームを共有しながら、唯一、外部メディアを経由せずに本テーマに言及しているのは、サウジアラビアのアル・ワタン（一〇日一〇頁）に掲載された論考である。核問題研究者という肩書をもつ筆者のサーミー・ハマドは、次のように述べている。

> この二つの爆弾による爆撃は、核爆弾の使用について幅広い道徳的および政治的議論を引き起こした。（中略）戦争終結のため、あるいは日本による攻撃からアメリカ国民を守るためにそれは必要だったとみる者がおり、他方でそうした動機は存在しなかったと考える者がいる。当

時日本は降伏の間際にあったし、真の目的は覇権、ロシアへの牽制、秘密にしてきたこの米国製兵器をみせつけることだったのだから。

ここまでは他の四記事と同様だが、なぜ原爆攻撃が一回で済まなかったのかという、比較的注目されにくい論点にも目を向ける。「最も確からしいのは、ただ広島の一回限りではなく、複数の爆弾を製造する米国の能力を証明する必要性である」。

この論考は、ジェームズ・チャドウィックによる中性子の発見とマンハッタン計画開始までの経緯の概観から書き起こされている。次に「リトルボーイ」と「ファットマン」の核分裂性物質とデザインの違い、それがもたらす破壊の様相が淡々と描かれる。「(核爆発により)あらゆる方向へと衝撃波が放射され、建物や資産が破壊され、風速が音速(一二〇〇km/時)を超え、その場のすべての人間や樹木は破壊される。(中略)爆発ゾーンから一キロ以内で、強い圧力が肺、腸、中耳など、空気を含む人間の臓器の爆発を引き起こす」。確かに破壊の凄まじさは説明されているのだが、被爆者が実際に目撃・体験した描写が引用される場合と異なり、どこか実験場でのシミュレーションを聞かされているような印象を持つ。核の威力への称賛を裏に含んだ、自然科学者のメンタリティを感じさせるのだ。

反面、被爆と癌の因果関係については、そっけなくも「わからない」としている。九三歳で亡くなった二重被爆者の山口彊さんが、癌に冒されていたことに言及している箇所でも同様だ。末尾では原爆攻撃に対する道義的責任を感じた科学者の後悔と反核運動に触れ、「軍事的に降伏したが精神的には降伏しなかった」日本への称賛で結ばれている。

こうしてみると、一見客観的な事実報道だと捉えられる〈広島原爆七五年報道〉も、力点のおき方が分かれる記事の取捨選択は、メディアによってかなり異なることがわかる。特殊な政治社会体制を持つ極めて保守的な国であるサウジアラビアの中で、アル・ワタン紙は進歩的な日刊紙とみなされている。*7

同国政府の意向に反することのない限りで野心的な記事を取り上げる同紙が、原爆被害の実相を伝えうる被爆者証言に依拠した記事ではなく、こうしたタイプの論説を掲載していることは注目に値する。同国は世界で一、二位を争う産油国でありながら今や一六基の原発建設計画を持っているほか、核武装への意欲を秘めているとも伝えられる。[*8] いずれにせよ、同国では核関連の専門家の養成が近年急速に進んでおり、この筆者もそうした人材の一人ということになるだろうか。[*9]

核兵器禁止条約とその署名動向について

核兵器禁止条約について取り上げているのは四紙で、特にアラブ系の二紙（イマーラート・アルヤウム〔六日二六―二七頁〕、アッシャルクル・アウサト〔一〇日一一頁〕）の記事は力が入っている。

先にも引用したイマーラート・アルヤウムの記事は、『タイム』記事の翻訳ではあるが、アラビア語圏でこれまでほとんど知られて来なかった、朝鮮半島にルーツを持つ被爆者に光を当てていることでも注目に値する。見開き二ページに及ぶこの記事は、今回の調査の中で最もボリュームがあり、在日韓国人二世の李鐘根さんを含む五人の被爆証言は、アラビア語圏での原爆受容史においても画期的なものと言える。被爆者証言が中心の記事の中で、核兵器禁止条約は次のように言及されている。「朝日新聞調査によると、七六八人の生存被爆者の三分の一は、核兵器のない世界を求める自分たちの願いが人類全体に共有されていないと述べている。また彼らの七〇％以上が、日本政府に核兵器禁止条約の批准を求めている」。被爆者の証言を挟み、同条約への言及は繰り返される。「一九四五年の原爆からの生存者が核兵器のない世界をみることができずに不満を抱いている一方で、日本は二〇一七年に採択された核兵器禁止条約への署名や批准を拒否している」。

このように日本政府の姿勢に疑問を投げかける論調は、アラビア語の独自記事であるアッシャルクル・アウサトの記述の中にも表れている。長崎原爆の翌日の記事の中で、田上富久長崎市長による平和宣言に触れた箇所だ。「安倍晋三首相の目前で、彼（田上市長）は再び自国に対し、核兵器禁止条約に署名するよう求めた。彼が最初にそれを求めたのは二〇一七年八月の式典においてだった。核兵器を禁止するこの文書が一二二か国で採択された時のことで、彼はひじょうに印象的な言葉を使った」。記事は次のように続く。「核保有国である米国、ロシア、英国、中国、フランス、インド、パキスタン、北朝鮮、イスラエルは、ほとんどのNATO諸国や日本がそうしたように、交渉をボイコットした。日本は抑止の原則に基づいて同盟国を保護することを約束する米国の傘の下にある」。

他方、NATO加盟国であるトルコの新聞（いずれも独自記事）は、三紙中二紙が同条約について触れているものの、日本が未署名だという点については直接言及していない。デイリー・サバハ（七日一頁）は次のように伝える。「日本は核兵器の保有、生産、使用を放棄しているが、米国のトップの同盟国であり、五万人の米軍を受け入れ、米国の核の傘によって保護されている。このことは二〇一七年に採択された条約への日本の署名推進を複雑にしており、北朝鮮による核開発のさらなる追求により日本の軍事的役割が高まる中では特にそうである」。

サバハ（七日一頁）の伝える日本の立ち位置は、さらに曖昧だ。「『原爆投下の犠牲となった唯一の国として、日本は核兵器廃絶に向けて努力する義務があります』と安倍晋三首相は述べた。核兵器禁止条約は三年前に国連で採択され、これまでに三二か国（ママ。実際には四〇か国─引用者）で批准されている。核を保有する米国、英国、中国、フランス、ロシアは条約に参加していない」。批判的な注釈抜きの安倍首相発言の引用も手伝って、日本も核保有国と同様の行動をとっていることをすでに知っているのでない限り、日本は当然署名しているという誤解さえ与えかねない記述だろう。

サバハのこうした姿勢は、ある意味ひじょうに興味深いものである。そもそもこの記事は、エルドアン大統領が広島平和記念式典に寄せたビデオメッセージについてのもので、トルコの国民的詩人ナーズム・ヒクメットが佐々木禎子に触発されて書いたとされる詩の一部を同大統領が朗読したことを中心に伝えるものだ。[*10] 全体として決然とした言葉遣いや、締めくくりの「決して繰り返すな！」という挨拶に焦点があてられる一方、核に関してこの国が抱える矛盾とジレンマは忘却されているようだ。資質のまったく異なる日本とトルコの首脳のそれぞれについて、サバハは一部の情報を強調し、関連する情報をあえて出さないことで、両者がこの場においてみせたい顔を示す役目を果たしている。

前年の九月二四日、エルドアン大統領は国連総会での演説で、「核兵器の保有は、すべての国に認めるか、完全に禁止するかのどちらかにすべきだ」と述べた。またその直前には、核兵器を保有するイスラエルに言及し、他方でトルコが保有することが認められないのは受け入れ難いとも発言している。[*11] 現在のＮＰＴ（核不拡散条約）体制が核保有国と非保有国の「不平等」の上に成り立っていること、そしてＮＰＴに加盟せずに核を保有するイスラエルのような国が存在することの矛盾は否定しようもないが、ＮＡＴＯのニュークリア・シェアリング政策[*12]によって、アメリカの戦略核兵器が国内に配備されているトルコもまた、その構造的矛盾に組み込まれ、核を外交戦術として用いている。トルコが国内初の原子力発電の稼働に向けた準備を着々と進めていることにも注意が必要だ（二〇二一年三月一〇日には、アックユ原発三号機原子炉の着工が発表されている）。子供の犠牲に心を痛め人間の尊厳を訴えるエルドアン大統領の平和記念式典における力強いメッセージは、彼が核兵器保有への意欲をちらつかせることでその影響力を高めようとする一連の発言と、実のところ表裏一体の関係にあると言える。

4 〈広義の広島報道〉と中東における核被害

次に、広島原爆に関わる話題を取り入れつつ、中心点や力点を別のところに置く〈広義の広島報道〉の内容をみてゆこう。書き手の個性が反映されたコラムやエッセーが中心になるが、中東アラブ地域での報道としての特徴が読み取れないものは、ここでは除外しておく。[*13] 必然的に、中東アラブ世界の現実を生きる民衆目線からの記事を扱うことになる。

原爆から七五年目の八月にとりわけこの手の記事が目立つことになった第一の理由は、広島原爆の日の二日前にレバノンのベイルート港で大爆発が起きたためである。惨事の原因は港に保管されていた大量の硝酸アンモニウムとみられ、二〇〇〇人以上の死者と六五〇〇人の負傷者を出し、三〇万人以上が家を失ったと伝えられる。この偶然のタイミングに言及しながらベイルートと広島を結びつける報道の多さは、逆に言えばこの地域における広島の〈身近さ〉、ふだんからの関心の高さを浮かび上がらせてもいるだろう。[*14] エジプトのアルマスリー・アルヤウム（九日一四頁）のコラムは、こう記している。「人々はそれを広島だと言ったが、その爆発力は殺人的原子の一〇倍だった。恐るべき偶然によって、ベイルート爆発は広島記念のさなかに起きた」。[*15]

きっかけはニュース専用テレビ局のスカイ・ニュース・アラビア[*16]による取材中、ベイルート知事マルワーン・アブードが、爆発直後の廃墟を前に口にした言葉だ。爆発の原因について問われ、「何もわからない」と応答する中で彼は、「これは日本で……、広島と長崎で起きたこととそっくりだ」と発言する。政治家としてのものというよりも、衝撃のために茫然とした一市民としての感情的な言葉である。

事故の原因が明らかになるにつれ、この比較はいっそうの意味を持つようになる。単なる巨大な爆発事故ではなく、大量の爆発性物質が杜撰な方法で貯蔵された原因は政府の機能不全と腐敗であり、それが事故を引き起こしたとみなされたからである。深刻な経済危機を背景として体制変革を求める運動は、すでに前年一〇月から全土で起きていた。事故直後、レバノンの旧宗主国であるフランスのマクロン大統領が緊急訪問して支援を表明する一方で、レバノン政府に対し「大きな変化」が必要だと上から目線で諭したことも、複雑な反応を呼び込んだ。

戦争やテロのような政治的暴力とは異なるものの、この事故はまさに戦災のように語られたのである。アルマスリー・アルヤウムの別のコラム（二一日一九頁）は、「（専門家によれば）米国が日本の二つの都市、広島と長崎を核爆弾で爆撃して以来の、三番目に危険な爆撃が発生した」と伝える。また、アッロイヤのコラム（一〇日六頁）は、「広島原爆の日に自分自身を慰め続けている」日本人の姿に、今回の災難を「決して忘れない」ベイルートの人々を重ねている。次いでこのコラムは、中東各地における出来事へと視点を広げる。「中東は、イラク危機からシリア、イエメン、レバノン、パレスチナを演じ手に、様々な種類の悲劇をさらす世界規模の劇場であり続けている」。

こうした中東全体への視点に広島の経験を重ね、それを質の高いアラビア語で表現しているのは、アルクドゥスル・アラビー（一〇日二三頁）掲載のエッセー[*17]である。筆者ハイファー・ザンカナは、広島原爆の日を目前にベイルートの事故が起きたことで、「私たちの中に広島が存在していること」を突然自覚することになったと書き起こす。

致命的な爆発によって、ベイルートでは七五年の差で広島が現れた。劣化ウラン弾と白リン弾が降り注がれたイラクのファッルージャでは、五九年の差で広島が現れた。人間の区別は存在しなくなり、国境は消された。ベイルートは惨禍によって広島へと生まれ変わり、ファッルージャは「新しいイラク」における広島となった。

／負傷者は日々ベイルートを去ってゆき、ファッルージャでは双頭の子供が生まれ、親たちは癌で死んでゆく。

イラクのクルド系女性作家である筆者はしかし、祖国の惨状を訴えるにとどまらず、「われわれはいくつの広島を生きるのだろうか?」と自問する。爆撃によって「もとの色が拭き取られ、灰の色だけ」となった中東各地の都市の名を挙げ、とりわけ「一三の都市に広島が存在する」シリア各地については、都市ごとに破壊された建物の具体的な数字を、次々に並べてゆく。

イラクの核被害については、広島との関わりという意味でも補足が必要だろう。一九九〇年のイラクによるクウェート侵攻と併合に対し、国連はイラクに経済制裁措置をとり、さらにはイラクが期限内に撤退しない場合の武力行使を容認する国連安保理決議六七八を可決した。その期限の二日後にアメリカを中心とする多国籍軍による攻撃が開始され、米軍はその過程で、劣化ウラン弾を使用した。劣化ウラン弾は弾丸として使用された後、微粉末となって内部被ばくを起こすとされ、戦後、除隊した元米兵のあいだから身体の不調の訴えが出た。また、イラクでは劣化ウラン弾の使用された南部を中心に、正常の発生率を大きく超える癌や白血病、新生児の「奇形」や死産が多発した。だが、ようやくこのことに注目が集まったのは、米国が「大量破壊兵器」の存在を口実として、再度イラク攻撃を行うことが現実化し始めた二〇〇二年頃からだった。

これに対し日本の中で最も敏感な反応を示したのが、広島の市民や広島のメディアである。アメリカによるイラク攻撃の危険性が高まり、国際的な反戦運動が盛り上がる中、広島からは被爆者や平和活動家の森瀧春子さんらによる市民グループがイラクを訪問し、その影響について調査を行った。その後、イラク人医師が広島を訪問して核被害について報告を行うなど、イラクと広島との民間の交流が重ねられた[*18]。二〇〇四年、米軍による大規模掃討作戦が展開されたファッルージャでも劣化ウラン弾が使用されたと言われており、ジャーナリストらによる断片的な報告はされているものの、公的な調査団などは派遣されないまま今日に至っている。

　ザンカナは触れていないが、中東アラブにおける核被害に関しては、アルジェリアにおけるフランスの核実験の影響も見落とせない。[*19] 一九六〇年二月一三日の地上核実験の成功により、フランスは世界で四番目の核保有国となった。フランスが当時植民地支配をしていたアルジェリアのサハラ砂漠がその舞台である。二〇二〇年は原爆攻撃七五年目であると同時に、アルジェリアにとっては自国が核の実験場にされてから六〇年目の年でもあったのだ。

　フランスは一九六五年までに、レッガーヌで大気圏内核実験を四回、タマンラセット県のアイン・エケル実験場で地下核実験を一三回行った。そのうち九回は、アルジェリアが一九六二年七月に独立して以降の核実験だった。サハラ砂漠での核実験の被害者はおよそ二万人にのぼるという。

　長年フランスは核実験の被害を認めて来なかったが、最初の実験から五〇年が経過した二〇一〇年、フランス核実験被害の認知と補償に関する「モラン法」と呼ばれる法律において初めて被害を認めた。これによりアルジェリアでは若者世代を含め当時の状況への関心が高まり、知らされてこなかった被害を掘り起こす研究も進んでいる。[*20]

　調査対象外の報道だが、アルジェリアのアフバールは、最初の核実験の爆発の威力は約七〇キロトンで、「広島原爆の約三倍から四倍」としている。[*21] そのうえでこの記事の力点は、「西欧の植民地主義勢力と核技術の保有のあいだの有機的つながり」についての指摘であり、これらの国が植民地支配下や自国の先住民居住地域でウランの発掘や核実験を行い、当該地域の住民のあいだに核被害をもたらしていることを指摘している。同記事は、少なくとも中国、インド、パキスタン、そしてイランといった国々は、植民地の鉱山からウランを抽出していないし、植民地における核実験も行っていないとしている。

こうした視点は、中東アラブ地域において、イランの「平和的核開発」への国際的なプレッシャーへの批判を構成することになる。日本のメディアではほとんど言及されない核と植民地主義という視点に向き合うことのないまま、現状のNPT（核不拡散条約）体制の枠の中でイランのような国の核開発を問題にすることは、少なくとも中東アラブ地域の中では説得力を持たないことを含意した主張のようだ。

5 〈広義の広島報道〉とパレスチナ／イスラエル

ザンカナのエッセーと同様に中東全体の現状に視点を広げつつ、歴史的な経緯を喚起させる手法をとるのが、パレスチナのアル・クドゥス（二〇日一一頁）に掲載されたエッセー「広島と長崎における平和と降伏の論理」である。本稿冒頭に引用したのがその一部で、筆者のアブー・ゼイナはまず、当時の米国の目的が「日本の即時完全降伏」にあり、「(日本の）軍事力の完全な破壊だけが永続的な平和への道を開くことができる」とする米陸軍長官ヘンリー・スティムソンの言葉を引用している。

むろんスティムソンのこの主張は、アメリカの原爆攻撃を正当化するためのロジックとしてよく知られているもので、すでにみてきたように、続けてそれへの反論を対置するのが中東アラブでの報道傾向だ。しかし筆者は、ここではあえてアメリカの従来の主流言説に乗ったまま議論を展開する。「スティムソンによれば、平和は何百万人もの命を救う」。アメリカの言うまさにこの「平和のための原爆投下」という名目によって、広島・長崎の民間人がスケープゴートにされたのである。そしてそれから四五年後には、同じ論理がイラクに適用され、「平和」のためという名目によってこの国が長期にわたる制裁の対象となった、というのがこのエッセーの本題だ。その結果、本章冒頭で引用したように病気や栄養失調で五歳未満の子供を中心とする一五〇万人のイラク人が死亡し、その数は「広島と長崎の犠牲者の二倍」とされている。

筆者は次いで、イラクでの癌の増加やイラク戦争によるさらなる被害、そして昨今のレバノンの事例(爆発事故)に触れる。そのうえで「広島・長崎の論理を最も明確に示す例」として畳みかけるように挙げるのは、パレスチナ人をめぐる状況である。

何十年もの間、パレスチナの民間人は、広島と長崎の被害とはまったく比較にならないほどの心理的および物質的な犠牲を伴う、大量虐殺、民族浄化、包囲および戦争の継続的な爆撃に直面してきた。喧伝された目的は〈平和〉に他ならず、その実それは、占領への無条件降伏と民族的な抵抗の意思の破壊である。

核被害という、広島とイラクの共通性以上に筆者が強調するのが、パレスチナ人の犠牲であることに注意したい。さらに末尾近くでは、広島・長崎は「いついかなる場所でも何億人もの人々の精神と意志を破壊する継続的な実践」の「シンボルに過ぎない」、と述べられている。広島・長崎に寄せられる世界的な関心に比べ、長年パレスチナ人たちが世界から無関心のままに放置されていると書き手が感じ、苛立ちを抱いていると読み取るのは自然なことだろう。それは、民族浄化にさらされたパレスチナの状況に、「広島・長崎」をそのまま接合させることの困難さへの苛立ちでもあるだろう。ともかくも広島原爆七五年目という機会を捉え、ややアクロバットな手法さえ用いて筆者が示そうとしているのは、「平和」の名のもとに大国が介入し、植民地主義的な支配が今なお継続する中東の現状なのだ。

筆者はここで直接触れていないが、中東における核と植民地主義が交差するのは前節で述べたアルジェリアにおける問題だけではなく、パレスチナを占領するイスラエルによる核開発の問題も見落とすことはできない。そもそも一九五〇年代初頭から、フランスと核の共同開発を進めていたのがイスラエルである。一九六〇年のサハラ砂漠におけるフランスの核実験では、イスラエルの技術者がオブザーヴァーとして立ち会ったとされる。[*22]

一九八六年一〇月五日、イスラエルのディモナ原子炉で現場技術者として働いていた当時三一歳のモルデハイ・バヌーヌが、ロンドンのサンデー・タイムズに施設内部の写真を暴露した。この写真をもとにした専門家の見積もりでは、少なくとも一〇〇から二〇〇の核弾頭が組み立てられたと同紙は伝える。[*23]

二〇一一年の福島原発事故以来、イスラエルでも核施設による汚染や施設で働く労働者の健康被害に関心が向けられるようになった。二〇一五年五月三日夜九時、イスラエルのチャンネル10は、約八十分のドキュメンタリー番組「ディモナ原子炉の暗い秘密[*24]」を放映した。広島で原爆が炸裂する記録映像が冒頭に流れ、ディモナでは「リトル・ヒロシマ」と呼ばれる実験炉があると語られる。労働者階層のトップに立つ核技術者と異なり、周辺住民からなる清

掃労働者は「ゴミのように扱われ」、癌になっても補償を受けることはない。「リトル・ヒロシマ」で働く従業員の四分の一にあたる者が癌で死亡との証言も出て来る。また労働者たちはほとんどがミズラヒーム（アジア・中東・アフリカ出身のユダヤ人）であり、エスニックな差別も指摘される。

この番組は相当な話題を呼んだようだが、イスラエルの主要都市よりも地理的に近いパレスチナのヨルダン川西岸地区側の被害については一顧だにされていない。西岸地区南東部の村は、ディモナ原子炉から一一キロしか離れていないのだ。西岸地区南部の土壌や大気中のカリウムとウランの割合は通常の三倍あり、ヘブロン南部の人口三万五〇〇〇千人のザーヒリーヤ村（ディモナ原子炉から一七キロ）では二〇〇七年、若者を中心に癌が二〇〇例記録されたという。[*25]こうした報告を発信しているのはパレスチナ在住のジャーナリストや活動家であり、イスラエルの従来型メディアの提供した情報を彼らが批判的に利用することで、問題の告発につながったといえる。

本章の射程を通しては十分に触れることはできないが、オバマ政権以降の米国の、振れ幅の大きな対中東政策の中で、一貫して問題にされたのはイランの「ウラン濃縮」であり、NPT（核不拡散条約）に加盟せず自国の核兵器保有について肯定も否定もしないイスラエルの曖昧政策が公的に問題にされることはなかった。イランとイスラエルのあいだの核をめぐる二重基準こそが中東情勢を必要以上に複雑にさせているのは明らかであり、この点を正面から問わない限り、中東における核開発競争は拡大する一方だろう。

こうした中で、政策や支配層の代弁、マクロな視点での分析だけでなく、様々な形で核による被害を受けている人々の声を伝えるジャーナリズムの果たす役割は、メディアの形態を問わず大きい。〈広島〉の経験や被害の規模が、そこにおいて「基準」や「シンボル」としてどんな機能を果たし、この地域の人々の解放への願いとどのような接点を作りうるのか、引き続き注目してゆきたい。

注

＊1　このテーマに関する文献は、Bebawi (2016)、Douai (2016) など多数ある。

＊2　AFP記事については、1章10節を参照。

＊3　日本に拠点を置くアラビア語の「リサーラ・メディア」所属記者が広島でドバイ・テレビ向けに取材したことは確認できたが、紙媒体での報道は確認できなかった。

＊4　小倉桂子さん、サーロー節子さん、李鐘根さん、近藤紘子さんについては、1章のコラム「三人の女性被爆者　世界に届いたメッセージ」参照。

＊5　Miladi (2021) p. 329.

＊6　1章の注＊8、および2章注＊10を参照。

＊7　ただし宗教当局への批判はタブーであり、二〇一八年一〇月にイスタンブールで暗殺されたジャーナリストのジャマル・カショギは、二〇〇三年に当紙の編集者を解職されている。Miladi (2021) p. 334.

＊8　"Saudi crown prince warns it will build nuclear bomb if Tehran does the same"（ガーディアン、二〇一八年三月一五日、電子版）。

＊9　なお、ジョン・ハーシーの『ヒロシマ』（1章2節参照）は二〇一九年に、長文の訳者序文入りでアラビア語の翻訳書が刊行されているが、この訳者がサウジア

ラビア人であることについても、深読みは可能だろう。

*10 ヒクメットの詩（一九五六）は日本でも「死んだ女の子」と訳され歌われている。長らく獄中にあり、国籍を剝奪されて客死し、二〇〇九年に国籍を回復したこの詩人の詩がここで朗読されること自体がひじょうに政治的である（なおエルドアン大統領は「ある詩人」とのみ表現し、ヒクメットの名は出していない）。

*11 "Erdogan says it's unacceptable that Turkey can't have nuclear weapons"（ロイター、二〇一九年九月五日）。

*12 ＮＡＴＯにおける核政策で、ＮＡＴＯ内の特定国に対し、米国が核兵器の配備を行っている。同政策の概要についてはBASIC (2005)、同政策とＮＡＴＯにおけるトルコの立ち位置についてはKibaroglu (2014)。

*13 イラン・デイリー「日本政府、黒い雨被害者認定命令に対し控訴」（一三日九頁）、アラブ・ニュースの核テロに関する論説（七日一、九頁）や『フォールアウト』の紹介記事（八日八頁）など。『フォールアウト』については1章2節参照。

*14 ここでは、一九七〇年代にアジア・アフリカ作家会議の活動としてパレスチナ詩人マフムード・ダルウィーシュらによる広島訪問が、その後様々な影響を与えたことを指摘しておきたい。小泉（二〇一七）も参照。

*15 シェフィールド大学の研究班の見積もりでは、放出エネルギーは広島原爆の約二〇分の一とされる。www.bbc.com/news/science-environment-54420033（二〇二一年四月一八日最終アクセス）

*16 二〇一二年、アブダビのメディアシティで設立された。メディアシティについては、千葉（二〇一四）第8章。

*17 このエッセーの末尾では峠三吉の詩「墓標」の一部が引用されており、タイトルの「ファッルージャ、アレッポからベイルートへ　われら広島の子」はその一節「ぼくたちはひろしまの／ひろしまの子だ　と」に由来している。アラビア語への訳詩者は不明。

*18 詳細は嘉指（二〇〇八）、森瀧（二〇一〇）。

*19 アルジェリアにおけるフランスの核実験について、ここでの記述はＩＡＥＡ (2005)、Collin (2020) を参照した。4章1節も参照。

*20 アルジェリア人による最近の研究として、例えばManṣūri (2019) がある。

*21 「植民者の核と被植民者の核」（アフバール、二〇二一年三月一〇日、電子版）。ちなみにアラビア語衛星テレビ局のアルジャズィーラは「約五倍」の威力があったと伝えている（「アルジェリアでのフランス核実験　忘れられた悲劇」二〇一六年三月一九日、電子版）。

＊22　Hersh（1993）p. 43. 情報の出所は明されていない。

＊23　"Revealed: The Secrets of Israel's Nuclear Arsenal"（サンデー・タイムズ、一九八六年一〇月五日一頁）。

＊24　二〇二一年四月二五日現在はユーチューブで視聴可能（ヘブライ語）。www.youtube.com/watch?v=zH4_1CigxTk（前半）および同watch?v=Sn7rrR85uw8（後半）。

＊25　アラビア語ウェブサイト「新しいアラブ人」レポート（二〇一五年六月二四日）。https://www.alaraby.co.uk/investigations（二〇二一年四月二四日最終アクセス）

参考文献

●書籍

Bebawi, Saba. (2016). *Investigative Journalism in the Arab World: Issues and Challenges*. Palgrave Macmillan.

Douai, Aziz. and Ben Moussa, Mohamed. (ed.) (2016). *Mediated Identities and New Journalism in the Arab World: Mapping the "Arab Spring"*. UK: Palgrave Macmillan.

Hersh, Seymour M. (1993). *The Samson Option: Israel's Nuclear Arsenal and American Foreign Policy*. New York: Vintage Books.

Miladi, Noureddine and Mellor, Noha (ed.) (2021). Routledge Handbook on Arab Media. London and New York: Taylor and Francis.

嘉指信雄ほか編（二〇〇八）『ウラン兵器なき世界をめざして　ICBUWの挑戦』NO DUヒロシマ・プロジェクト。

千葉悠志（二〇一四）『現代アラブ・メディア――越境するラジオから衛星テレビへ』ナカニシヤ出版。

森瀧春子ほか編（二〇二〇）『核のない世界を！――ヒロシマから世界へ届けよう核被害者の声を！』世界核被害者フォーラム実行委員会。

●雑誌論文・電子レポート

Collin, Jean-Marie. and Bouveret, Patrice. Radioactivity Under the Sand: The Waste from French Nuclear Tests in Algeria. Heinrich Böll Foundation, July 2020.

IAEA (International Atomic Energy Agency, 2005). Radiological Conditions at the Former French Nuclear Test Sites in Algeria: Preliminary Assessment and Recommendations.

Manṣūrī (2019). "al-Tafjīrāt al-Nawawīya al-Fransīya fī Ṣaḥrā' al-Jazā'irīya: 'Irth Isti'mārī Thaqīl". Maṣadir: Contemporary History of Algeria. vo1. 17-1. pp. 9-45.

小泉純一（二〇一七）「中東と極東の作家たちの出会い：マフムード・ダルウィーシュが忘れられなかった広島」日本福祉大学福祉社会開発研究所『日本福祉大学研究紀要―現代と文化』第一三五号。

11章　ロシア、北欧、アジア、アフリカ

井上泰浩

1　ロシア

ロシア（ソヴィエト）にとって、アメリカが原爆開発に成功したこと、それを広島攻撃に使ったことは衝撃という言葉ではとても足りなかった。

原爆は安全保障上の脅威となることはもちろん、戦後処理で中国、韓国、日本の占領を有利にするためにも日本の降伏を自国の対日宣戦布告と満州侵攻の功績にしなければならないソヴィエトにとり、原爆によって日本が降伏したと伝わることは屈辱的である以上に非常に都合の悪いことだった。また、資本主義国アメリカによる原爆開発成功は自国民と他の共産圏の国民の士気に関わると危惧された。[*1]

このような理由により、ソヴィエト時代から「アメリカの」原爆についての報道はあまりされず、一方、対独戦はもちろん日本の降伏は、わが国がもたらしたと政府支配の報道機関などを通じて広められた。原爆はソヴィエトを脅すために使われたものであり、民間人の大虐殺だというのが一般的なロシアでの理解だ。

こうした複雑な背景のあるロシアでは計六紙を調査対象とした。しかし、かつてのソヴィエト政府の

機関紙イズベスチヤ、また、大衆紙のノーヴァヤ・ガゼータの原爆報道はなかった。そのため実際には、かつての共産党機関紙コムソモーリスカヤ・プラウダ、政府発行のロシースカヤ・ガゼータ（ロシア新聞）、大衆紙モスコフスキー・コムソモーレツ、そして、ニェザヴィーシマヤ・ガゼータ（独立新聞）の四紙の報道を検証した。ロシア政府との関連で原爆報道に色合いの差が出ていたが、全体的に原爆はフレーミング②「市民を標的にした無差別殺戮」であり、フレーミング⑤「日本の降伏はソヴィエト参戦が決定打」が色濃く表れていた。

プラウダ

その出自（共産党機関紙）からなのか、プラウダはソヴィエトに特徴的かつ典型的な原爆史観を報じていた。

「この（原爆）背後にあるものは何か。攻撃は日本に対してというより、ソヴィエトに対してなのか？」。この問いかけから始まる七日の全面特集「必要なものは何でも言え！　原爆を」（一二頁）では、当時のトルーマン大統領は原爆を使うことで、「日本に対する勝利においてソヴィエトが役割を果たすことを防ぎ、中国と日本を支配させないことを望んでいた」と述べている。さらに、「二回目の核攻撃（長崎）は二日早めて実行された。その理由は、ソヴィエトが日本に参戦したからで、トルーマンはモスクワに戦争勝利の役割を果たしたと主張させたくなかったからだ」と説明している。そして、当時の高官の話を紹介し、こう結んでいる。

（二度の）核攻撃はどの程度が軍事的必要性からで、どれほど政治的なものだったのだろうか。ソ連の外務人民委員のモロトフは生涯、核攻撃は日本に対する懲罰というよりソヴィエトに対する警告だったと確信していた。

また、特集の別の記事、原爆のニュースが伝わった時のモスクワの様子を振り返った「パニックだった」は、「クレムリンは、アメリカは核兵器をソヴィエトに対して使うことを迷いはしないと感じていた」と当時を伝えている。そして、戦争で困窮した食料や物資の事情説明を受けた最高権力者スターリンが苛立ちを隠さずに、「必要なものは何でも言え。とにかく原爆を」と命じたことも紹介している。

記事の切り出しから、ソヴィエトの典型的な原爆史観を展開し、最後もソヴィエト時代の考えで、こう締めくくられた。「ソヴィエトは一九四九年に原爆を手にした。これによりアメリカが一九四五年秋から計画していたソヴィエトに対する核攻撃は、先に延ばされた」。

ロシースカヤ・ガゼータ

ロシア政府発行のロシースカヤ・ガゼータは六日、ソヴィエト時代の諜報機関出身で政治家のインタヴュー記事「ナチ主義が台頭している」を一面トップに掲載した。この記事はソヴィエト、そして、ロシアに対する様々な攻撃について振り返ったもので、

原爆に特化したものではない。だが、記事の書き出しに「七五年前のちょうどこの日、八月六日、ソヴィエト軍が満州を攻撃する三日前、アメリカは史上初めて、核兵器を民間人に対して使用した」から始まっている。広島と長崎に原爆が投下された理由の問いに対し、以下のように答えている。

> アメリカ人は民間人に向けて核兵器を使った。このことは軍国主義の日本による犯罪と違いはない。この怪物的な爆撃によって亡くなった日本人の犠牲者を、軍事行動として正当化することはできない……ソヴィエトと他の国を怖じ気づかせようとしていたのだ。

前に紹介したプラウダに表れている原爆史観と共通していることがわかる。

この記事の前日の五日、同紙の週刊版は全面見開き特集で（二八―二九頁）、ソヴィエトの参戦で日本は降伏したこと、そして、その軍隊の武勇伝につい

て振り返っている。

モスコフスキー・コムソモーレッツ

広島・長崎の原爆の日前後には何も報じなかったモスコフスキー・コムソモーレッツは一二日に「原子の八月　七五　アメリカは決して謝罪しないとトルーマン大統領」（一二頁）を掲載した。「大戦を締めくくった（ソ連）赤軍による大軍事作戦の七五周年を祝う」としたうえで、原爆の日を「一九四五年の黒い日がやってきた」と表現している。ロシア人の日本の専門家が質問に答える形式で、アメリカ批判が多く引用されている。

「最も控えめな推定では……二つの都市への原爆による犠牲者の数は五〇万人を超える。しかし、明らかにアメリカの指導者たちは、『日本問題』を解決するために恐怖の手段を用いたことに、後悔のみじんもない」。また、広島のあちらこちらの建物に残された原爆による「人間の影」、隠されていた原爆症について伝えていた。

この記事の締めくくりに、ロシア人も原爆の犠牲になっていること、およそ一二人のロシア人が移住などで広島にいたこと、そして、少なくとも五人は原爆の爆破や後に放射能障害によって亡くなったと報じていた。この記事が、唯一の原爆報道だった。

ニェザヴィーシマヤ・ガゼータ

これまで紹介してきたロシア紙は、その成り立ちや経営から多かれ少なかれ政府の影響があると思われる。ここで取り上げるニェザヴィーシマヤ・ガゼータは、新聞名の意味「独立新聞」の通り、他のロシア紙とは色合いの異なった原爆報道がされていた。広島原爆の日には一面の最上部の告知に「広島のことは決して許されない」とキノコ雲の写真とともに掲載していたことからも窺える。

そして、1章で取り上げている国連事務総長の論評を顔写真付きで掲載（三頁）した新聞の一つだ。さらに、全面を使ったオピニオン記事「破綻した広島のコンセンサス」（七頁）には、二〇一六年のオバマ大統領の広島訪問の写真が大きく添えられ、訪問の意義を踏まえて原爆と核問題が議論されていた。アメリカの新聞の原爆報道では、オバマ広島訪問に言及すらなかったことを鑑みると、報道の多面性と奥深さが表れていた。

この記事で原爆は「民間人に対して行われた前例のない怪物的な軍事行動」とフレーミングされ、また、多くの学者や元軍人は原爆による戦争終結・人命救済を信じているとしながら、ソヴィエトの参戦が日本の降伏につながったことを主張している。

そして、「アメリカ人捕虜の運命は悲劇的だ」とし、その理由を「同じ国民の手による広島の原爆地獄の中で亡くなったからだ。しかも、アメリカの司令官は広島にアメリカ人捕虜がいることを知っていたと言われる」と述べている。また、日本は原爆の被害者であり核軍縮に取り組んでいるように振る舞いながら、アメリカの核の傘の下に静かに隠れていると指摘している。

なお、同紙は調査したロシア紙の中では唯一、広島の式典の記事を掲載しており、また、記事の文字数も最も多かった。

2　スウェーデン

スヴェンスカ・ダーグブラーデット

北欧諸国の核兵器禁止に対する新聞論調は一色というわけではなかった。核兵器禁止条約を署名・批准した北欧の国はない。

スウェーデンの主要紙スヴェンスカ・ダーグブラーデットは国際赤十字赤新月社連盟による反核を訴えるもの、そして、核抑止論を肯定する対極のオピニオン記事を掲載した。

日本赤十字社社長も連名の「核兵器は決して使われてはならない」（六日四頁）は「核兵器の惨事の

際には、誰も助けてくれる人はいない」「原爆前に三〇〇人いた広島の医師は、わずか三〇人だけが負傷せずに生き残った。一七八〇人の看護師は九三%が亡くなるか負傷した」「何年も経って後に、広島と長崎では原爆の放射能によって癌や様々な病気で亡くなっている」と医療の立場から原爆について述べている。そして、核兵器が国際人道法とは相いれないこと、次世代に自分たちが何もしないことの重大な結果を押し付けてはならないと主張している。

　これに対して翌七日のオピニオン記事「核軍縮に不必要な機関」（二頁）はスウェーデン政府が設立を決めた核軍縮の研究機関に対して「考えが甘い」と批判している。「今日の地政学的な混乱、小規模や地域的な紛争が核戦争へとつながりかねないリスクがあり、力の均衡は単純ではない。軍縮は現在ほど複雑だったことはない」として、以下のように締めくくっている。

　今日、民主国家が所有する核兵器は力の均衡を生み出し、独裁者が核のボタンを押すことを防いでいる。核抑止力はより合理的な選択肢のように思える……われわれがアメリカの核の傘の下で守られていることを感謝すべきだ。すぐにドナルド・トランプ以外の誰かに管理されることを心から祈って。

　この批判記事と同じ日の広島原爆の式典を伝える記事（一七頁）では、スウェーデン首相による「スウェーデンの目指すゴール、多くの人々と共有していること、それは核のない世界だ。核軍縮に取り組み続けることは道義的、人道的な義務である」というコメントを紹介していた。

イェッテボアイ・ポステン

　スウェーデンの別の主要紙イェッテボアイ・ポステンは広島原爆の日に二つの原爆批判と反核を訴えるオピニオン記事を掲載している。どちらも、全面を使ったもので、同紙の原爆に対する姿勢をはっきり打ち出している。
「広島から七五年、核の脅威は再び増大している」（四頁）は、「二〇万人以上が、爆破、地獄の熱と炎、そして、放射能障害により即死か後に亡くなった。しかし、原爆の破壊力は限られたものだった。今日の核兵器は、文明を何度も破壊することができる」と訴えたうえで、こう述べている。

不幸にして、世論調査によると両国の大半の国民が支持しているにもかかわらず、スウェーデンとフィンランド政府は核兵器禁止条約に協力していない。ほかの大量破壊兵器はすでに国連の制度により禁止されている。最も危険な大量破壊兵器である核兵器が禁止されることなく、それによって幻想でしかない安全保障を構築することは、認めることはできない。

一面に告知、中面（二〇—二一頁）で特集された「世界は広島後の教訓を学んでいない」は、「広島、

そして、三日後の長崎の攻撃、もたらされたものは恐怖と抑止だ」と副見出しで原爆の重要性を訴えた。通常兵器による民間人の無差別攻撃と原爆では、被害の規模が異なることを以下のように説明している。

民間人が無差別攻撃によって犠牲になったという事実はドレスデンやハンブルクなどドイツの都市の攻撃で特に知られている。しかし、「リトルボーイ」という名の爆弾は、大量破壊兵器という新しく恐ろしい言葉の意味を人類にもたらした……（広島と長崎で）爆発と放射能や負傷のため三〇万人以上が殺されたと推定されている。

そして、広島と長崎の後には使用されておらず抑止力による力の均衡に貢献しているとする考えとともに、「相互確証破壊」（MAD）は、その名の通り「マッド」だと表現し、大惨事とは紙一重であると述べている。最後に、核兵器を使用する権限を持っ

ているトランプ、プーチン、金正恩の下ではリスクが高まっていると結んでいる。

3　ノルウェー

アフトゥンポストゥン

ノーベル平和賞は、スウェーデンではなくノルウェーのオスロで授賞式が行われる。このことはノルウェーが反核一色であることを意味しない。同国は二〇一三年以来、右派の保守党が与党であり首相は核兵器禁止条約には反対している。主要紙アフトゥンポストゥンの報道は、こうしたことを示していた。

広島の式典を伝える記事の翌八日、核抑止論を肯定するオピニオン記事「世界で最も残酷な平和維持」（三頁）がイラスト付きの全面で特集されていた。イラストは、核兵器の弾頭にオリーブの枝をくわえた平和の象徴ハトがとまっている。副見出しも「今週は広島と長崎に原爆が投下されてから七五年。その間、大国間では平和が維持されている」と抑止論をうたっている。

記事の冒頭から原爆による残虐な被害や犠牲者について述べられて「原爆は人類が開発した最も恐ろしい兵器の一つだ。そのため、理由がないわけではなく、多く（の国）は禁止している」とし、当時は八一か国が署名していた核兵器禁止条約について「ノルウェーは署名していない。多くの人々は失望したが、仮にノルウェーが署名していたら、それは不誠実なことでもある。ノルウェーは核兵器を所有していないが、NATOの核の傘の下で安全にある」と主張している。そして、「相互確証破壊」について、「広島と長崎で起きた残虐行為が大国間の戦争を不可能にしたのだ」としている。

全面核戦争の一歩手前まで行ったと言われる一九六二年のキューバ危機については、「例外だ」と述べ、二極化した世界では核兵器が安定をもたらしているとしながら、多極化した世界で複数の国が覇権を争うほうがはるかに危険だとしている。そして、「世界は七五年間、残虐なことが起きたおかげもあり、大国間で平和が維持されている。変化している世界は、それほど安心できない」と結んだ。

ダーグブラーデット

ダーグブラーデットの原爆報道は、オピニオン記事「広島の物語」(六日二頁)の一つだけで、内容は、米露中の指導者を辛辣に批判するものだった。

原爆による犠牲者、そして、放射能による被害について述べた後、「核軍縮合意はトランプ大統領によって一つずつ破壊されている。核弾頭を運べる兵器が合意を破って開発されている。ロシアのプーチン大統領によってだ……中国は核兵器を配備し近代化を驚くべき速さで進めている」と批判。続けて、核兵器の本質を理解していないアメリカの大統領、無罪を装いながら他国の選挙に影響を与えイギリスで毒殺などを行うロシアの大統領、核軍備を進めて軍縮を台無しにする中国の国家主席――このように三者を名指しで批判した。

最後は「広島を生き延びたほうの物語に耳を傾けようではないか」と締めくくっている。

4 フィンランド

フィンランドの最大手紙は入手できず、スウェーデン語紙のヒューヴェツタブロデットを検証した。

オピニオン記事「北欧諸国は国連の核兵器禁止条約に署名を」(九日一四頁)は、広島と長崎の原爆で「七五年前……二〇万人が犠牲になった。今日でさえ、放射能の被害者と子孫は、攻撃によってもたらされたことの治療を受けている」と今なお続く放射能障害について冒頭で伝えている。そして、核兵器禁止条約についても、以下のように調査結果を提示して参加を主張している。

伝統的に平和と軍縮に活発な北欧諸国であるが、条約について議論することはほとんどない。どの北欧諸国も条約に署名していない。ICANフィンランドが二〇一九年に行った世論調査では、八四％のフィンランド人が署名すべきと答えている。スウェーデンでは国民の八五％が国に条約の署名を求めている。

5　インド

第二次世界大戦後のインド・パキスタン分離独立、隣国との対立などから核兵器を開発所有するインド。非暴力を訴えたガンジーの原爆に対する長い間の沈黙。いずれも英字紙のインドの主要三紙は、こうした視点の論調がみられた。

このように北欧諸国ばかりではなく、他の欧州諸国も取り上げて問題提起をして、早急に北欧諸国が条約に署名することを主張し、こう結んでいる。「広島と長崎は絶対に繰り返してはならない」。

同紙はこのほか、スウェーデンのイェッテボアイ・ポステンのオピニオン記事「広島から七五年、核の脅威は再び増大している」（六日四頁）を、一日早い五日に掲載している。フィンランドは、この一紙だけの分析であるため一般化することは言えないが、核兵器に対する強い反対の世論を映し出していると思われる。

タイムズ・オブ・インディア

タイムズ・オブ・インディアの原爆報道は、インド独自の視点による原爆史観が表れたものはなく、報道量も少なかった。韓国のコリア・タイムズにも掲載されたオーストラリアの元外務大臣と韓国の大統領特別補佐官によるオピニオン記事の転載（六日一〇頁）では、「広島と長崎は核戦争の夜明けではなく、人類の道徳的目覚めとして知られるようになるのか？」という、二〇一六年のオバマ大統領広島訪問の際の演説の一節が見出しにとられている。

この記事は、筆者の国籍が示す通り、「朝鮮半島の非核化進展の望みはとどまってしまい、アジア太平洋地域の核保有六か国の核兵器は増強されている」と太平洋地域と朝鮮半島の核問題の深刻さが議論されている。締めくくりには、上記の広島演説の一説に続き、「広島と長崎の記憶を鮮明にし続けること、そして、七五年前の焼け跡から真に人道的な世界が育っていくという考えを持ち続けることは極めて重要だ」と述べていた。

ヒンダスタン・タイムズ

ヒンダスタン・タイムズは八日の社説「核兵器による秩序の脆弱さ　七五年経ち世界はさらに不確かに」（一〇頁）で、インドの核兵器政策の強化について、「今ある核兵器の非拡散制度というのは冷戦の産物だ……初期の非拡散制度の二次的被害者であるインドは、核兵器の秩序が新しく定められる際には、今度は重要な立場を確保するべきだ」と主張。その理由として、非拡散制度は米露によって構築されたものであり、現在は中国の核兵器予算は世界第二位であることを挙げている。

そしてインドと敵対するパキスタンについて「さらに心配されることは……パキスタンは核弾頭の数を世界で最も急速に増加させている」と述べ、インドの立場を代弁している。さらに、アジア周辺地域の核状況について、日本の潜在的な核兵器開発を挙げている。被爆国日本という視点ではなく、潜在的核所有国として日本を表現した記事は、調査した世界の新聞で唯一のものだった。

ヒンデュー

インドの三紙の中で一番報道の多かったのがヒンデュで、オピニオン記事だけで三本を掲載した。いずれも原爆批判と反核を打ち出したもので、そのうちの一つは、非暴力を貫いたガンジーと原爆についてだった。これらの記事内容からして、リベラルで平和主義的な新聞だと推測できる。

「ガンジーの沈黙の意味」（五日九頁）は、非暴力主義を貫き西洋帝国主義を批判してきたガンジーが、広島と長崎の原爆後何か月も原爆について語ることを拒否してきたことについて、どのような意味と可能性があるのかを考察したものだ。沈黙の可能性として、抗議の一つの形、神学的な沈黙、隠された非暴力などを挙げている。そして、インド哲学の「沈黙」によってガンジーは「原爆は物理的な損害をもたらすが、魂を殺すことはできない」と捉えていたことを紹介し、一九四八年の暗殺の数時間前に語ったこととその解釈を以下のように述べている。

ガンジーはこう語った。「（原爆を投下した）操縦士があの高さからはわれわれの顔をみることはできないことを、私は知っている。しかし、われわれの心の中の願望は彼に届くであろうし、彼の目は見開かれるであろう」。破滅後のガンジーの沈黙は、とてつもない悲劇を霊的な行動へと昇華させたことを示唆している。

この記事の賛同の投稿（八日八頁）は、原爆を「アメリカによる広島と長崎への原爆攻撃は、怪物的な人道に対する罪」「戦争犯罪」と表現していた。

「ガンジーの沈黙」の翌日の研究者によるオピニオン記事「核兵器の脆弱性を真剣に考えよう」（六日七頁）は、「抑止力が破綻する可能性を、すべての核保有国は認めている」と述べている。「（広島と長崎が）最後であることは確かではない」と主張し、「人類は七五年間、幸運にも生き延びてこられたが、この幸運を永遠に期待できるのか？」と結んでいる。

一〇日のオピニオン記事「核兵器のリスクを人々の想像力の中に呼び戻そう」（六頁）は、広島と長崎で何が起きたかが忘れ去られ、無関心になっていることについて、次のように警鐘を鳴らした。

二発の原爆は、これから通勤しようとしていた一五万人もの人々を消滅させた。一三万人は火傷、放射能障害などの疾病を被り、医療機関は崩壊し治療はできなかった。皮膚が裂けて治らないこと、髪の毛がかたまりのように抜けること……こうした七五年前の恐怖を思い出してもらう目的は、核兵器の本性について核所有国に忘れてもらわないようにするためだ。

以上、三本のオピニオン記事、投稿、そして、広島式典の通信社配信記事が掲載された。同紙の原爆報道は量とその内容ともにインドでは非常に特徴的だった。

6　タイ

バンコク・ポスト

核兵器禁止条約を批准したタイについては、英字紙のバンコク・ポストが唯一の検証対象となった。

広島原爆の日にあわせて特集されたオピニオン記事「われわれは破局の前夜か?」（九頁）は国際赤十字バンコク支部の法律顧問によるものだ。「核兵器は人類史上最も暗黒で非人道的な戦争兵器だ。広島と長崎から七五年、今こそ計り知れない人間への影響を持つ破壊兵器について振り返り、認識しよう」と切り出し、史上例のなかった原爆攻撃の被害について、「生き物すべてを蒸発させてしまう」と述べ、後になり放射能によって人間に何が起きるのか具体的に説明をしている。

国際赤十字は非人道的で無差別兵器は絶対に使われてはならないと結論づけていること、また、タイは核兵器禁止条約を含めた主要な核関連条約はすべて批准していること、ＡＳＥＡＮ（東南アジア諸国連合）一〇か国はバンコク条約（東南アジア非核兵器地帯条約）で非核兵器地帯になっていることを挙げ、タイは核廃絶に取り組み続け他国がならうよう努力することを主張している。

なお、同紙の原爆六〇周年の報道も被爆体験の継承の重要性を訴えていた。見出しに「広島ホロコーストを記憶していく」とするなど、原爆核兵器に対する同紙の厳しい姿勢は変わっていない。

発行部数の多いタイ語の三大紙は入手できなかった。有力紙の一つデイリー・ニュース・タイランドは報道がなかった。

7　シンガポール

ストレイツ・タイムズ

シンガポールは核兵器禁止条約に署名はしていないが、前述のバンコク条約にはＡＳＥＡＮ加盟国として批准している。核兵器については、東南アジアの安全保障問題として捉えている。

代表的な英字紙ストレイツ・タイムズはオピニオン記事「広島七五年　アジアは核の中心舞台へと戻る」（四日Ａ一六頁）で、米中間の核の対立は、地域の安全保障に対する深刻な影響を持つことを論じている。東南アジア諸国は外交努力や様々な条約で非核化と核廃絶を推進しているが、大国は核兵器廃絶について何も決められないこと、また、アジアも米中間の核対立の重大性を理解していないとし、「原爆から七五年は、そのことを考え始めるいいきっかけだ」と訴えている。

また、原爆を開発した科学者が実戦使用に反対していた、原爆が戦争を終結させ人命を救ったと正当化されることに歴史学者の中で疑いが出ている、原爆はソヴィエトに対する政治的な目的だった、さらに原爆は（戦争終結ではなく）冷戦の始まりを告げるものであることなどを紹介している。

　このほかの同紙の原爆報道は広島式典を報じた七日二一頁、そして、長崎の一〇日一五頁の比較的大きな扱いの通信社記事だった。特筆すべきことは、広島と長崎のどちらも、毎日二頁に掲載されている「今日、必読の一〇記事（10 must-reads for today）」の「一番」として選ばれていたことだ。同紙の原爆報道は量的には多くはないが、編集部の原爆報道への姿勢を垣間見ることができる。

　最大手の中国語紙、聯合早報の報道はなかった。

8　フィリピン

マニラ・タイムズ

　マニラ・タイムズの原爆報道は、独自の記事はなかった。アメリカの多くの地方紙が転載したワシントン・ポストの「歴史は繰り返されていない」（七日A五頁。1章2節参照）、そして、中国のグローバル・タイムズの広島式典記事（六日B六頁）を転載していた。また、長崎については通信社配信記事（一〇日B五頁）で取り上げていた。

　以上がマニラ・タイムズの原爆報道のすべてだった。独自の記事はなかったが、これから紹介するフィリピンの主要紙の中では、最も広範に原爆を報じた新聞だった。

フィリピン・デイリー・インクワイアラ

　広島と長崎の式典について記事のなかったフィリピン・デイリー・インクワイアラが唯一言及した原爆は「コロナウイルスと核戦争を防ごう」（一〇日B二頁）というオピニオン記事の中だった。アメリカの原爆開発は、アインシュタインのルーズヴェルト大統領に宛てたドイツに先を越されたら支配されてしまうという手紙から始まる。それが「広島と長崎の悲劇につながり、そのことが、アインシュタインを平和主義者、人道主義者に転換させた」と説明をしている。記事の主題は新型コロナウイルスに対する国際協力だった。

フィリピン・スター

前項の新聞と同じように、広島と長崎の式典について記事はなかったフィリピン・スターは、二本のオピニオン記事を掲載した。どちらも同紙の記者によるもので、回想録風のものだった。

六日の「広島原爆の七五周年記念」（五頁）では、「広島と長崎への原爆攻撃は日本を降伏させたが、一九四五年八月一五日に日本が突然降伏した時、セブ島ではアメリカの軍隊によって解放の途中だった」と述べ、「第二次世界大戦マニアだ」という記者の戦争と広島訪問の回想とともに次のように記している。「日本の二都市に起きた重大なことが第二次世界大戦を終結させた……核紛争で全滅するのではという恐怖を抱くことになった。しかし、相互確証破壊として知られる軍事戦略家の原理のおかげで……核戦争は回避できた」。

このように核抑止論を肯定した後、「しかし、核兵器をやり合うことで世界の終わりは起こるのだろうか。このことは起きうる！」と述べている。五日後には再び同じ記者による「核兵器を終わらせよう」（一一日五頁）が掲載され、原爆の放射能被害について語り、「私は核兵器の使用には断じて反対する。廃絶すべきだ」と結んでいる。

主要紙の一つマニラ・ブルティンは記事の掲載はなかった。

なお、フィリピンの国語であるタガログ語の新聞は調査できなかったが、この国の場合は、英字紙の分析で全体的な報道の傾向は測れると判断している。なお、フィリピンの核兵器禁止条約批准は、条約が発効したのちの二〇二一年二月だった。

9　マレーシア

マレーシアの調査対象は計四紙で、うち一紙だけがマレー語で他は英字紙だ。調査したマレーシア語紙は最大手紙であり、他の英字紙も一定の影響力を持っていると思われる。

ベリタ・ハリアン

マレー語のベリタ・ハリアンは広島と長崎の式典の通信社記事（七日四一頁、一〇日四二頁）、また、被爆者による体験を語り継ぐことの難しさと意義を伝えた通信社記事二本で全面特集を組んだ（九日二六頁）。すべてフランスの通信社AFPによるもので、独自の記事や論評はなかった。ただ、記事の扱いについては、すべて写真を使い大きく編集していた。AFP記事はベリタ・ハリアンだけではなく多くの東南アジアの新聞で使われた。

ボルネオ・ポスト

ボルネオ・ポストが掲載した計三本の記事は、ベリタ・ハリアンと同様にすべてAFP配信のものだった。広島と長崎の式典（七日一六頁、一〇日一二頁）については同じもので、長崎の式典と合わせて掲載された「マンハッタンから広島」は、原爆開発の端緒となったアインシュタインの手紙にさかのぼって製造から実戦使用まで振り返った内容だった。

ニュー・ストレイツ・タイムズ

ニュー・ストレイツ・タイムズはマレーシアの新聞で最も少ない二本の記事の報道だった。いずれも、AFP配信の被爆体験を語り継ぐことの重要性（五日二三頁）と長崎の式典（一〇日二〇頁）で、広島の式典の記事は掲載していなかった。

スター・マレイーシア

調査したマレーシアの新聞で唯一、通信社配信記事以外の独自記事を掲載し、そして、反核の姿勢をはっきり打ち出したのはスター・マレーシアだった。

九日の全面特集「アジアは核兵器の中央舞台に戻る」（二二頁）は、シンガポールのストレイツ・タイムズ四日付の転載だ（本章7節参照）。両紙は編集提携を結んでいる。大きな見出しで「（原爆は）冷戦の最初の行動」と掲げ、原爆はソヴィエトに向けられたものだという主張を強調している。

マレーシア大学の名誉教授によるオピニオン記事「核兵器禁止条約を支持しよう」（一三日一三頁）は、原爆フレーミング①「戦争終結・人命救済」を論駁している。マレーシアの核兵器禁止条約の批准は二〇二〇年九月であり、原爆記念日時点では署名のみだったことから、この見出しとなっている。記事の切り出しはこうだ。「七五年前の八月六日、身の毛のよだつ非人道行為である広島への原爆攻撃をアメリカのトルーマン大統領が命じた」。続けて、原爆被害を写実的に描写して非人道性を伝え、次のように原爆攻撃を糾弾している。

原爆攻撃の支持者は凶暴な力をみせつけなければ日本は降伏しなかったという……南アフリカ大統領だった故ネルソン・マンデラを含めたほかの人たちは、日本は必死に降伏のために交渉をしており、原爆攻撃は必要なかったと公式に表明している……アメリカは残虐行為を犯したのだ。なぜならソヴィエトの指導者、ジョセフ・スターリンに思い知らせようとしていた。東ヨーロッパでやったことをアジア太平洋でやれば、アメリカは核兵器を使ってソヴィエトを懲らしめるぞと。

そして、「核の抑止力は平和に欠かせないものだ」という主張に対して、「これは使い古された、古い議論だ。核所有の危険はあまりに大きすぎる。精神錯乱した指導者が大戦を始めてしまうかもしれない。

『すべての選択肢の準備ができている』と脅迫する指導者がいるではないか」と主張。マレーシア国民が条約の批准をすればいいのではなく、世界中の人々が「声を上げなければならない」と主張した。

10　インドネシア

ジャカルタ・ポスト

インドネシアで唯一調査できた英字紙ジャカルタ・ポストは東南アジアで最も原爆報道が多く、そして、原爆攻撃を最も厳しく糾弾した。1章3節などで取り上げた国連事務総長の論評を掲載（六日七頁）した新聞の一つでもある。この事務総長論評の下に掲載されたオピニオン記事「広島と長崎の欺瞞の二元論」はアメリカ人によるもので、アメリカの原爆神話を徹底的に否定している。この記事も1章8節で取り上げている。

翌七日には、再びアメリカ人の元国務省外交官による「NATOの通常兵器が不利な状況だった冷戦時代、アメリカは核兵器での先制攻撃を構想していた」というオピニオン記事（七頁）を掲載した。記事の冒頭では「広島と長崎の七五周年を迎えた、冷戦時代の最も危険な遺産は今なお強固に存在する」と切り出し、核の脅威と核削減の必要性を訴えた。

さらに八日にはインドネシア政府に核兵器禁止条約の批准を求めるオピニオン記事が紙面を飾っている（二頁）。同国は署名をしているが、二〇二一年五月時点では批准をしていない。「核兵器の使用を終わらせるという誓約を確かなものにするために、インドネシアは国連の画期的な条約を批准すべきだ」と切り出し、「社説」という表記はないものの、ポスト紙の記者によるオピニオン面の掲載だった。

この記事も含めた四本のオピニオン記事はいずれも原爆非難と核廃絶支持を強く主張するもので、新聞社の論調をはっきりと映し出している。タイムズ紙はこのほか、ＡＦＰ配信記事二本を掲載している。

11　ヴェトナム

ヴィエトナム・ニュース

ヴェトナムも英字紙一紙のみの調査となった。ヴィエトナム・ニュースの特徴は、一面に原爆報道告知を二度掲載し、また、全面特集を組むなど非常に多く報じていたことだ。そして、他の東南アジアの新聞と同じようにＡＦＰ通信の記事を使っていたが、日本の共同通信社の配信記事も計三本使用していた。うち二本は長崎の式典（一〇日一〇頁）と原爆症認定の問題（一三日一〇頁）であり、安倍首相（当時）の演説は「広島の演説のコピー」とするなど、どちらも日本政府に対して厳しい論調だった。

また、別の共同記事は広島原爆後に滞在して後に描かれた丸木位里・俊夫妻（故人）の『原爆の図』と常設する「丸木美術館」について報じた全面特集「日本の美術館が原爆美術の共有に努力」（九日一七頁）だ[*2]。『原爆の図』を世界の人にみてもらうことで、被爆者と戦争の時代の苦しみを伝えることができると報じている。

12　南アフリカ

スター

核兵器禁止条約批准国の南アフリカの主要紙スターは、原爆後の被爆者の姿を伝える写真とともにオピニオン記事を二本掲載した（七日八頁）。「広島と長崎を決して忘れてはならない」は原爆の日を「恥ずべき黒い日」と表現し、アメリカが罪のない市民を焼き殺したこと、その後も多くの人が放射能障害でもだえ苦しみ命を失い、そして「奇形児」が生まれ、今なお後遺症で亡くなっていると赤裸々に原爆被害を訴えている。

「夢に取り憑かれた兵器の廃絶を」と題した別の論評は、核戦争を「アトミック・ホロコースト」と表現していた。そして、人類の絶滅を招く核兵器の廃絶を強く主張していた。これら論評二本がすべてで式典の記事などはなかった。

デイリー・ニュース

デイリー・ニュースは七日にAP通信配信の被爆者の体験を語り継ぐことの重要性を訴える記事（五頁）だけを掲載した。

13　ナイジェリア、ケニア、ポーランド

ナイジェリアでは、いずれも英字紙のガーディアン、デイリー・トラスト、パンチの計三紙を調査対象に検索をした。唯一、ガーディアンが六日、「歴史上の今日」の一覧最下部に「一九四五　日本」として原爆について短く書いていただけだった。ただし、この種の短い掲載は分析対象としていない。つまり、いずれの新聞も原爆報道はなかった。

二〇二〇年八月六日、まさにこの日、ナイジェリアが核兵器禁止条約を批准した。それにもかかわらず、その日の前後に報道がなかったことは、その国の原爆に向けられる関心の度合い、そして、取材力のある報道機関の存在の有無が影響していると思われる。

ケニアはスター、ポーランドはガゼッタ・ウィボルツァのいずれも主要紙を調査対象に調べたが、関連する記事は一切なかった。

注

＊1　ソヴィエト時代からの原爆と世論などについてはアレクサンドル（二〇〇一）、Blume (2020).

＊2　絵画と美術館については同館サイト。https://marukigallery.jp/

参考文献

アレクサンドル、ルバシキン（二〇〇一）「人は手で顔を覆った――ロシアから見た広島」ユリア・ミハイロバ編著『平成11・12年度特定研究報告書――日露の民衆意識にあらわれた相互影響』七九―八五頁。

Blume, Lesley M.M. (2020). *The Hiroshima Cover-up and the Reporter Who Revealed It to the World: FALLOUT*. NY: Simon & Schuster.

12章　原爆報道にみる「核のタブー」

武田　悠

1　はじめに

核保有国がいかにその核兵器を運用するかをめぐっては、核戦略論や抑止論の立場から、核弾頭やそれを運搬するミサイルのようなハードウェアの性能、それらの運用ドクトリンといった純軍事的な要素が注目されることが多い。[*1]その議論は極めて精緻であり、特にロシアのような非民主主義的な国においては、例えば広島・長崎に関する知識が核政策に影響を与えるわけではないとされている。[*2]

しかしことアメリカに関しては、核兵器の極めて強力かつ非人道的な効果ゆえに、その使用を事実上禁止する規範的信念たる「核のタブー」が存在するという議論がなされてきた。[*3]提唱したタンネンワルドは、この規範が一九五〇年代の朝鮮戦争で生まれ、一九六〇年代からのヴェトナム戦争で危機を迎えるも核兵器の使用を阻止し、冷戦後の湾岸戦争でも存続し、今や文明国（'civilized' states）のアイデンティティや利益の一部となっていると論じる。[*4]すなわち、タンネンワルド著 *The Nuclear Taboo* が刊行された二〇〇七年の時点では、すべての国においてこうした規範が受け入れられたわけではないが、少なくともアメリカなどの主要国では指導者にも市民にも受け入れられつつあり、それがアメリカによる核兵器の使用を阻止する一因となったという。ただしタンネンワルドは、「核のタブー」を異なるいくつかの意味で使っており、その定義は、核兵器の先行使用（先制使用ともいわれる）を禁止する規範という厳格なものから、核兵器の使用を禁止する規範というやや広いもの、そして核兵器そのものに対する忌避感という漠然としたものまで幅がある。

本章ではこの議論を踏まえ、広島への原爆投下から七五年を機になされた世界各国での報道を検討することで、「核のタブー」論が実際にどこまで共有されているのかを検討したい。原爆投下に関する世論調査はしばしばなされており、アメリカでは原爆投下が正しかったとする意見が五〇％台を保っているという。[*5] 特に国際問題では報道が世論を形成する主な要因になるとされていることを踏まえれば、原爆投下や核兵器に関する報道ぶりから、アメリカをはじめとする世界各国での核兵器に関する世論の動向を窺うことはできよう。[*6] 具体的には、各国での報道ぶりが「核のタブー」の三つの異なる定義のいずれに相当するかを念頭に置きつつ、国際社会におけるタブーの強さやタブーとされている理由を検討する。それは、世論がどこまでアメリカの核政策を制約しうるかという、いわば核政策の社会的要因を考察する際の材料を提供することにもつながるであろう。

2　「核のタブー」をめぐる議論

そもそも「核のタブー」論は、タンネンワルド自身も触れている通り、斬新なアイデアというよりも古くから提示されてきた考え方に新たな名前をつけ、その重要性に注目した議論である。例えば一九四五年六月、原爆の完成間近にその社会的影響を検討したフランク報告は、この兵器を世論は「認めない(disapprove)」であろう、第一次世界大戦における毒ガスのような使えない兵器になるかもしれないと論じた。[*7]

冷戦中の一九六〇年には早くも、核戦略論で知られるシェリングが、核兵器に対する反感が核兵器の不使用に果たした役割に触れている。[*8] また冷戦史研究で知られるギャディスも、一九五〇年代はソ連が保有する核兵器による対米報復能力がまだ確実ではなかったにもかかわらず、アメリカが核兵器を使用しなかったことを指摘し、倫理的な側面への配慮から、核兵器の使用は「自己抑止(self-deterrence)」されていたと述べている。[*9]

こうした非人道性ゆえに核兵器の使用に制限がかかるという傾向は、国際政治学の基本文献においてもしばしば指摘されている。[*10]

ただ、これを核の「タブー」という強い言葉で表現したため、タンネンワルドの議論は論争の的となった。ウォーカーは、タンネンワルドもその重要性を認める核抑止論が核兵器の使用を前提にしていることなどを挙げ、「核のタブー」を否定するような言説もあると指摘している。[*11]

ポールの包括的な研究も、「核のタブー」は厳格な禁止の規範を含んでいないためタブーではなく、破られる可能性のある「不使用の伝統」にとどまっていると主張している。[*12]

その後もこの「タブー」をめぐる研究は様々な手法を用いて続けられている。アンケート調査で回答者に異なる質問文や選択肢を示し、そうした違いがどのような効果を生むのかを検討するサーベイ実験では、一般のアメリカ人を対象にシリアでアルカーイダが核兵器を製造しているという架空のシナリオを提示するという調査が行われており、少なくとも危機の際には効果的であれば核兵器の使用を認める者が多かったという。[*13]

また政府関係者についてもウォーゲーム、つまり様々な紛争を想定して行われる軍事的対応や外交のシミュレーションの記録を使った歴史研究がある。冷戦中に行われたウォーゲームの中にはアメリカ政府で核政策の決定に関わった軍民双方の指導者が参加するものがあり、彼らはアメリカや西側諸国が危機に瀕した時には核兵器の使用を決断することも珍しくなかったという。[*14] 事後に反省会も開催されたが、その際に核兵器使用の「タブー」が話題になったのは、二六のウォーゲームのうち二つだけであったとも指摘されている。つまり国家の存続がかかったような危機でも「核のタブー」が効果的であり続けるのかは、近年疑問が投げかけられているということになろう。

　とはいえ、核兵器への反発がアメリカをはじめとして国際的に存在していること自体はいずれの研究も否定していない。前述のウォーゲームについての研究でも、実際に核兵器の使用を決定する軍民の指導者は、一般の国民よりも核兵器の使用に慎重であったという。[*15] またそもそも核のタブーが形成された一九五〇年代の米アイゼンハワー政権についての研究は、同政権はタンネンワルドが想定したよりも核兵器の使用に積極的で、核兵器を通常の兵器体系の一部とみていたものの、アジアで相次いだ第二次台湾海峡危機などで国内外の世論の反発が高まったのを受けて、核兵器の使用をタブー視するようになったと指摘する。[*16] その後もアメリカは、戦略爆撃機などの拠点として重要ではあるが反核感情も強いデンマークのグリーンランド、アイスランド、そして日本などにおいて、核兵器やその構成部品を撤去している。[*17]

　このように、核兵器への反発という広い意味での「核のタブー」は、アメリカの核政策に少なからず影響を及ぼしてきたと言えよう。以下ではその現状について、国や地域別にそれぞれの背景を踏まえつつ検討していく。

3 アメリカ国内での議論

リベラルな新聞による核兵器への批判

アメリカにおいては、本書2章で詳しく検討されている通り原爆投下への関心は低下しているものの、現在の核兵器をめぐる諸問題は保守とリベラルの間で意見の割れる問題の一つとなっている（2章参照）。

まずリベラルな新聞での報道は、関心が薄れつつあることを懸念しつつ、核兵器を批判する論調が強い。ただそれは、純粋に核兵器の非人道性を批判したものではない。例えばニューヨーク・タイムズは六日に[*18]、気候変動や新型コロナウイルス感染症の蔓延の他、イランやサウジアラビアなどへの核拡散の懸念といった問題が他にあると指摘したうえで、今後三〇年で一兆二〇〇〇億ドル以上を要するという核兵器近代化を進めるのは道徳的に正当化しえない、と主張している。つまり財政的な負担や政策上の優先順位付けを問題視しており、核兵器そのものの非人道性については、記事の最後に「核戦争に勝者はなく、また、核戦争は決して戦われてはならない」という一九八五年の米ソ首脳会談での共同発表を引くにとどまっている[*19]。これは六日のバルティモア・サンも同様で、核兵器近代化に必要な莫大な予算は新型コロナウイルス感染症への対応に必要だとする反核団体トップの医師の主張をオピニオン面に掲載している。

この背景としては二つの事情が考えられる。第一に、当然ながら現在は、ただちに対処する必要のある国際的な問題が多数ある。アメリカにおいては、世界的な感染症の拡がりはもちろんのこと、気候変動問題もそうした喫緊の課題の一つとして議論されており、特にリベラルな政党やグループにおいてはその傾向が強い[*20]。実際、六日のロサンジェルス・タイムズは、核兵器の危険はなおも残っていると述べている一方で、気候変動などの人類の生存に関わる脅威があるとも主張している。

第二に、アメリカが保有する核兵器の近代化も、核兵器そのものへの評価や気候変動問題と同じく、党派的な対立が激しい問題の一つである。核兵器の近代化は、他国に先んじて核兵器は使わないと宣言する先行不使用（No First Use）宣言の不採用と並び、オバマ政権期に共和・民主両党の合意を背景に進められてきた。[*21] しかし専門家などによる論争は続いており、予算が拡大されたトランプ政権期にはそれに拍車がかかっていた。一連のリベラルな新聞の論調には、そうした党派対立が影響していると言えよう。

保守的な新聞による核兵器の擁護

一方で保守的な新聞の報道は、核兵器の危険性と必要性を同時に強調しているものが目立つ。九日のワシントン・ポストは、核兵器が人間のみならずあらゆる生物を殺してしまうとしつつも、その廃絶を願ってもそれはかなわない、平和を維持するこの恐るべき兵器と共存できるグローバルな枠組みを作ることに注力すべきだと説く。また原爆開発の舞台の一つとなったシカゴのシカゴ・トリビューンは七日の記事で、広島と長崎への原爆投下は米軍兵士の命を救ったとしつつも、これを核エネルギーが戦争に使われた唯一の例にする必要があると主張し、核兵器はできるだけ使用されるべきでないという立場をとる。

もちろん例外もある。極端に保守的な論調で知られるワシントン・タイムズは六日、ロシアや中国、北朝鮮、イランなどの脅威を列挙し、アメリカが核兵器を持ち続ける必要があるという元政府関係者の意見を掲載した。ただ、管見によれば無条件に核兵器の正当性を主張するこのような記事は少なく、保守的な新聞においてさえ、核兵器は本来であれば使うべきでないという前提はおおむね共有されていると言えよう。

4　同盟国での議論

ヨーロッパでの核兵器への批判

これに対し、アメリカの同盟国ではそれぞれの国が置かれた状況が違うためか、論調が国によって異なる。まず隣国のカナダでは、全国紙のグローブ・アンド・メイルが一日の記事で特集を組み、カナダは核保有国に対して核兵器を減らせば安全保障環境が改善すると粘り強く説得すべきと主張している。また著名な被爆者であり核廃絶を訴えてきたサーロー節子さんの居住地では、トロント・スターが五日の記事で、非戦闘員の殺害はすでに生物化学兵器や地雷、クラスター弾によるものが違法となっており、こうした規定がないのは核兵器のみであるという議論を展開している（3章3節参照）。

カナダもアメリカと同じく新型コロナウイルス感染症の蔓延で生活が一変しており、七日のナショナル・ポストはこの点にも触れている。しかし記事の結論は、核攻撃で失われるものは感染症問題以上であるというもので、アメリカ国内の論調とは違って核兵器の問題をより重く位置づけている。

さらに批判的な論調が明確なのがイギリスである。アメリカにとって最も関係の近い同盟国の一つであり、核不拡散条約（ＮＰＴ）でも核兵器の保有を認められた核兵器国でもあるが、同時にその報道ぶりは核兵器に対して厳しく、九日のガーディアン／オブザーヴァーは、原爆投下は正当化しえないものと断じている。また六日のインディペンデントは「核戦争に勝者はなく、また、核戦争は決して戦われてはならない」という前述の米ソ共同声明を引用したグテーレス国連事務総長の寄稿を、一〇日の同紙は核戦争を二度と起こさせない努力が必要であると説く中道左派の英労働党議員の寄稿を、それぞれ掲載している。

これは、イギリスにおいて伝統的に核兵器の位置づけが曖昧であったことも一因であろう。第二次世界大戦後のイギリスは、核政策に関してはアメリカとの協調を基本としており、なぜあえて独自の核兵器を保有するのかは不明確であった。[*22] 最近では二〇二一年二月に、それまで核兵器国の中では核軍縮に熱心と目されてきたにもかかわらず、今後一〇年の外交・安全保障政策の方針をまとめたいわゆる「統合レヴュー」で保有する核弾頭の上限を一・五倍の二六〇発に引き上げる方針を示して国内外を驚かせている。[*23] しかしその理由は不明確で、ロシアのミサイル防衛能力の増大という軍事的な懸念から新たな核弾頭の開発に出資するようアメリカを説得する材料にするという政治的な動機まで、様々な憶測がなされている。[*24] つまりイギリスにおいては、自国の核兵器の存在意義について国民的な合意や明確な理由がなく、最近では原爆に否定的な見方が増えつつあることが、核兵器への批判的な報道の背景にあると考えられる（3章1節参照）。

この点で、アメリカとは距離をとって独自の道を歩んできたフランスでの報道ぶりが対照的なのは自然と言えるであろう。フランスでは、原爆投下から六〇周年の際に、イラク戦争でのアメリカとの対立もあってか、原爆投下への厳しい批判がみられた。[*25] しかし七五周年の今回は、関連する報道そのものが少なく、被爆体験の継承が主な話題となっている。ただしブルターニュの地方紙ルテレグラムは例外で、フランスが核兵器による恐怖の均衡に関わっていることを批判する記事を六日に掲載している。

限定的な核兵器の擁護

英仏と論調が異なるのがドイツで、現在の安全保障環境を悲観的に捉え、これに対応するためにドイツは核政策をどう変えるべきかという具体論が多い。例えば六日のフランクフルター・アルゲマイネ・ツァイトゥング（FAZ紙）は、「奇妙な独裁制」である北朝鮮に核兵器が拡散し、既存の核保有国では軍拡競争が起きている一方、トランプ大統領が北大西洋条約機構（NATO）諸国に自助を求めていることを踏まえ、ドイツにも核兵器が必要なのか検討すべきかもしれないという悲観的な記事を掲載している。旧西ドイツで創刊された高級日刊紙のデアターゲスシュピーゲルも五日に、緑の党など左派が支持しているドイツの非核化、つまり核爆弾を搭載可能なトーネード攻撃機の後継機を調達せず、核問題に関する協議を行うNATO核計画グループ（NPG）にのみ参加する道は険しいと批判し、中国や北朝鮮、パキスタン、さらにはイランが核戦力の増強や構築を目指している限り、主な核保有国が自ら核兵器を放棄することはないだろうと予測している。

対して旧東ドイツを統治していたドイツ社会主義統一党の機関紙として創刊されたノイエス・ドイチュラント（ND紙）は、六日の記事でドイツが有事のNATOによる核使用計画に組み込まれていることを批判しているものの、それでも米露の対立激化といった安全保障環境の悪化は認めている。

こうした核軍縮に対して悲観的な見方は、ヨーロッパだけでなく日本にも向けられている。二日のディヴェルトは、ドイツと同じくトランプ大統領の圧力に直面する日本が核武装のオプションを残しており、実際に四六トンもの余剰プルトニウムを保有しており、これはプルトニウムを使用する長崎型の原爆六〇〇〇発分に相当すると報じている。こうした余剰プルトニウムの問題について長年研究してきたアメリカの研究者、フランク・フォン・ヒッペルの見解も引用されており、広島への原爆投下から七五周年という機会に、日本の核政策に関してこれほど詳細な報道がなされた点は興味深い。

核兵器への評価

ドイツ以上に積極的に核兵器の役割を評価する報道があるのが北欧諸国である。ロシアという巨大な脅威が控えていることもあろうが、七日のスヴェンスカ・ダーグブラーデットは、一方的な核軍縮はむしろ危険で、核兵器を持った「おかしい人たち（galenpannor）」の前では抑止のほうがより合理的だと説く。ただし同紙はこの前日の記事で、今なお核戦争の危険はあり、核兵器が二度と使われないよう努力しなくてはならないと説く国際赤十字委員会の寄稿も掲載している。同じ北欧のノルウェーではアフトゥンポストゥンが八日の記事で、NATOの下で核の傘は有効に機能しており、核兵器によって米露のような大国間の戦争は不可能となった、キューバ危機のような事態はあくまで例外である、とより直截に核兵器の役割を擁護した。

また理由は不明確ながら、イタリアでも最大手のラスタンパが四日の記事でほぼ同じ議論を展開している。すなわち核軍縮は進んでいないものの、NPTや戦略兵器削減条約（START）のような核不拡散・軍備管理の面での努力はあり、広島と長崎での経験が「ワクチン（vaccino）」となって核兵器の使用を抑えてきた、というものである。

5　アジアでの議論

核不拡散体制そのものへの不満

次にアジアに目を向けると、韓国では英字紙として最も歴史あるコリア・タイムズが、五日の記事で「核軍縮・不拡散アジア太平洋リーダーシップ・ネットワーク（APLN）」の声明を掲載している。これは核不拡散・軍縮問題に熱心に取り組んできたエヴァンス（Gareth Evans）元オーストラリア外相が設立した国際団体で、朝鮮半島の非核化も含め、核軍縮は世界的に停滞しているとしつつ、核兵器が再び使用されれば大惨事になるとし、気候変動、グローバルな感染症の拡大と並ぶ危機であって国際協調が必要だという議論である。

ただ、核軍縮に向けた国際協調が容易ではないことを示すのが、インドでの報道ぶりである。最大手のタイムズ・オブ・インディアは、六日に韓国で報道されたAPLNの声明文を掲載しているのみであったが、ヒンダスタン・タイムズは八日に独自の記事を掲載した（11章5節参照）。独立以来歴代の首相を輩出してきたインド国民会議に近い同紙らしく、インドが長年主張してきた現在の核不拡散体制への強い不満が表れている。つまりNPTを中心とした現在の体制はかつて米ソ両国が中心となっていたものであり、今では中国も核戦力を増強し、パキスタンも急速に核弾頭の数を増やしている。ゆえに兵器用核分裂性物質生産禁止条約（FMCT）や包括的核実験禁止条約（CTBT）のような未発効の条約も活用して新しい核不拡散体制を築くべきであり、これにインドも貢献すべし、というものである。

この新しい体制におそらく核禁条約は含まれていないであろう。この記事の冒頭には、現在の核不拡散体制が形成される際に二次的な被害者（a secondary victim）になったインドが、新しい核の秩序ではしかるべき地位（a seat at the high table）を占めるべしという一文がある。インドは一九七〇年にNPTが発効した直後の一九七四年に、NPTでも

禁止されていない「平和的核爆発」だと主張して同国初の核実験を行い、アメリカをはじめ主要な原子力先進国から経済制裁などを受けてきた。[*26] またそもそもNPTに対してインドは、条約形成時にすでに核実験に成功していた五か国に核兵器を保有する権利を認め、それ以外の国には認めない不平等な条約だという批判を向けてきた。この批判自体はNPTが議論され始めた一九六〇年代から存在する根源的なもので、当時からアジア・アフリカの新興国を中心に同調する国も少なくなかった。[*27] その批判がインドでは今なお生きており、核軍縮ではなく核兵器を有する自らの国際的地位への欲求として、この機に吹き出したとみるべきであろう。

中国への脅威認識

またアジアでは、台頭する中国の脅威を深刻に捉える報道もある。シンガポール最大手のストレイツ・タイムズは四日に掲載した長文の記事で、冷戦初期からの核兵器の歴史を振り返り、今やこの問題

は核拡散が中東や朝鮮半島に与える影響などではなく、自分たちのいるこの場所で起きている大国間の核軍拡競争が及ぼす影響にわれわれは対処しなくてはならないのだと述べている（11章7節参照）。

　興味深いのは、これと対照的に核兵器に対して極めて批判的な報道もみられることである。タイでは六日のバンコク・ポストが、マレーシアでは一三日の主要紙スター・マレーシアが、インドネシアでは八日のジャカルタ・ポストが、それぞれ核兵器の先行不使用宣言といった他の手段では不十分であり、核禁条約のような核軍縮が必要だとする主張を掲載している（11章6節、9節、10節参照）。

6　核軍縮への支持

ラテンアメリカでの支持

　このように核軍縮への賛否が入り交じる他の地域とは違い、ラテンアメリカでは核軍縮が明確に支持されている。まずメキシコでは、ラテンアメリカとカリブでの核兵器の実験や使用などを禁止したトラテロルコ条約などの努力に触れ、それでもなお核兵器の脅威が残り続けていることに警鐘を鳴らす記事を一一日のエルウニベルサルが掲載している。またブラジルでも同様に、トラテロルコ条約やＣＴＢＴなどの努力に触れ、同じく核軍縮を目指しているとして核禁条約への支持を表明する記事が二日のフォーリャ・ジサンパウロに掲載された。またコスタリカのラナシオンは九日の記事で、世界は広島・長崎以来、核のホロコーストというダモクレスの剣の下に置かれてきた、と述べて核兵器の危険性を強調している（9章参照）。

スペインでの支持

　興味深いのが、本書6章で詳しく検討されている通り、スペインでも核軍縮への支持が強いことである。一九六六年にパロマレスで米爆撃機が墜落し、搭載されていた水爆が落下する事故が起きたこともあり、報道では明確に核兵器の危険性が指摘されている。最大手のエルパイスは六日の記事で、他国での報道と同じく米露や米中の間の軍拡競争の可能性を指摘し、厳しい状況認識を示してはいるが、さらなる軍拡競争や新兵器の開発、新戦略兵器削減条約（新ＳＴＡＲＴ）のような軍備管理条約の失効は危険であると難じている。その背景にあるのは、コスタリカと同じく、広島・長崎は「ホロコースト（holocausto）」であるという六日のラソンの記事に示された認識であると言えよう（6章参照）。

7　おわりに

以上のように、広島への原爆投下七五周年を機に各国でなされた報道には、国や地域による違いはあるが、二つの共通点を見出すことができるであろう。

第一に、現在の国際環境が厳しいという認識である。特に米中対立は、シンガポールのストレイツ・タイムズが描写したような切迫感をアジアに与えていると言える。核兵器や戦略論の専門家は、二〇〇〇年代末からの米露、米中間の対立を受けてこうした認識を示すようになっており、最近では一時安全保障問題において周縁に追いやられたはずの核兵器が復権したと表現されるほど、核兵器の使用を想定した軍事戦略の再検討や兵器の近代化が活発になっている。[*28]

そのため、「核のタブー」を維持するための取り組みも先行きが明るいとは言い難い。例えば先行不使用については、核兵器を使えない兵器とするための手段としてアメリカでも議論されてきたが、政策として採用されるには至っていない。[*29] 特にオバマ政権では当時のバイデン副大統領らがこうした核政策の再検討を行ったものの、日本を含めた同盟国の反対も一因となって頓挫したとされている。[*30] それゆえ現在のバイデン政権も、先行不使用は検討すると明言しつつも、こうした核政策の検討作業は「日本を含む同盟国と相談して進める」としている。[*31]

ただしこの事例は、日本が核兵器の役割縮小という核軍縮のための取り組みにブレーキをかけたとはいえ、アメリカの核政策に同盟国が影響を及ぼしうることの証左であるとも言える。つまり日本を含めた各国における「核のタブー」の強さしだいでは、少なくともアメリカの核政策は、なんらかの制約を受ける可能性はあろう。

実際、第二の共通点として、アメリカ国内の保守的な新聞の報道や、それ以外の国での核軍縮に慎重な報道でも、核兵器が使われるべきでないという点は見出せるのではないか。もちろんインドでの核不拡散体制への不満やドイツで報道された日本の核能力といった問題にみられるように、核に関する新たな枠組みを形成し、核軍縮を進めるのは容易ではない。しかし少なくとも、そうした努力の大前提となる核兵器への忌避感という、広い意味での「核のタブー」は、各国での報道に共通して見出せよう。

「核のタブー」を唱えたタンネンワルドは近年、安全保障環境の悪化や核兵器の使用を示唆するトランプ大統領の発言によってタブーが危機に瀕しているとしつつも、国際的な緊張緩和に加え、核兵器がもたらすものについての一般への教育といった対応策がありうると論じている。[*32] そうした教育の際に重要となるであろう新聞報道において、核兵器が基本的には忌避すべきものとして描かれているのは、「核のタブー」の今後にとって数少ない好材料の一つと言えるのではなかろうか。

注

＊1　Freedman and Michaels (2019).
＊2　Deriglazova and Rozhanovskaya (2020), p. 133.
＊3　Tannenwald (2007).
＊4　Ibid., p. 44.
＊5　井上（二〇〇七）三〇―三一頁。

＊6 Shoemaker and Reese (2013).

＊7 "Report of the Committee on Political and Social Problems, Manhattan Project 'Metallurgical Laboratory,'" University of Chicago, June 11, 1945. http://www.dannen.com/decision/franck.html (accessed 2021/3/10).

＊8 Schelling (1960), pp. 257-266.

＊9 ギャディス（二〇〇二）一八三頁、Paul (2016)。

＊10 モーゲンソー（二〇一三）［一九八六］一五六―一五七頁、ナイ、ウェルチ（二〇一七）二二六―二二九頁。

＊11 Walker (2010).

＊12 Paul (2009).

＊13 Press, Sagan and Valentino (2013).

＊14 Pauly (2018).

＊15 Ibid., p. 188.

＊16 Hanania (2017).

＊17 ノリス他（一九九九）。

＊18 以下新聞記事の日付は二〇二〇年八月を省略し、日のみ表記する。

＊19 訳文は外務省による。「米・ソ首脳会談共同発表（仮訳）」『外交青書』１９８６年版、四九三頁。

＊20 "Two-Thirds of Americans Think Government Should Do More on Climate", June 23, 2020, Pew Research Center. https://www.pewresearch.org/science/2020/06/23/two-thirds-of-americans-think-government-should-do-more-on-climate/(accessed 2021/3/31).

＊21 Roberts (2019).

＊22 Freedman and Michaels (2019), c. 20.

＊23 一政（二〇二一）。

＊24 Harries (2021).

＊25 井上（二〇〇六）一一七―一一九頁。

＊26 Perkovich (1999).

＊27 濱村（二〇一六）。

＊28 Camborne and Garrity (1994/5)、秋山、高橋（二〇一九）。

＊29 Panda and Narang (2021).

＊30 Roberts (2019).

＊31 『朝日新聞』（二〇二一、四月一〇日）「米、核兵器予算の削減を示唆」。

＊32 Tannenwald (2020), p. 293.

参考文献

秋山信将、高橋杉雄編（二〇一九）『「核の忘却」の終わり――核兵器復権の時代』勁草書房。

一政祐行（二〇二一）『競争時代のグローバル・ブリテン』

報告書と核軍備管理・軍縮不拡散の展望」、『ＮＩＤＳコメンタリー』第一六七号。

http://www.nids.mod.go.jp/publication/commentary/pdf/commentary167.pdf
井上泰浩（二〇〇六）「世界は「広島」をどう報じたか――原爆投下60周年報道の国際比較検証」、『広島国際研究』一二巻、一〇三―一二七頁。

井上泰浩（二〇〇七）「アメリカの新聞報道にみる「広島」解釈――原爆投下60周年報道の検証」『中・四国アメリカ研究』三号、二九―五二頁。

ギャディス、ジョン・L（二〇〇二）『ロング・ピース――冷戦史の証言「核・緊張・平和」』（五味俊樹他訳）、芦書房。

ナイ、ジョセフ・S・ジュニア、デイヴィッド・A・ウェルチ（二〇一七）『国際紛争――理論と歴史 原書第10版』（田中明彦、村田晃嗣訳）、有斐閣。

ノリス、ロバート・S他（一九九九）「核兵器はどこにあったのか」（日本原水協訳）、*Bulletin of the Atomic Scientists*, 55 (6), pp. 26-35、https://www.antiatom.org/GSKY/jp/Rcrd/Politics/-99/j_where_nukes.htm?fbclid=IwAR0am60sDtQbwkHAmwcMKSxPUF1gzwW8r8_mObU2podkgcYCV1hnA16VQu8〕（アクセス日二〇二一年三月三一日）。

濱村仁（二〇一六）「「休戦ライン」としての核不拡散体制――衝突する規範の妥協と二重基準論争」『国際政治』一八四号、八九―一〇二頁。

モーゲンソー、ハンス・J（二〇一三）〔一九八六〕『国際政治――権力と平和』中（原彬久監訳）、岩波書店。

Camborne, Stephen A. and Patrick J. Garrity (1994/5). "The Future of US Nuclear Policy." *Survival*, 36 (4), pp. 73-95.
Deriglazova, Larisa and Nina Rozhanovskaya (2020). "Building Nuclear Consensus in contemporary Russia: factors and perceptions" in (A. Pavlov and L. Deriglazova, eds.) *Nuclear Russia: International and domestic agendas* (pp. 131-162). Tomsk, Russia: Tomsk University Press.
Freedman, Lawrence D. and Jeffrey Michaels(2019). *The Evolution of Nuclear Strategy: New, Updated and Completely Revised*. London, UK: Palgrave Macmillan.
Harries, Matthew (2021). "Why is the United Kingdom raising its nuclear stockpile limits?" *Bulletin of the Atomic Scientists*, https://thebulletin.org/2021/04/why-is-the-united-kingdom-raising-its-nuclear-stockpile-limits/(accessed 2021/4/3).
Hanania, Richard (2017). "Tracing the Development of the Nuclear Taboo: The Eisenhower Administration and Four Crises in East Asia." *Journal of Cold War Studies*, 19(2), pp. 43-83.
Narang, Vipin (2014). *Nuclear Strategy in the Modern Era: Regional*

Powers and International Conflict. Princeton, NJ: Princeton University Press.

Panda, Ankit and Vipin Narang (2021). "Sole Purpose Is Not No First Use: Nuclear Weapons and Declaratory Policy." *War on the Rocks*, https://warontherocks.com/2021/02/sole-purpose-is-not-no-first-use-nuclear-weapons-and-declaratory-policy/(accessed 2021/4/1).

Paul, T. V (2009). *The Tradition of Non-Use of Nuclear Weapons*. Stanford, CA: Stanford University Press.

Paul, T. V (2016). "Self-deterrence: Nuclear Weapons and the enduring credibility challenge." *International Journal*, 71(1), pp. 20-40.

Pauly, Reid B. C (2018). "Would U.S. Leaders Push the Button? Wargames and the Sources of Nuclear Restraint." *International Security*, 43(2), pp. 151-192.

Perkovich, George (1999). *India's Nuclear Bomb: The Impact on Global Proliferation*. Berkeley, CA: University of California Press.

Press, Daryl G., Scott D. Sagan and Benjamin A. Valentino (2013). "Atomic Aversion: Experimental Evidence on Taboos, Traditions, and the Non-Use of Nuclear Weapons," *American Political Science Review*, 107(1), pp. 188-206.

Roberts, Brad (2019), "Debating Nuclear No First Use, Again," *Survival*, 61 (3), pp.39-56.

Schelling, Thomas C. (1960). *The Strategy of Conflict*. Cambridge, Massachusetts: Harvard University Press.

Shoemaker, Pamela J. and Stephen D. Reese (2013). *Mediating the Message in the 21st Century: A Media Sociology Perspective*. London, UK: Routledge.

Tannenwald, Nina (2007). *The Nuclear Taboo: The United States and the Non-Use of Nuclear Weapons Since 1945*. Cambridge: Cambridge University Press.

Tannenwald, Nina (2020). "The Legacy of the Nuclear Taboo in the Twenty-First Century." in (Michael D. Gordin and G. John Ikenberry, eds.) *The Age of Hiroshima* (pp. 276-293). Princeton, NJ: Princeton University Press.

Walker, William (2010). "The absence of a taboo on the possession of nuclear weapons." *Review of International Studies*. 36(4), pp. 865-876.

13章　核兵器禁止条約と人道的・段階的アプローチ
――「核被災の語り」が拓く人新世の未来

太田育子

1　はじめに――問題の所在と本章の構成

二〇二一年一月二二日、核兵器禁止条約（Treaty on the Prohibition of Nuclear Weapons：以下、本章では「禁止条約」[*1]）が批准国それぞれの現地時間午前〇時に発効し、核兵器を非人道的兵器として全面的に禁止する国際条約が史上初めて法的効力を持った。禁止条約は、二〇一七年七月に国連加盟国の約六割にあたる一二二か国・地域の賛成（反対一、棄権一）により国連で採択された。二〇二一年六月現在、八六か国・地域が署名し、五四か国・地域が締約国になっている。

グテーレス国連事務総長は、発効が確定した二〇二〇年一〇月と発効した翌年一月にそれぞれ歓迎の声明を出した。その中で、核兵器のいかなる使用も人類と環境への「壊滅的な人道上の結末（catastrophic humanitarian consequences）」をもたらすと警鐘を鳴らす世界規模の運動が成就したこと、その運動には悲劇的な証言を粘り強く続けた「核爆発や核実験の生存者」（いわゆるグローバル・ヒバクシャ[*2]）の存在があり、禁止条約を成立させる道義的な推進力となったこと、それゆえ禁止条約の成立と発効は、運動に関わった生存者そして市民社会への称賛の証であることを指摘した。核兵器廃絶は、持続可能な開発目標（ＳＤＧｓ）の一環として「人道的軍縮」の必要性をうたう二〇一八年「国連軍縮アジェンダ（Securing Our Common Future）」[3]の最高位に位置づけられている。それゆえグテーレスは、禁止条約は「核兵器なき世界」という最終目標に向けた核軍縮への多数国間アプローチを強化する意義ある進展であると評価し、禁止条約が核不拡散条約（ＮＰＴ）や包括的核実験禁止条約（ＣＴＢＴ）などの既存の核軍縮の法的枠組みと矛盾しないとの認識を示した。[4]

他方で、核兵器保有九か国[5]や「核の傘」（拡大核抑止）のもとにある日本を含む同盟国（以下、これらを総称して本章では「核抑止諸国」）は、条約交渉の段階から禁止条約に参加しなかった（交渉に参加しなかった国連加盟国・地域は七一。オランダはＮＡＴＯ加盟国ではあるが議会の要請により政府が条約交渉に参加し、条約採択時に反対票を投じた）。核兵器の非人道性を憂慮しながらも、厳しさを増す国際情勢

のもとでは安全保障上まだ核抑止政策を放棄する段階にはなく、核廃絶というゴール（出口）へ向けて保有国と非保有国が協力し一歩ずつ段階的（step-by-step）に進めるアプローチにより現実的かつ実践的に取り組むべきところ、禁止条約で核兵器の禁止を先行して（入口で）規範化しても、保有国が関与しなければ無意味であるばかりか、禁止条約を支持する非保有国と保有国との間に分断を招き、かえってＮＰＴを柱とする既存の核軍縮体制を弱体化させる、といった理由からである。[6]

これら禁止条約に反対する核抑止諸国が主導する「段階的アプローチ（あるいは「ブロック積み上げ方式」[7]）」は、核兵器廃絶という「人道的アプローチ」と共通の目的を持ちながらも、世界の核兵器保有の現状や安全保障環境を前提とする。そして、「核抑止論により権威と正当性を与えられてきた核兵器の価値を否認すること（delegitimization）」を戦略として（以下、本章では「抑止価値否認」戦略）、核抑止政策をとる保有国も参加する国家間制度の枠組みの

中で、核軍縮を実施していこうとする。[*8]

一方、禁止条約を成立させた非保有国と国際NGOなどの市民社会は、「人道的アプローチ」の戦略として「人類と共存できない絶対悪の烙印を核兵器に押すこと（stigmatization）」（以下、本章では「非人道烙印」戦略）を選んだ。既存の核軍縮体制のもとでは核拡散を防止できない現状[*9]を打開するために、対人地雷などの禁止条約と同様に、兵器保有国の参加の有無にかかわらず、兵器自体を禁止する規範的条約を成立させる必要があったためである。[*10]

ところで、stigmatizationとdelegitimizationという二つのアプローチを比較検討した黒澤満・日本軍縮学会初代会長は、「それぞれの理由、手段、安全保障の認識などは異なるものの、核兵器のない世界に向けての取り組みであるという共通の目的を保有しており、相互補完的である」と分析し、以下のように結論づける。[*11]

本質的に、stigmatizationは人道的側面および道義的側面を強調しているのに対し、delegitimizationは政治的および軍事的側面を強調し、核兵器の有用性を疑問視している。Stigmatizationは主として人間の感性に訴えているのに対し、delegitimizationは主として人間の理性に訴えるものとなっている。Stigmatizationは人間の安全保障および人類の安全保障を強調しているのに対して、delegitimizationは国家の安全保障および軍事的安全保障を強調している。それぞれがどの側面を強調しているかに関しては違いが存在しているが、両方のアプローチの目的は同一であ［り］……より良き成果を生み出すため、お互いに補完的に機能するものである。

それでは、核抑止政策を支える「功利主義に基づく核兵器使用」という考え方を、核廃絶のための「絶対主義に基づく核兵器禁止」へと変えていくために、「人道的アプローチ」・非人道烙印戦略と「段階的アプローチ」・抑止価値否認戦略を、どのように相互補完的に機能させればよいだろうか。

この問題意識のもと、本章では2節と3節で、禁止条約の成立経緯を踏まえつつ、核軍縮交渉義務（NPT第六条）の履行を強化するために、二つのアプローチ・戦略はどう機能してきたかを検討する。NPTは核兵器保有六か国が加盟する[12]核軍縮分野の最も重要な条約であり「段階的アプローチ」・抑止価値否認戦略をとるが、「人道的アプローチ」・非人道烙印戦略をとる（禁止条約に賛同する）非核保有国もNPTに加盟しているためである。

2節では、禁止条約の直接の起源となる、国際司法裁判所（ICJ）の一九九六年勧告的意見をめぐり、「段階的アプローチ」・抑止価値否認戦略を排除せず妥協を図りながら、NPT締約国の義務履行を強化する条約解釈を、ICJ判事の全員一致で宣明するに至った経緯を検討する。3節では、勧告的意見により生じた、核抑止政策に正当性の余地を残す「法的抜け穴」を埋めるために、非核保有国などが禁止条約を、NPT条約第六条の「効果的な措置」として位置づけ、成立させた経緯を検討する。

以上の考察を踏まえて、4節で禁止条約の内容を整理したのち、核抑止政策を支える「功利主義に基づく核兵器使用」という考え方を、核廃絶のための「絶対主義に基づく核兵器禁止」へと変えていく方途について、5節で若干の考察を行い結びとする。

なお、本章では紙幅の関係から、個別の新聞記事への言及は省略せざるを得なかった。国際文書の詳細なども、末尾の参考文献を参照願いたい。

2　起点となった一九九六年ICJ勧告的意見——核軍縮交渉の「二重の義務」化へ

禁止条約の成立経緯の起点と考えられるのは、ICJの一九九六年「核兵器の威嚇または使用の合法性」勧告的意見である。[13] 一九九四年一二月に採択された国連総会決議に記された「核兵器による威嚇または使用は、いかなる状況においても、国際法のもとで許容されているか」に関する判断の要請に応えたものである。[*14] この総会決議は、「世界法廷プロジェクト」という国際NGOによる緩やかなネットワークが一九九二年に発足したことが契機となり採択された。一九七八年国連軍縮特別総会前後から盛んになった広島、長崎の被爆者や平和団体による海外原爆展開催や証言活動に触発されたものであった。[*15]

ＩＣＪは同裁判所規程に従い、ＩＣＪで裁判を受けることのできる国および国連は、本件の問題に関する情報を提供できると決定した。一九九五年秋にＩＣＪで行われた口頭陳述では、二二か国の政府代表が法廷に立った。このうち、南太平洋諸国、エジプト、メキシコ、コスタリカ、マレーシア、フィリピン、ジンバブエなど十五か国が、「違法」を主張し、独と伊は「司法判断を回避すべき」との立場を示した。米、英、仏、露は、司法判断をすべきではないが、判断する場合には、核兵器使用の状況によって判断すべき、との「条件付き合法」の立場をとった。日本は、広島、長崎両市長が法廷に立ち、被爆の実相と核兵器の非人道性を詳述しながら違法性を訴えた。一九六三年の東京地裁「原爆訴訟」判決は原爆投下を実定国際法違反と明確に断じている。[*16] しかし日本政府は、核兵器使用は「国際法の思想的基盤にある人道主義の精神に合致しない」と述べるにとどまり、違法かどうかの判断を明示しなかった。[*17]

一九九六年七月八日、ＩＣＪは同意見第一〇五節主文二項Ｆにおいて、一四名の判事全員一致で「厳格かつ効果的な国際管理の下でのあらゆる分野にわたる核軍縮につながる交渉を、誠実に行い、完了させる義務が存在する」と宣明した。核軍縮交渉義務を定めるＮＰＴ第六条（外務省公定訳は「各締約国は、核軍備競争の早期の停止及び核軍備の縮小に関する効果的な措置につき、並びに厳重かつ効果的な国際管理の下における全面的かつ完全な軍備縮小に関する条約について、誠実に交渉を行うことを約束する。」）は、軍縮交渉と交渉完了の「二重の義務」から構成されるとの解釈である。この宣明内容が、核兵器保有九か国の同条不履行（義務違反）をめぐる、マーシャル諸島によるＩＣＪへの訴訟提起（二〇一六年「核軍縮義務事件」）となり、また核兵器の全面禁止のための条約交渉の原動力となっていく。[*18]

禁止条約の成立に大きな役割を果たす勧告的意見のもう一点は、第一〇五節主文二項Ｅである。その前段で「核兵器による威嚇または使用が、一般的には武力紛争に適用される国際法の諸規定、特に国際人道法の原理と規定に違反することが導かれる」としながら、後段で「しかし、国際法の現状および本法廷が把握できる事実の諸要素に照らし、国家の存立そのものがかかっているような極限状況での核兵器による威嚇または使用が合法か違法かについて確定的に結論を出すことはできない」と宣明した（賛成七・反対七、規則に従い裁判所長の加重投票によって賛成八となり決定）。

この後段は、核抑止諸国にとっては「極限状況では核兵器使用は違法ではなくなる」という解釈を許す「抜け穴」となりうる。しかし、ベジャウィ裁判

所長の真の狙いは、ＮＰＴ締約国が単なる核軍縮交渉の義務のみならず核廃絶という結果をもたらさねばならない「二重の義務」を負うという、上述の二項Ｆを埋め込んだ勧告的意見を、門前払いもせず評決不能にもせず公表（宣明）することにあった。そのため、「一般的には［国際人道法に照らし］違法、極限的状況については［国家に自衛権が認められるため］判断回避」とする主文二項Ｅに、自らの信条を貫いて反対票を投じることは避けた。本心は勧告的意見に付属する形で公表される「宣言」に記せばいいと考え、あえて賛成票を入れ七対七に割れたところで裁判所長に与えられた決定票を行使したという。[*19] 二〇一四年の朝日新聞取材に応えて、以下のように語っている。[*20]

（広島、長崎両市長の証言は）忘れられない記憶であり、大変に心を動かされた。核兵器が悪の兵器であると明白に示し、われわれにできることは何でもやろうとの思いを改めて非常に強め

た。……ＩＣＪ判事も人間である以上、政治的信念を持ち、法的判断から取り除けない個人的なものもある。今回のように極めて政治的な問題については、法律のみならず、良心に基づいて自分自身を表現しなければならないと思っている。

それゆえ、ベジャウィ裁判所長の「宣言」とあわせ読んだ勧告的意見の意義は、次のようになるだろう。一九九五年一一月の広島、長崎両市長による口頭陳述をも踏まえ、核兵器被害の特殊性と非人道性（意見第三五―三六節）および「核兵器による威嚇または使用は、一般的にみて武力紛争法、とりわけ国際人道法の原理と規則に反する」という一文（主文二項Ｅ前段）を、勧告的意見という国際法文書の中に明記し、そしてそれを一四人中五人が核保有国の判事である条件下で多数意見（七対七のち裁判所長の一票で八対七）としてまとめ成立させた――そのために二項Ｅ後段の文言を、同前段「一般的には違法」と組み合わせて賛否の投票にかける技巧が必要になったと推察される――。そのうえで、「核兵器をめぐるあらゆる行動の究極の目的」（ベジャウィ所長宣言第二四節）である核軍縮への誠実交渉・完了の「二重の義務」（主文二項Ｆ）を全員一致で採択した。[*21]

3　転換点となった二〇一五年「人道の誓約」――核軍縮の「効果的な措置」の具体化へ

勧告的意見が出された二か月後の一九九六年九月、二項Ｅ後段の「抜け穴」を埋めようと、国連総会議長国で非同盟の主要国マレーシアが、「国連総会は全面的な『核兵器禁止条約』に関する交渉を九七年中に始めるよう各国に求める」との「勧告的意見のフォローアップ」決議案を作成した。一二月に賛成一一五（中国を含む）、反対二二（米露英仏の核保有国とその同盟国）、棄権三二（デンマーク、アイスランド、ノルウェーのNATO加盟三か国、日本を含む）で採択され、その後も毎年賛成多数で採択されることになった。[*22] さらに、国際反核法律家協会（IALANA）などの国際NGOが起草した「モデル核兵器禁止条約」（MNWC）を一九九七年にコスタリカが国連総会に提出し、二〇〇七年には化学兵器禁止条約（CWC）をモデルとした改定版が作成され、コスタリカとマレーシアがNPT準備委員会に提出、議論の俎上に載ることになる。[*23]

同じく勧告的意見の「抜け穴」を埋める意図で、二〇一〇年五月のNPT再検討会議を前に、同年四月、スイスに本部を置く赤十字国際委員会（ICRC）が「核兵器の時代に終止符を」と題するケレンベルガー総裁声明を発表した。原爆投下直後に広島に入り、被爆の実相を世界に伝えたジュノー医師の言葉を引用しながら、「核兵器のいかなる使用も国際人道法に合致するとみなすことは不可能」であり、核兵器の議論は、「軍事ドクトリンやパワーポリティクスのみに基づくのではなく……究極的には、人間、人道法の基本原則、人類の集合的未来に関わるものでなければならない」との提言である。[*24] 一九四五年から核兵器自体への懸念は表明してきたものの、政治的中立を原則とするICRCが、「核兵器爆発下の救援は行えない」と人道的観点から初めて政策的な意思表明を行ったと言えよう。

その直後にニューヨークで開催されたNPT再検討会議では、スイスの外務大臣が、核軍縮の議論の中心に人道的側面を据えるべきと主張し、核抑止諸国も含む全会一致の最終文書（行動計画）に「会議は、核兵器のいかなる使用からも生じる壊滅的な人道上の結末に深い懸念を表明し、すべての国が人道法を含む適用可能な国際法をいかなる時も遵守する必要性を再確認する」との文言が盛り込まれた。[*25]

こうして、ICRC総裁声明を契機とする二〇一〇年NPT再検討会議の最終文書採択により、「人道的トラック／人道的イニシアティブ」と呼ばれる、核軍縮における交渉枠組みを軍事的・政治的観点から人道的観点へ再構成（reframing）しようとの機運が醸成され、続く二〇一二年五月のNPT準備委員会で、二つの並行する外交行動が生じる。[26]

第一に、地域を超えた非核保有国による、核兵器の非人道性に憂慮し非合法化を目指す共同声明の、NPT準備委員会や国連総会での継続的な採択である。[27]

第二に、それらの共同声明の内容を踏まえた、三回の「核兵器の人道上の影響に関する国際会議」の開催である（二〇一三年三月ノルウェー・一二七か国、二〇一四年二月メキシコ・一四六か国、同年一二月オーストリア・一五八か国）。

これらの国際会議に、核兵器保有国の印、パキスタンは全三回参加し、米、英も第三回会議へ参加した。会議では原爆投下や核実験など核兵器がこれまでもたらしてきた影響を科学的に検証するほか、偶発的な核使用や核兵器に関わる事故のリスクも議題となった。さらに、広島、長崎の被爆者と核実験による被害者も会議に参加し、自らの体験を証言し「核兵器による一般市民に対する言葉で言い表せないほどの苦しみ」を参加国に印象づけた。こうして科学的知見に基づき、「人口密集地で核兵器爆発が起こった場合に人道救助は極端に厳しく、核兵器の使用はいかなる意味でも国際人道法に合致しえない」との共通認識が形成される。[28]

これら二つの外交行動は、一五八か国が参加した第三回会議の閉幕時に転換点を迎える。議長国オーストリア政府は、議長総括に加えて、のちに「核兵器の禁止および廃絶のための人道の誓約（Humanitarian pledge for the prohibition and elimination of nuclear weapons）」と改名される文書を発表した。NPT第六条の義務を緊急かつ完全に履行するために、NPT締約国に「核兵器の禁止および廃棄に向けた法的なギャップを埋めるための効果的な諸措置を特定し追求する」よう求め、各国や市民社会と協力していくことを宣言する内容である。翌月の二〇一五年一月、オーストリアは、この宣言文書を国連全加盟国に送付し署名を求めた。ＩＣＡＮなどＮＧＯネットワークの集中的な働きかけもあり、同年四月のＮＰＴ再検討会議開始時には約七〇か国（閉会時には一〇七か国、日本は賛同せず）が文書に賛同した。*[29]

こうして、人道的観点から核兵器の法的禁止を具体化しようとする潮流は、第六条の規定する、核軍縮の「効果的措置」という文言に集約されていく。二〇一五年ＮＰＴ再検討会議では、新アジェンダ連合*[30]や「人道の誓約」賛同国が「効果的措置」を核兵器の法的禁止とほぼ同義で論じた。法的禁止に反対する核抑止諸国は、「現行の段階的アプローチを着実に進めることが効果的措置」と主張した。議論を経て議長が準備した最終文書案では、核兵器のない世界のための法的規定を含めた「効果的措置」を議論するオープンエンド作業部会（ＯＥＷＧ）を国連総会下に設置することが勧告として盛り込まれた（中東非核地帯構想問題のため最終文書は採択できず閉会）。同年一〇月の国連総会にメキシコがＯＥＷＧを設置する決議案を提出し、賛成多数で採択された（日本は棄権）。国連作業部会での議論を経て、二〇一七年三月に禁止条約の交渉会議が国連で開始されたのち、同年七月の禁止条約採択に至った。*[31]

4　禁止条約の内容――核保有国の参加を想定した禁止先行条約

一般に条約の前文には、条約の理念、目的、背景などが記述される。禁止条約前文の全二四項には、「壊滅的な人道上の結末」をもたらす核兵器の非人道性と核廃絶の必要性、核軍縮の停滞や核兵器の近代化などへの懸念ゆえの禁止条約の必要性、ＮＰＴやＣＴＢＴなど既存の核軍縮体制の尊重・強化も盛り込まれた。そして、禁止条約の直接の起源となったＩＣＪ勧告的意見の主文二項Ｆの文言が第一七項で、また禁止条約成立の道徳的な推進力となった「ヒバクシャ（hibakusha）」が、第六項と第二四項で言及されている。

禁止条約本文は全二〇条によって構成される。禁止条約は、化学兵器、対人地雷、クラスター弾など、既存の軍縮条約の成立プロセス（規制対象とする兵器の非人道性や被害者の苦しみに共鳴する国家とNGOが連携して国際的なキャンペーンを行い大国の圧力を排する方式）や条文構成（兵器の生産、使用、備蓄、移譲などを包括的に禁止）を踏襲している。すなわち、禁止先行型の条約であり、核兵器の廃棄プロセスや検証制度は成立後に詳細を詰めることを予定する。それゆえ発効時には、廃棄・検証の技術・知識を有する核保有国の参加を必要としない。

禁止条約第一条は、NPTと同じ文言の「核兵器その他の核爆発装置」について、「非人道兵器」であるがゆえに、核兵器に関わるあらゆる活動——核兵器を作ること（開発、実験、生産、製造）、持つこと（取得、保有、貯蔵、自国内への配置、設置、配備）、持ち込むこと（移譲、受領）、使うこと（使用、使用の威嚇）、そしてこれらの行為に協力すること（援助、

奨励、勧誘）[*32]（つまり「抜け穴」なく）——を、いかなる場合にも例外なく禁止する。

また、第二条から第四条は、核保有国が禁止条約に加入することを想定して核兵器廃棄の基本的なプロセスを提示し、申告義務、保障措置、廃棄の検証について、基礎的な事項を定める。廃棄の検証に関しては、自ら廃棄した上で条約に加入する場合と、まず条約に加入してから廃棄する場合のそれぞれの手続きが規定されている。いずれの場合も、将来設置される「権限のある国際当局」が検証に当たること、申告された核物質の「平和的原子力活動」からの転用がないこと、そして未申告の核物質または原子力活動が存在しないことについて、保障措置協定を国際原子力機関（IAEA）と締結することが定められ、締約国は定期報告義務を負う。

第六条は、被害者援助と環境回復について規定する。人道・人権の原則に立ち、締約国は、核兵器の使用や核実験で被害を受けた人々に医療的・社会的・経済的援助を行う義務や、核兵器の使用と核実

験に関連する活動で汚染された環境を回復する義務を負う。[33]

第八条は、締約国会議と検討会議について定める。締約国会議は、「条約の適用または実施に関する問題および核軍縮のためのさらなる措置に関する問題について検討し、必要な場合には決定を行う」ために開催され、発効から一年以内に国連事務総長が招集し、核兵器廃棄の検証などの具体的な方法の検討を開始する（その後は二年ごとに招集される。なお、第一回締約国会議は二〇二二年一月一二―一四日にウィーンで開催）。また、検討会議は、「条約の運用および条約の目的を達成するに当たっての進展を検討する」ため、条約発効の五年後に（その後は六年ごとに）開催される。締約国会議と検討会議のいずれも、禁止条約の非締約国、国連などの国際機関、ICRC、関連するNGOなどに、オブザーバーとして「出席するよう招請」することができる。

その他にも、条約発効要件（第一五条）や禁止条約と既存の国際協定との関係（第一八条）などが規定されている。[34]

5　おわりに――「キノコ雲の下」の語りが人新世にもたらす未来

以上で検討したように、グローバル・ヒバクシャの証言（顔と名前を持った「キノコ雲の下」の語り）が原動力となり、ICJの勧告的意見を成立させ、「キノコ雲の上」で停滞していた核軍縮交渉に、核兵器の非人道性を原点とする人道的アプローチ・非人道烙印戦略という新たな潮流を生み出し、そして核抑止諸国の反対にもかかわらず、段階的アプローチ・抑止価値否認戦略を補完的に組み合わせながら、国連決議に基づき禁止条約交渉を開始させ、一二二か国の賛成を得て同条約を採択し、三年余りで発効に至らしめた。人間の悲惨をくぐり抜けたヒバクシャの「存在の現れ」[*35]に心揺さぶられた、国籍も年齢も異なる一人ひとりが、それぞれの立場・役割の制約の中で、二つのアプローチ・戦略のバトンをつないだかのようである。

この潮流に市民運動として貢献した国際NGOの核兵器廃絶国際キャンペーン（ICAN）は、二〇一七年のノーベル平和賞を受賞した。そのICANの一翼を担う「平和首長会議（Mayors for Peace）」は、世界一六五か国の八〇三二自治体（二〇二一年六月現在）が連帯して核兵器廃絶を目指す国際NGOで、一九八二年第二回国連軍縮特別総会での荒木武・広島市長（当時）の呼びかけに賛同する自治体の機構として創設された。[*36]

現在の会長を務める広島市・松井一實市長は、「為政者に政策転換を促す局面が来た。核兵器は容認し難いとの市民社会の声を世界の潮流にしたい」と述べ、[*37]禁止条約の第一回締約国会議へNGOとしてオブザーバー参加を予定している。日本政府は引き続き禁止条約に署名しない方針だが、核保有国も

加わる核軍縮検証に関する専門家会合などにこれまで参加している。[*38]締約国会議は今後、核廃棄の履行検証手続きを具体化していくが、日本がオブザーバー出席して可能な範囲で知見も提供すれば、核廃絶へ貢献できよう。

ところで、核抑止論を支える「功利主義に基づく核兵器使用」という考え方の根幹にある論理は、ニューヨーク大学教授トマス・ネーゲルの論考によれば、「より少ない害悪を生み出すことによって、大害悪を避けうるという可能性に直面した場合には、より少ない悪のほうを選択すべき」というものであり、「起こるであろう結果」を最優先する。しかし、「人が他者に対して行う行為の正当化［は］、世界全体に対してだけでなく、［相互人格的に］その人物に対しても提示されうるようなものでなければならない」。それゆえ、「自分の攻撃を、敵意を抱いている真の標的にではなく、たまたま攻撃しやすい周辺の標的に向け」ることは、「人間として彼らに当然払われるべき最低限度の敬意をもって、対処しては

いない「汚い戦い方」」となる。この戦い方の汚さゆえに「ある特定の行為は結果のいかんを問わず決して正当化されない」。この論理に基づき、「ある特定の行為——例えば、非武装の捕虜や市民を殺すという行為——をなすことが許されないのであれば、「起こるであろう結果」に関するいかなる議論によっても、それをなすことが正しいことを示すことはできない」。つまり「広島の犠牲者に向かって『われわれは日本政府に降伏を促すために、あなたがたを灰にしなければならないのです、わかってください。』と言うこと」ができないゆえに、核廃絶のための「絶対主義に基づく核兵器禁止」は正当なのである。[*39]

そうであれば、核抑止諸国を「絶対主義に基づく核兵器禁止」へと促すために不可欠な日本の作業は、8章で指摘されている韓国・朝鮮人被爆者問題など原爆被害の陰に隠れた戦時中の加害的側面（日本の非人道性）に真摯に取り組み、2章、3章の米英豪の原爆報道で根強い「戦争終結のための救世主ないし必要手段」や「被害の矮小化」のフレーミングを弱める努力を続けることではないだろうか。その実例を、ICJ勧告的意見で口頭陳述を行った平岡敬・広島市長（当時）にみることができる。

平岡は二期八年、市長として核廃絶を訴えた間、「広島への原爆攻撃は真珠湾奇襲の報復だ」というフレーミングや「日本は被害者ではなく、加害者だ」「日本は広島の被害を強調することによって、自らを犠牲者に仕立て上げ、戦争中に日本が行った残虐行為などの免罪符にしようとしている」といった日本の戦争犯罪・歴史認識へのアジア諸国からの非難にたびたび直面した。その苦い経験を踏まえ、一九九五年一一月七日の陳述の冒頭で、市長は以下のように述べている。[*40]

広島の平和記念公園の慰霊碑には、「安らかに眠ってください　過ちは繰返しませぬから」という言葉が刻まれています。過ちとは人類が戦争を起こすことであり、戦争に勝つために原

> 爆を開発し、使用したことです。
> 　私は原爆投下の責任を論ずるために、この法廷に立っているのではありません。先の戦争においては、わが国にも恥ずべき行為がありました。そのことを反省したうえで、広島の被害はどのようなものであったかを、世界の人々に知ってもらい、このような悲劇を再びこの地球上で起こさないためには、核兵器を廃絶しなければならないということを訴えたいのです。
> 　原爆の巨大なキノコ雲の下で焼けただれ、水を求めて苦しみもがき、死んでいった人々の思いを原点として、また自分の妻や子供が核戦争の犠牲者となった状況を考えて、私たちは、核の時代、核と人間とのかかわりについて考えなければなりません。

　それから四半世紀後の二〇二〇年四月、コロナ禍で臨時休館となった長崎原爆資料館入口に「被爆から七五年　長崎からのメッセージ」が掲げられた。人類の活動が地球システムを変えた「人新世」の今、核兵器、気候危機、パンデミックといった世界規模の問題への取り組みは、自分が当事者だと自覚する、人を思いやる、結末を想像する、そして行動に移す、という共通の根っこを持つという。[41] そのメッセージを本章に沿って読み解けば、災厄に直面した「顔と名前のある語り」の前で「もし私があなただったら」と想像することから、解決は始まると言えるのではないか。

　それゆえ本章を、「想像力」をめぐる個人的な回想で終えたい。

　一九九五年七月末、「国際会議の事務局を手伝って」と依頼された筆者は、蝉しぐれの中、広島平和記念公園横の会議場の一室へ数日通った。背筋が伸び、麻の三つ揃えのスーツの似合う、知的だが軽やかなたたずまいの老紳士と、そこで何度か顔を合わせることになる。会議終盤、思いきって「深刻で重い核問題に取り組むのに、どうして楽観的でいられるのですか？」と尋ねた。八六歳だった彼は微笑みながら私を見つめ、「簡単だよ、私の最終ゴールは戦争の廃絶なんだ、核兵器くらい廃絶できなくてどうする？」と教えてくれた。若き日、妻をポーランドの強制収容所で亡くした彼、ジョセフ・ロートブラットは、マンハッタン計画に参加したが途中離脱する。パグウォッシュ会議の代表を務め、一九九五年のノーベル平和賞を受賞した。彼の逝去（二〇〇五年）から一一年後、同じ平和公園をアフリカ系初の米大統領が訪れ、慰霊碑の前で「キノコ雲の下」を想像しようと世界へ語りかける。その五月の夕刻、筆者の心に鮮やかに甦ったのは、ロートブラットから受け取ったビジョンであった。

注

＊1　禁止条約の原文その他の情報は、https://www.un.org/disarmament/wmd/nuclear/tpnw/（accessed 2021/05/05）参照。「暫定的な仮訳」は外務省（二〇一八）に掲載されている。

＊2　広島、長崎の原爆被害者のみならず、世界各地の核実験で被爆した退役軍人や実験場周辺住民、ウラン採掘・処理労働者など、核の軍事利用・産業利用の全過程で生じた放射線被爆と放射能汚染による被害者すべてを指す。詳細は、世界核被害者フォーラム実行委員会（二〇二〇）、竹峰（二〇二〇）参照。

＊3　www.un.org/disarmament/sg-agenda (accessed 2021/05/05).

＊4　https://www.un.org/sg/en/content/sg/statement/2020-10-24/un-secretary-generals-spokesman-the-occasion-of-the-50th-ratification-of-the-treaty-the-prohibition-of-nuclear-weapons; https://www.un.org/sg/en/content/sg/statement/2021-01-22/secretary-generals-video-message-the-occasion-of-the-entry-force-of-the-treaty-the-prohibition-of-nuclear-weapons (accessed 2021/05/05).

＊5　国連安保理常任理事国かつＮＰＴ上で核兵器保有が合法とされた米、英、仏、ロ、中に、ＮＰＴからの脱退を一九九三年と二〇〇三年の二度宣言した北朝鮮と、ＮＰＴに加盟しないまま核兵器を保有する印、パキスタン、イスラエルを加えた九か国。

＊6　例えば、United States Mission to the United Nations（2017）、外務省（二〇一八）に掲載の「核兵器禁止条約と日本政府の考え」参照。

＊7　外務省（二〇一八）に掲載の「核兵器禁止条約交渉第

一回会議ハイレベル・セグメントにおける高見澤軍縮代表部大使によるステートメント」、今西（二〇一九）七八―八三頁参照。

*8 外務省（二〇一一）に掲載の、核不拡散・核軍縮に関する国際委員会（ＩＣＮＮＤ）報告書『核の脅威を絶つために』第六、七章参照。

*9 鈴木（二〇一七）一四五―一六八頁、孫（二〇二〇）。

*10 フィン（二〇一九）八六頁。

*11 黒澤（二〇一九）六〇、八一―八二頁。

*12 二〇二〇年五月現在、締約国は一九一か国・地域。非締約国は印、パキスタン、イスラエルの核保有三か国および南スーダン。

*13 Legality of the Threat or Use of Nuclear Weapons (1994-1996), Advisory Opinion of 8 July 1996, available at: https://www.icj-cij.org/en/case/95 (accessed 2021/05/05). ＩＣＪ判決とは異なり法的拘束力は有さないが、勧告的意見の条約解釈にも法的権威が認められている。喜多（二〇一九）六〇―六一頁。

*14 UN Doc. A/RES/49/75K, 15 December 1994. 非同盟諸国を代表してインドネシアが提案、日本は棄権。詳細は、ＮＨＫ（一九九七）二八―六九頁。

*15 詳細は、https://www.ialana.info/topics/world-court-project/ (accessed 2021/05/05)、ＮＨＫ（一九九七）八―二七頁、日本原水爆被害者団体協議会 https://www.ne.jp/asahi/hidankyo/nihon/seek/seek1-01.html (accessed 2021/05/05) 参照。

*16 藤田（二〇一一）一―七五頁。

*17 詳細は、ＮＨＫ（一九九七）七〇―一二九頁。日本政府の見解は、今西（二〇一九）七九頁・注三を参照のこと。

*18 江藤（二〇一九）三九二、四〇五―四一一頁。第六条解釈の複数の論点について、喜多（二〇一九）五三―五九頁参照。

*19 朝日新聞（二〇一四）。

*20 Yoshida/The Asahi Shimbun (August 01, 2014).

*21 太田（二〇〇五）六一九―六二二頁。

*22 UN Doc. A/RES/51/45M, 10 December 1996. 朝日新聞（一九九七）。

*23 川崎（二〇一八）二七―二八頁。

*24 Kellenberger (2015), p.883.

*25 NPT/CONF.201/50 (Vol. I), 2010, p. 19 [Conclusions and recommendations for follow-on actions, I. A.v]. 外務省（二〇一〇）。

*26 Bernard (2015), pp. 504-506; Kmentt (2015), pp. 685-704.

＊27 外務省（二〇二〇）に掲載の「核兵器の人道的結末に関する共同ステートメント」参照。初回の二〇一二年五月のNPT準備委員会時には一六か国（独自の非核・中立政策をとってきたスイス、オーストリア、アイルランド、NZ、NATO加盟国のノルウェーとデンマーク、そして途上国として核廃絶を訴えてきた南アフリカ、マレーシア、コスタリカ、メキシコ、インドネシアなど）が連名で声明を発表した。最終声明となった、二〇一五年四月のNPT再検討会議時のオーストリア主導の共同声明では、日本を含む一五九か国が署名している。

＊28 外務省（二〇二〇）に掲載の「核兵器の人道的影響に関する会議」参照。

＊29 UN Doc. A/RES/70/48, 11 December 2015. 川崎（二〇一七）五三、六三頁。

＊30 核軍縮を積極的に推進するブラジル、エジプト、アイルランド、メキシコ、NZ、南アフリカの非核保有六か国。一九九八年の印、パキスタンの核保有宣言を契機に、当初、スウェーデン、スロベニアを加えた八か国で声明を出した。

＊31 川崎（二〇一七）五三―五六頁、今西（二〇一九）八三―八八頁。国際NGOの「法的ギャップ」解釈について、http://hankaku-j.org/data/02/160325.html (accessed 2021/05/05) 参照。

＊32 核兵器に関わる「軍事的準備活動」や核兵器「通過」の許可、核兵器製造企業への「融資」なども禁止行為の「援助」に含まれると解されている。川崎（二〇一八）五九頁。

＊33 詳細は、山田（二〇一九）四六五―四七七頁を参照。

＊34 この節の記述には、阿部（二〇一七）二―三頁、川崎（二〇一八）四〇―四一、五八―六一頁を参照した。

＊35 「水俣病の思想」を論じた栗原（二〇〇五）参照。

＊36 http://www.mayorsforpeace.org/jp/aboutus/index.html (accessed 2021/05/05)、小溝泰義（二〇一九）参照。

＊37 中国新聞（二〇二一）。

＊38 核軍縮検証に関するIPNDVと国連GGEについて、今西（二〇一九）九四―九七頁。

＊39 この段落のネーゲル（一九八九）からの引用は、順に八九、一〇九、一〇五、一一一、九三、一〇八頁。

＊40 引用の出典および詳細は、太田（二〇〇五）六二三―六二四頁。

＊41 https://nagasakipeace.jp/japanese/info/81.html (accessed2021/05/05).

参考文献

朝日新聞（一九九七、四月三〇日）「波紋呼んだＩＣＪ勧告『法の支配』及ぶか」。

朝日新聞（二〇一四、七月三一日）「『一般的に違法』割れた賛否　国際司法裁、九六年の勧告的意見」。

阿部達也（二〇一七、一〇月一〇日）「国際法学会エキスパート・コメントNo.2017-1 核兵器禁止条約」http://jsil.jp/expert/20171010.html (accessed 2021/05/05).

今西靖治（二〇一九）「核兵器の廃絶に向けた様々なアプローチ」『国際法外交雑誌』第一一八巻第一号、七八―九九頁。

江藤淳一（二〇一九）「核軍縮交渉義務」平覚他・編『国際法のフロンティア――宮崎繁樹先生追悼論文集』（三九一―四一二頁）、日本評論社。

ＮＨＫ広島核平和プロジェクト（一九九七）『核兵器裁判』ＮＨＫ出版。

太田育子（二〇〇五）「Hiroshima Dreaming――対称性の論理・深層民主主義・国際法」篠田知和基編『神話・象徴・文化』（六〇九―六四四頁）、楽浪書院。

外務省（二〇一〇、五月二八日）「２０１０年核兵器不拡散条約（ＮＰＴ）運用検討会議　概要と評価」https://www.mofa.go.jp/mofaj/gaiko/kaku/npt/kaigi10_gh.html (accessed 2021/0505).

外務省（二〇一一、三月）https://www.mofa.go.jp/mofaj/gaiko/icnnd/ (accessed 2021/0505).

外務省（二〇一八、一二月二六日）https://www.mofa.go.jp/mofaj/dns/ac_d/page23_002807.html (accessed 2021/05/05).

外務省（二〇二〇、三月一九日）https://www.mofa.go.jp/mofaj/dns/ac_d/page23_002806.htm (accessed 2021/05/05).

川崎哲（二〇一七）「核兵器の非人道性から核兵器禁止条約へ」広島平和研究所編『戦後七〇年を越えて』（四九―六九頁）、ＨＰＩブックレット三。

川崎哲（二〇一八）『新版　核兵器を禁止する』岩波ブックレット九七八。

喜多康夫（二〇一九）「核兵器不拡散条約第Ⅵ条における核軍縮交渉義務」『国際法外交雑誌』第一一八巻第一号、五一―七七頁。

栗原彬（二〇〇五）『「存在の現れ」の政治――水俣病という病』以文社。

黒澤満（二〇一九）「核兵器のない世界に向けて」山口響監修『核兵器禁止条約の時代（ＲＥＣＮＡ叢書四）』（六〇―八二頁）、法律文化社。

小溝泰義（二〇一九）「核兵器禁止条約の展望と平和首長会

議の提案」広島平和研究所編『平和への扉を開く』（五一—八〇頁）、HPIブックレット六。

鈴木達治郎（二〇一七）『核兵器と原発——日本が抱える核のジレンマ』講談社現代新書。

世界核被害者フォーラム実行委員会（二〇二〇）『核のない未来を！』（二〇一五年一一月広島開催・同フォーラム報告記録集&追録）。

孫賢鎮（二〇二〇）「東アジアの軍事・核ガヴァナンスの障害」広島平和研究所編『核兵器と反人道罪のない世界へ』（一八九—二〇九頁）、HPIブックレット七。

竹峰誠一郎（二〇二〇）「世界の核実験被害補償制度の掘り起こしと国際比較研究」『環境と公害』第五〇巻第二号、八—一三頁。

中国新聞（二〇二一、一月二二日）「核禁止条約が発効　被爆地　廃絶へ前進願う」。

ネーゲル、トマス（一九八九）「戦争と大量虐殺」『コウモリであるとはどのようなことか』（八六—一二〇頁）、勁草書房。

フィン、ベアトリス（二〇一九）「核兵器禁止条約はこうして実現した」山口響監修『核兵器禁止条約の時代（RECNA叢書四）』（八三—一〇一頁）、法律文化社。

藤田久一（二〇一一）『核に立ち向かう国際法——原点からの検証』法律文化社。

山田寿則（二〇一九）「核兵器禁止条約（TPNW）第六条および第七条の検討」平覚他・編『国際法のフロンティア——宮崎繁樹先生追悼論文集』（四五五—四七七頁）、日本評論社。

Bernard, Vincent (2015). "A price too high: Rethinking nuclear weapons in light of their human cost (Editorial)." *International Review of the Red Cross* [*IRRC*], 97 (899), pp. 499-506.

Kellenberger, Jakob (2015). "Bringing the era of nuclear weapons to an end." [Speech given to the Geneva Diplomatic Corps on 20 April 2010.] *IRRC*, 97 (899), pp. 883-886.

Kmentt, Alexander (2015). "The development of the international initiative on the humanitarian impact of nuclear weapons and its effect on the nuclear weapons debate." *IRRC*, 97 (899), pp. 681-709.

United States Mission to the United Nations (2017, July 7). https://usun.usmission.gov/joint-press-statement-from-the-permanent-representatives-to-the-united-nations-of-the-united-states-united-kingdom-and-france-following-the-adoption/?_ga=2.240804995.1427172340.1619607002-386081561.1619607002 (accessed 2021/05/05).

Yoshida, Fumihiko/The Asahi Shimbun (August 01, 2014). "NUKE

JUDGMENT, Part 2/ Bedjaoui: 18 years later, ICJ opinion on eliminating nuclear weapons more important than ever." http://ajw.asahi.com/article/behind_news/politics/AJ201408010080 (accessed 2017/08/04).

おわりに――原爆の事実はひとつ

「広島と原爆」についてメディア研究の視点から取り組み始めたのは原爆六〇周年の二〇〇五年のことだ。きっかけと動機は広島に住みはじめ日常の中に「原爆」があること、そして、個人的なことだ。

明治生まれの祖父、伍一は陸軍騎兵隊に所属し日中戦争の戦線を生き延び太平洋戦争が始まるといったんは召集解除となった。しかし、大戦末期、再召集され広島陸軍燃料廠での軍務に就いた。

原爆の日の朝、軍用車で広島市内に（おそらく広島港）むかっていた。「運よく」車が故障し修理をしている最中に、閃光を見た。

幼少のころに聞いた記憶では、幸い爆心から遠く離れていたのでぶじだったという。原爆後の広島について祖父は何も語ってくれなかった。しかし、被爆直後の広島に入り、軍務をこなし惨状を目にしているはずだ。癌との闘病の末、祖父は七六歳で世を去った。

この幼少時の記憶がよみがえったこともあり、自分の専門分野（メディア学・情報通信、米ジャーナリズム）で「広島」を研究するようになった。被爆者研究でもなければ核政策論や安全保障論でもなく、平和学とも縁のない門外漢として研究を続けている。

本書の研究プロジェクトが実現した理由は二つある。まず、広島市立大学国際学部の専門分野の異なる同僚が広島報道分析に賛同してくれたことだ。

もうひとつは、自分の専門である情報通信、インターネットの爆発的な発展（ＤＸ）によって世界中の新聞がデータベースや電子版購読（サブスク）で検索閲覧（翻訳も）できるようになったからだ。

原爆六〇周年に世界一三か国・地域の主要新聞の分析を私は行っている。当時はデータベースや電子版購読もないに等しく、図書館で閲覧できないものは高額な購読料のかかる輸入版の新聞を購入するか外国の友人に入手と郵送を頼んだ。

七五年報道の新聞収集費用は約五分の一で新聞の数は五倍以上となった。いくつかの新聞は廃刊となっていた。隔世の感がある。

膨大な数に膨れた新聞の中から記事を検索し該当するものを選び出せたのは、不本意ではあるが二〇二〇年夏の海外長期出張がなくなり、ステイ・ホームの時間がありすぎるほどあったからだ（もちろん共著者に協力していただいている）。紙版しかない新聞も少なからずあり、英語以外の紙面から記事をスマホの翻訳機能を使いながら目視確認で見つけ出し、

その後のテキスト化作業は苦行だった。

労苦の中でも、親しい小倉桂子さん（1章　コラム参照）の記事を見つけるたびに元気づけられた。そして、原爆は市民の無差別殺戮、戦争犯罪だという糾弾にうなずき、原爆の称賛にため息をついた。

原爆七五周年は、被爆者が実際に目にし惨禍の中をくぐり抜けた原爆体験を証言できる最後の大きな節目の年だ。同時に、おそらく新聞の「紙面」だけを調査対象として分析検証できる最後の節目だろう。

この研究では両極の原爆理解——戦争終結・人命救済と市民の大虐殺・戦争犯罪——、そして、アメリカの原爆神話に変化の兆しを見いだせた。

次の大きな節目、原爆一世紀の二〇四五年には、事実に集約していることを願っている。

井上泰浩（編著）

デイリー・サバハ Daily Sabah	0.2	519	2 (1)	1	–	–	–
パレスチナ **							
アルクドゥス Al-Quds	0.5	1494	2 (1)	–	–	0/1	–
ヨルダン							
アルガド al-Ghad	0.1	491	1	–	–	–	–
UAE							
アルバヤーン Al-Bayan	0.5	729	2 (2)	–	–	0/1	–
イマーラート・アルヤウム Emarat al-Youm	1.3	1517	2 (6)	–	–	–	–
オマーン							
アッロイヤ Al-Roya	0.3	68	1	–	–	–	–
イスラエル＋							
ジェルサレム・ポスト The Jerusalem Post	–	–	–	–	–	–	–
ナイジェリア **							
デイリー・トラスト Daily Trust	–	–	–	–	–	–	–
ガーディアン The Guardian	–	–	–	–	–	–	–
パンチ The Punch	–	–	–	–	–	–	–
南アフリカ **							
シティ・プレス CityPress	–	–	–	–	–	–	–
スター The Star	0.3	533	2 (2)	–	–	0/1	0/1
デイリー・ニュース Daily News	0.2	530	1	–	–	–	–
ケニア							
スター The Star	–	–	–	–	–	–	–
合計 194	220.1	323270	503 (562)	19 (25)	12	23/36	65 (21)

ウルグアイ **							
エルパイース El País	1	1015	1 (2)	–	–	–	1/0
ラレプブリカ La Repüblica	–	–	–	–	–	–	–
グアテマラ *							
プレンサ・リブレ Prensa Libre	–	–	–	–	–	–	–
汎アラブ							
アッシャルクル・アウサト Asharq Al Awsat	0.7	1525	2 (4)	(1)	–	–	1/0
アルクドゥスル・アラビー Al-Quds Al-Arabi	0.5	1973	2 (1)	–	–	–	–
イラン *							
イラン・ニュースペーパー Iran Newspaper	–	–	–	–	–	–	–
イラン・デイリー Iran Daily	0.3	571	2 (2)	–	–	–	–
ハバル・ジュヌーブ Khabar Jonoob	–	–	–	–	–	–	–
エジプト							
アルアフラーム Al-Ahram	–	–	–	–	–	–	–
アルマスリー・アルヤウム Al Masry Al Youm	0.2	317	1 (1)	1	–	–	–
サウジアラビア							
アルジャズィーラ Al Jazirah	–	–	–	–	–	–	–
アラブ・ニュース Arab News	0.4	1197	3 (1)	(1)	–	–	–
アルワタン Al-Watan	0.3	952	1	–	–	–	–
トルコ							
ヒュッリーイェト Hürriyet	–	–	–	–	–	–	–
サバハ Sabah	0.5	589	2 (4)	1	–	–	1/0
ヒュッリーイェト・デイリー・ニュース&エコノミック・レヴュー Hürriyet Daily News & Economic Review	1.2	1445	4 (6)	2	–	–	1/0

エスプレーソ Expreso	0.3	304	2 (2)	–	–	–	–
エルサルバドル **							
ラプレンサ・グラフィカ La Prensa Gráfica	0.1	28	1	–	–	–	–
ホンジュラス **							
ラプレンサ La Prensa	0.9	817	3 (7)	–	–	–	0/1
エルエラルド El Heraldo	–	–	–	–	–	–	–
パナマ **							
パナマ・アメリカ Panamá América	–	–	–	–	–	–	–
クリティカ Crítica	0.1	32	1 (1)	–	–	–	–
ラエストレージャ・デパナマ La Estrella de Panamá	1	380	1 (5)	–	–	–	1/0
パラグアイ **							
ABC コロール ABC Color	0.6	607	1 (6)	–	–	–	–
ペルー *							
ラレプブリカ La República	–	–	–	–	–	–	–
プレンサ・レヒオナール Prensa Regional	–	–	–	–	–	–	–
プエルトリコ							
エルヌエボ・ディア El Nuevo Día	0.2	93	1 (1)	–	–	–	–
プリメーラ・オーラ Primera Hora	0.1	34	(1)	–	–	–	1/0
ドミニカ共和国 **							
ディアリオ・リブレ Diario Libre	0.4	328	1 (2)	(1)	–	–	–
エルカリベ El Caribe	0.2	156	1	–	–	–	–
リスティン・ディアリオ Listin Diario	–	–	–	–	–	–	–

ラボス・デルインテリオル La Voz del Interior	0.7	1017	2 (1)	–	–	–	–
ラボス・デルプエブロ La Voz del Pueblo	0.3	257	1 (1)	–	–	–	–
パヒナ 12 Página 12	2.9	2527	4 (3)	–	–	0/1	1/1
ロスアンデス Los Andes	1.0	979	2 (2)	–	–	–	0/1
コスタリカ **							
ラナシオン La Nación	0.7	1292	2	(1)	1	0/1	–
ラレプブリカ La República	–	–	–	–	–	–	–
チリ *							
ラトリブーナ La Tribuna	–	–	–	–	–	–	–
ラテルセーラ La Tercera	0.4	429	1 (1)	–	–	–	–
エルセントロ El Centro	–	–	–	–	–	–	–
プブリメトロ・チレ Publimetro Chile	0.4	174	1 (4)	–	–	–	–
コロンビア *							
エルパイース El País	0.2	255	1 (1)	–	–	–	–
ラオピニオン La Opinión	–	–	–	–	–	–	–
エルコロンビアーノ El Colombiano	3	1654	2 (3)	–	–	–	0/1
エルエスペクタドール El Espectador	1.5	2976	3 (1)	–	–	–	–
エルエラルド El Heraldo	–	–	–	–	–	–	–
ラパトリア La Patria	0.3	349	1	–	–	–	–
エクアドル **							
エルウニベルソ El Universo	0.8	713	1 (2)	–	–	–	–
エルコメルシオ El Comercio	–	–	–	–	–	–	–
エルディアリオ El Diario	–	–	–	–	–	–	–

インドネシア *							
ジャカルタ・ポスト The Jakarta Post	1.9	5487	7 (4)	–	–	0/1	–
ヴェトナム **							
ヴィエトナム・ニュース Viet Nam News	2.9	3823	6 (5)	(2)	–	–	–
メキシコ **							
エルウニベルサル El Universal	1.5	1553	3 (2)	(1)	–	–	0/1
ラホルナーダ La Jornada	0.3	367	1 (1)	–	–	–	–
ミレニオ Milenio	0.3	617	2	–	–	–	–
バングァルディア Vanguardia	0.3	424	2	–	–	–	–
エルエコノミスタ El Economista	0.5	471	1	–	–	–	–
エルフィナンシエロ El Financiero	0.5	176	2 (2)	–	–	–	–
コレオ Correo	0.1	99	1 (1)	–	–	–	–
エルディアリオ・デデリシアス El Diario de Delicias	–	–	–	–	–	–	–
エルソル・デメヒコ El Sol de México	2.3	2920	5 (3)	–	–	–	1/0
ブラジル *							
フォーリャ・ジサンパウロ Folha de S.Paulo	5.1	6470	9 (15)	1* (2)	–	0/1	–
オエスタド・ジサンパウロ O Estado de S. Paulo	0.5	1057	2 (1)	–	–	–	–
オージア O Dia	–	–	–	–	–	–	–
コヘユ・ダバイーア Correio da Bahia	0.3	241	1 (1)	–	–	–	–
ジョルナル・ド・コンメルシオ Jornal do Commercio	–	–	–	–	–	–	–
アルゼンチン							
クラリン Clarín	2.3	3012	4 (4)	–	–	0/2	1/0
ラナシオン LA NACION	0.9	1473	2 (2)	–	–	0/1	–

ハンギョレ The Hankyoreh	1.0	2583	3 (1)	–	–	–	–
韓国日報	–	–	–	–	–	–	–
コリア・タイムズ The Korea Times	1.0	2075	5 (1)	–	–	–	–
インド +							
タイムズ・オブ・インディア The Times of India	0.3	605	2 (2)	–	–	–	1/0
ヒンダスタン・タイムズ Hindustan Times	0.3	623	2 (1)	–	1	–	–
ヒンデュー The Hindu	0.7	3026	5 (1)	–	–	–	1/0
タイ **							
バンコク・ポスト Bangkok Post	1.0	1893	6 (5)	–	–	0/1	1/0
デイリー・ニュース・タイランド Daily News Thailand	–	–	–	–	–	–	–
シンガポール							
ストレイツ・タイムズ The Straits Times	2.0	3107	5 (8)	–	–	–	–
聯合早報	–	–	–	–	–	–	–
フィリピン **							
マニラ・タイムズ Manila Times	0.7	1848	3	–	–	1/0	–
フィリピン・デイリー・インクワイアラ Philippine Daily Inquirer	0.4	1016	1	–	–	–	–
マニラ・ブルティン Manila Bulletin	–	–	–	–	–	–	–
フィリピン・スター The Philippine Star	0.5	1414	2	–	–	–	–
マレーシア **							
ベリタ・ハリアン Berita Harian	1.9	1544	4 (5)	–	–	–	–
ボルネオ・ポスト The Borneo Post	1.1	1997	3 (4)	–	–	–	–
スター・マレーシア The Star Malaysia	2.0	3429	3 (3)	–	–	0/1	1/0
ニューストレイツ・タイムズ New Straits Times	0.6	831	2 (1)	–	–	–	–

モスコフスキー・コムソモーレツ Московский комсомолец	0.8	3097	2 (5)	–	–	–	1/0
中国 +							
人民日報	–	–	–	–	–	–	–
光明日報	–	–	–	–	–	–	–
解放日報	–	–	–	–	–	–	–
参考消息	2.4	5623	13 (4)	–	–	1/1	–
環球時報	0.2	380	–	–	–	–	–
揚子晩報	–	–	–	–	–	–	–
南方都市報	–	–	–	–	–	–	–
グローバル・タイムズ Global Times	0.7	529	3 (2)	–	–	–	–
シャンハイ・デイリー Shanghai Daily	1.3	1078	2 (3)	–	–	–	–
台湾							
自由時報	–	–	–	–	–	–	–
聯合報	0.3	986	2 (2)	–	–	–	–
中國時報	0.6	819	2 (2)	(1)	–	–	1/0
香港							
チャイナ・デイリー China Daily	0.8	1577	3 (2)	–	–	–	–
サウス・チャイナ・モーニング・ポスト South China Morning Post	n/a	n/a	2	–	–	–	n/a
韓国							
朝鮮日報	–	–	–	–	–	–	–
中央日報	–	–	–	–	–	–	–
東亜日報	0.7	1613	2 (1)	–	–	–	–
京郷新聞	–	–	–	–	–	–	–

アベセ ABC	9.1	6496	14(18)	2	–	0/1	1/0
ララソン La Razón	9.6	7008	13(22)	1*	–	0/4	3/1
スイス							
ノイエ・チュルヒャー・ツァイトゥング Neue Zürcher Zeitung	5.1	8223	8 (12)	(1)	–	0/1	3/1
オーストリア **							
デアシュタンダード Der Standard	1.6	1857	5 (3)	1 (1)	–	–	1/0
ディプレッセ Die Presse	3.3	5350	5 (5)	(2)	–	–	–
ポーランド							
ガゼッタ・ウィボルツァ Gazeta Wyborcza	–	–	–	–	–	–	–
スウェーデン							
スヴェンスカ・ダーグブラーデット Svenska Dagbladet	2.0	2369	4 (3)	–	–	–	–
イェッテボアイ・ポステン Göteborgs-Posten	2.1	1698	3 (3)	(1)	–	–	1/0
ノルウェー							
アフトゥンポストゥン Aftenposten	1.5	1129	2 (2)	–	–	–	–
ダーグブラーデット Dagbladet	0.9	543	2	–	–	–	–
フィンランド							
ヒューヴェツタブロデット Hufvudstadsbladet	1.5	1730	3 (2)	–	–	–	–
ロシア＋							
イズベスチヤ Известия	–	–	–	–	–	–	–
コムソモーリスカヤ・プラウダ Комсомольская правда	1.0	1243	2 (4)	–	–	–	1/0
ノーヴァヤ・ガゼータ Новая газета	–	–	–	–	–	–	–
ニェザヴィーシマヤ・ガゼータ Независимая газета	1.6	4848	5 (3)	(1)	–	–	1/0
ロシースカヤ・ガゼータ Российская газета	3.1	4277	2 (2)	1	–	0/1	1/0

デイリー・テレグラフ The Daily Telegraph	2.8	2884	4 (6)	–	–	1/0	1/0
フランス＋							
ルモンド Le Monde	0.5	1090	1 (1)	–	–	–	1/0
ルフィガロ Le Figaro	0.8	1300	1 (1)	–	–	–	–
リベラシオン Libération	2.0	1636	2 (2)	–	–	–	0/1
ルパリジャン Le Parisien	–	–	–	–	–	–	–
ウエスト・フランス Ouest France	0.9	835	5 (5)	–	–	–	1/0
ルテレグラム Le Télégramme	1.3	1130	4 (5)	(1)	1	0/1	2/0
ドイツ							
ズートドイチェ・ツァイトゥング Süddeutsche Zeitung	2.3	5345	5 (8)	(1)	–	–	1/1
フランクフルター・アルゲマイネ・ツァイトゥング Frankfurter Allgemeine Zeitung	1.5	4134	4 (7)	1	1	–	1/0
ディヴェルト Die Welt	1.7	3124	2 (5)	–	–	–	–
デアターゲスシュピーゲル Der Tagesspiegel	1.4	2652	6 (5)	(1)	1	–	–
ノイエス・ドイチュラント Neues Deutschland	4.0	6233	8 (5)	1*	1	0/1	1/1
ライニッシェ・ポスト Rheinische Post	0.7	1077	3 (1)	–	–	–	–
ハノーファシェ・アルゲマイネ・ツァイトゥング Hannoversche Allgemeine Zeitung	2.0	3038	6 (9)	–	–	–	1/1
イタリア							
コリエーレ・デラ・セラ Corriere della Sera	0.8	804	3 (4)	(1)	–	–	1/0
ラスタンパ La Stampa	2.0	1962	2 (2)	(1)	–	–	1/0
スペイン							
エルパイース El País	5.2	4972	6 (12)	2*	–	0/1	2/1
エルムンド El Mundo	15.1	12210	17(14)	1*	1	1/4	1/2
ラバングァルディア La Vanguardia	0.4	300	3 (2)	–	–	–	–

フィラデルフィア・インクワァイアラ The Philadelphia Inquirer	2.5	4174	4 (6)	–	–	1/0	–
デトロイト・ニュース The Detroit News	0.3	500	1 (1)	–	–	–	–
ボストン・ヘラルド Boston Herald	1.0	452	1 (1)	–	–	1/0	–
ワシントン・タイムズ The Washington Times	1.3	2544	3 (4)	–	–	2/0	1/0
アルバカーキ・ジャーナル Albuquerque Journal	3.8	6929	11(10)	1	1	3/1	2/0
コロンバス・ディスパッチ The Columbus Dispatch	1.3	2333	4 (4)	–	–	–	–
バッファロー・ニュース The Buffalo News	0.5	1435	2	–	–	1/0	–
ホノルル・スターアドヴァタイザー Honolulu Star-Advertiser	3.5	6126	9 (6)	–	–	–	–
マウイ・ニュース The Maui News	0.5	775	2 (1)	–	–	–	–
USA トゥデイ　USA Today 注　ページ数が非常に少ない海外版	–	–	–	–	–	–	–
イギリス＋							
タイムズ The Times	0.4	1368	6	–	–	–	–
ガーディアン／オブザーヴァー The Guardian / The Observer	3.5	4236	6 (7)	–	–	0/1	1/0
デイリー・テレグラフ The Daily Telegraph	2.9	6440	9 (8)	–	1	1/0	2/1
フィナンシャル・タイムズ Financial Times	0.8	1554	2 (4)	–	–	–	1/0
インディペンデント The Independent	(20)	7139	6 (17)	–	–	–	2/1
カナダ							
グローブ・アンド・メイル The Globe and Mail	1.8	2319	6 (3)	–	–	0/1	1/0
トロント・スター Toronto Star	2.1	3520	4 (5)	–	–	0/1	–
ナショナル・ポスト National Post	2.1	4021	4 (2)	–	–	1/0	2/1
オーストラリア							
オーストレイリアン The Australian	1.3	2765	4 (5)	–	–	1/0	2/0
ガーディアン・オーストレイリア The Guardian Australia	1.6	2031	2 (2)	–	–	0/1	2/0

	報道量（ページ）	文字数	記事数（写真・図）	1面（告知）	社説	非難糾弾／肯定称賛	人的被害／キノコ雲
アメリカ＋							
ニューヨーク・タイムズ The New York Times	3.4	4989	5 (11)	1 (1)	1	–	1/1
ウォール・ストリート・ジャーナル The Wall Street Journal	1.1	2845	5 (2)	–	1	1/0	–
ワシントン・ポスト The Washington Post	9.6	17137	11 (31)	(1)	–	1/1	2/2
ロサンジェルス・タイムズ Los Angeles Times	2.3	5034	6 (4)	–	–	0/2	1/0
ニューヨーク・デイリー・ニュース New York Daily News	2.5	1251	3 (3)	–	–	–	–
ニューヨーク・ポスト New York Post	0.1	91	1	–	–	–	–
シカゴ・トリビューン Chicago Tribune	2.7	4061	5 (9)	–	1	1/0	2/0
ヒューストン・クロニクル Houston Chronicle	1.2	2503	4 (3)	–	–	1/0	–
アリゾナ・リパブリック The Arizona Republic	0.3	787	1	–	–	–	–
ダラス・モーニング・ニュース The Dallas Morning News	2.4	3688	6 (12)	(1)	–	–	–
サンフランシスコ・クロニクル San Francisco Chronicle	0.7	1355	4 (2)	–	–	–	–
マーキュリー・ニュース The Mercury News	1.0	2251	3 (4)	(1)	–	1/0	–
タンパベイ・タイムズ Tampa Bay Times	1.1	1991	3 (7)	–	–	–	1/0
バルティモア・サン Baltimore Sun	1.1	2057	3 (2)	–	–	0/1	–
オクラホマン The Oklahoman	0.6	1288	2 (1)	–	–	1/0	–
サン・センティネル Sun Sentinel	0.5	620	2 (2)	–	–	–	–
オランド・センティネル Orlando Sentinel	0.7	1648	2 (1)	–	–	–	–
アトランタ・ジャーナルコンスティテューション The Atlanta Journal-Constitution	1.8	2238	4 (8)	1	–	–	–
ラスヴェガス・リヴュー・ジャーナル Las Vegas Review-Journal	1.2	2127	4 (2)	–	–	1/0	–
サンアントニオ・イクスプレスニュース San Antonio Express-News	1.2	2402	4 (4)	–	–	1/0	1/0

世界の原爆報道一覧

- 報道量＝その新聞のページ換算した分量。紙面画像に10等分のスケールを重ねて概算測定したもの。新聞によって１ページあたりの面積は異なる。
- 文字数＝記事の英単語の総数。英語以外の言語は機械翻訳で英訳したものを集計。
- 記事数＝長短にかかわらずすべての種類の記事を１と計算。読者投稿を複数まとめたものは掲載投稿数にかかわらず１本と計算。カッコは写真・図の数。
- １面＝１面に掲載された記事。アステリスク*は１面トップ。カッコは１面の告知のみの場合。
- 社説＝新聞の意見や立場を公式に表明するものであり、重要な指標。
- 肯定称賛の記事数／非難糾弾の記事数＝原爆が「戦争を終結させ人命を救った」など肯定論や「原爆のおかげで平和がある」とはっきり称賛した記事の数、それに対して、原爆使用を無差別殺りく・戦争犯罪などと厳しく非難している記事の数。両論併記は除外し、どちらか一方を明らかに強く主張・支持・称賛している場合のみ（計量の内容分析は行っていない）。核廃絶、被爆体験や教訓の重要性を訴えたもの、また、原爆の人的被害の赤裸々な表現だけの場合も「原爆非難」としていない。また、記事（特集、オピニオン、社説等）を対象として、読者投稿は除外している。
- キノコ雲／人的被害＝(原爆直後）その下で人間に起きた被害の写真図（キノコ雲の写真・図の数)、これに対して、原爆後の人的被害（負傷・困窮した被爆者の赤裸々な視覚表現）を対比させる。原爆後の廃墟（建物だけ)、もしくは、「元気な人」と廃墟の写真は除外。
- －は該当なしの場合。n/aは紙面入手ができなかった等で調査できなかったことを示す。

《国名について》

** ＝核兵器禁止条約批准国、* ＝核兵器禁止条約署名国、＋＝ 核兵器保有国

8章　金栄鎬（キム・ヨンホ）
広島市立大学国際学部教授、学部長。明治学院大学博士後期課程修了、博士（国際学）。専門は政治学・国際関係・現代韓国朝鮮研究。主な著書は、『現代韓国の社会運動――民主化後・冷戦後の展開』（社会評論社、二〇〇一年）、『日韓関係と韓国の対日行動――国家の正統性と社会の「記憶」』（彩流社、二〇〇八年）、『世界の眺めかた――理論と地域からみる国際関係』（編著、千倉書房、二〇一四年）。近年の主な論文は、「韓国における北朝鮮認識、台湾における中国認識」（二〇一七年）、「日韓関係における安全保障と歴史問題」（二〇一八年）など。

9章　吉江貴文（よしえ・たかふみ）
広島市立大学国際学部准教授。総合研究大学院大学・地域文化学博士課程修了。専門は文化人類学、ラテンアメリカ地域研究。主業績は『近代ヒスパニック世界における文書ネットワーク』（編著、国立民族学博物館、二〇一九年）、『アンデス世界――交渉と創造の力学』（共著、世界思想社、二〇一二年）など。

10章　田浪亜央江（たなみ・あおえ）
広島市立大学国際学部准教授。一橋大学言語社会研究科博士課程満期退学。国際交流基金専門員（中東担当）、成蹊大学アジア太平洋研究センター主任研究員などを経て現職。専門は中東地域研究、文学を含むパレスチナ文化研究。著書に『〈不在者〉たちのイスラエル――占領文化とパレスチナ』（インパクト出版会、二〇〇八年）など。

12章　武田悠（たけだ・ゆう）
広島市立大学国際学部講師。日本原子力研究開発機構、外務省外交史料館などを経て現職。筑波大学大学院博士課程修了、博士（国際政治経済学）。専門は日米関係史、原子力の国際政治。主な著書は『日本の原子力外交――資源小国70年の苦闘』（中央公論新社、二〇一八年）、『「経済大国」日本の対米協調――安保・経済・原子力をめぐる試行錯誤、1975～1981年』（ミネルヴァ書房、二〇一五年）。

13章　太田育子（おおた・いくこ）
広島市立大学国際学部教授。スタンフォード大学博士課程修了（J.S.D.）。専門は国際法、国際人権法。研究関心は、主権機能の変質とケア労働、災厄と人権、老・病・死と自己決定権、ナラティブ手法。関連業績は「棄民の系譜からの自由」、家田修編『語り継ぐべき原子力災害：フクシマとチェルノブイリ』（東信堂、近刊）、「人権から考える3.11原発事故災害」、広島市立大学国際政治・平和フォーラム編『世界の眺めかた』（千倉書房、二〇一四年）、“Moving Uphill Alone to Live” in（HCU 3/11 Forum, ed.）*Japan's 3/11 Disaster as Seen from Hiroshima*（Soeisha/Sanseido Shoten, 2013）など。

編著者、執筆者略歴

編著者 はじめに １章、２章 ３章、11章 おわりに	**井上泰浩**（いのうえ・やすひろ） 広島市立大学国際学部教授。情報通信学会評議員。全国紙記者などを経て現職。ハワイ大学マノア校客員研究員も務めた。ミシガン州立大学博士課程修了（Ph.D. メディア学）。専門はメディアの社会政治的影響、情報通信と社会、米ジャーナリズム。主な著書は『アメリカの原爆神話と情報操作——「広島」を歪めたNYタイムズ記者とハーヴァード学長』（朝日新聞出版、二〇一八年）、『世界を変えたアメリカ大統領の演説』（講談社、二〇一七年）、『メディア・リテラシー——媒体と情報の構造学』（日本評論社、二〇〇四年）。
4章	**大場静枝**（おおば・しずえ） 広島市立大学国際学部准教授。早稲田大学客員准教授を経て現職。フランス国立ポワティエ大学博士課程修了。専門はフランス文学、ブルターニュ地方をフィールドする地域文化研究。現在は、主にブルターニュ地方のナショナリズムと文芸運動に関する研究を行っている。主な著書（いずれも共著）は『周縁に目を凝らす』（彩流社、二〇二一年）、『近代フランス小説の誕生』（水声社、二〇一七年）、『祈りと再生のコスモロジー』（成文堂、二〇一六年）。
5章	**ウルリケ・ヴェール**（Ulrike Wöhr） 広島市立大学国際学部教授。ドイツ・ハイデルベルク大学博士課程修了。専門は日本研究、近・現代のジェンダー史。フェミニズムと平和運動・反原発運動についても研究。著書は *Gender, Nation and State in Modern Japan*（共編著、Routledge, 2014）、*Women in Transnational History*（共著、Routledge, 2016）など。
6章	**ハヴィエル・サウラス**（Javier Sauras） マルチメディア・ジャーナリスト。コロンビア大学博士課程Ph.D.候補。専門は民主主義と技術の差、ラテンアメリカの新しい政治運動。ジャーナリストとして、人権問題、中国、南スーダンの内戦と飢饉、また、福島第一原発事故などを取材。スペインの新聞だけではなく、アルジャズィーラやドイツの最大手誌シュピーゲルなどに寄稿している。マドリッド在住。
7章	**藤原優美**（ふじわら・ゆうび） 広島市立大学国際学部講師。東京大学教養学部特任講師を経て現職。神戸大学大学院国際文化学研究科博士課程修了、博士（学術）。専門は対照言語学、中国語学、中国語教育。主業績は「成都方言の『児化』に関する一考察」（『広島国際研究』二五巻、二〇一九年）、「AV型の日本語サ変動詞とそれに対応する中国語動詞の自他性」（『JSL漢字学習研究会誌』七号、二〇一五年）など。

［わ行］

［アルファベット］

［ま行］

［や行］

［ら行］

［た行］

［な行］

［は行］

［さ行］

索　引

［あ行］

［か行］

装丁・本文組　濱崎実幸

広島市立大学国際学部　叢書一二巻

世界《せかい》は広島《ひろしま》をどう理解《りかい》しているか
——原爆《げんばく》七《ななじゅう》五《ご》年《ねん》の五五《ごじゅうご》か国《こく》・地域《ちいき》の報道《ほうどう》

2021年7月25日　初版発行

編著者　井《いの》上《うえ》泰《やす》浩《ひろ》

発行者　松田陽三

発行所　中央公論新社

〒100-8152　東京都千代田区大手町1-7-1
電話　販売 03-5299-1730　編集 03-5299-1740
URL http://www.chuko.co.jp/

印　刷　図書印刷
製　本　大口製本印刷

Published by CHUOKORON-SHINSHA, INC.
Printed in Japan　ISBN978-4-12-005452-5 C1021